SHEHUIGONGZUO
XINGZHENG

社会工作行政

第三版

陈为雷 编著

中国社会出版社
国家一级出版社 · 全国百佳图书出版单位

图书在版编目（CIP）数据

社会工作行政 / 陈为雷编著 . -- 3 版 . -- 北京：中国社会出版社，2022.6

ISBN 978-7-5087-6749-9

Ⅰ. ①社 ...　Ⅱ. ①陈 ...　Ⅲ. ①社会工作 - 行政管理 - 高等学校 - 教材　Ⅳ. ① C916

中国版本图书馆 CIP 数据核字（2022）第 057246 号

出 版 人：浦善新　　终 审 人：李　浩
责任编辑：张　杰　　责任校对：李林凤
封面设计：时　捷

出版发行：中国社会出版社　　地　　址：北京市西城区二龙路甲 33 号
邮政编码：100032　　编 辑 部：(010)58124853
网　　址：shcbs.mca.gov.cn　　发 行 部：(010)58124864；58124848
经　　销：新华书店

印刷装订：中国电影出版社印刷厂
开　　本：170 mm×240 mm　1/16
印　　张：23.5　　字　　数：390 千字
版　　次：2022 年 6 月第 3 版　　印　　次：2022 年 6 月第 1 次印刷
定　　价：68.00 元

社工图书专营店　　中国社会出版社天猫旗舰店　　中社文库微信公众号

目 录

第一编 社会工作行政基础

第二编　计划

第三编 组织

第四编 领导

表目录

图目录

案例目录

专栏目录

第一编

社会工作行政基础

第一章　绪论

什么是社会工作行政？国内外学者对社会工作行政的理解和看法是否一致？社会工作行政与相关概念（如社会行政、社会福利行政、社会政策等）有何联系和区别？以上这些是本章要重点探讨的问题。本章第一节分析行政与管理、社会工作的含义，介绍国内外学者关于社会工作行政的观点，从社会服务机构行政管理的角度对社会工作行政作出界定；第二节分析社会工作行政的特征和基本原则；第三节分析社会工作行政与相关概念的联系和区别；第四节介绍美国社会工作行政的发展历史、中国社会工作行政的教材建设和研究状况，阐述社会工作行政的必要性。

第一节　社会工作行政的含义

一、社会工作行政的翻译与用法

正如社会工作是西方舶来品一样，社会工作行政也是西方的产物，弄清什么是社会工作行政可以先从社会工作行政的中英文翻译着手。与社会工作行政直接对应的英文是 social work administration，该词由 social work 和 administration 两部分构成，social work 翻译为社会工作，administration 翻译为行政。

在中国社会工作教育界，学者们往往把社会工作行政同社会行政、社会福利行政混合在一起，不加以区别。例如，卢谋华认为，社会工作行政简称社会行政。在西方国家，由于社会工作主要的内容是社会福利，故社会工作行政亦称为社会福利行政①。张乐天认为，社会行政工作也称为社会福利行政或社会工作行政，它是一种间接的社会工作方法，它通过行政

① 卢谋华．中国社会工作［M］．北京：中国社会出版社，1991：222-223.

程序来实现社会服务的目标①。王思斌认为，社会行政涉及广阔的领域，具有丰富的内涵，社会行政包含社会工作行政和社会福利行政②。张曙认为，社会工作行政简称社会行政。同时，由于社会工作行政的主要内容涉及社会福利，故社会工作行政也可称为社会福利行政③。顾东辉认为，将行政管理的理论和方法应用于社会工作一般称为社会工作行政、社会福利行政或社会行政④。

同社会工作行政一样，社会行政和社会福利行政也是由英文直接翻译过来的，与社会行政直接对应的英文是 social administration，而社会福利行政则是由 social welfare administration 翻译过来的概念。很明显，social work administration，social administration 和 social welfare administration 是三个不同的英文词，它们翻译成中文自然不同，其含义也有所区别。

综上所述，社会工作行政、社会行政和社会福利行政的英文用法不同，这种不同体现在中文上就是三个不同的中文词。但是国内学者基本上对社会工作行政、社会行政和社会福利行政不加以区别，认为三个词可以通用。本书认为，社会工作行政、社会行政和社会福利行政是属于不同范畴的概念，具有不同的含义和理论体系，有必要把它们区别开来。本书的主要内容是介绍社会工作行政的理论与方法，因此下文将对此进行明确的界定，并把它与社会行政和社会福利行政区别开来。

二、行政与管理

行政与管理对应的英文词分别是 administration 和 management，无论是在英文还是中文中，这两个词都是近义词，且词义丰富。然而近义词不等于同义词，详细的语义分析可以显示出它们的差别。从词典释义来看，《牛津词典》将行政定义为“一种执行行为”，即“对各种事务进行管理”，或者“对执行、应用或处理进行指导或监督”。而管理是指“处理；通过个人自己的行为对事务的过程进行控制；实行监管”。《韦伯斯特词典》对行政一词的解释与《牛津词典》的解释大同小异，但它对管理一词

① 张乐天．社会工作概论［M］．上海：华东理工大学出版社，1997：158.
② 王思斌．社会行政（第二版）［M］．北京：高等教育出版社，2013：3.
③ 张曙．社会工作行政［M］．北京：社会科学文献出版社，2002：1.
④ 顾东辉．社会工作概论［M］．上海：上海译文出版社，2005：174.

作了更全面的解释，它将管理界定为“管理的行动或艺术”，或者“引导或监督商业一类的事务，特别是指商业活动中项目的计划、组织、协调、指导、控制等执行功能，以对结果负责”，或者“为达到目的而明智地使用各种手段”。从词源上看，行政和管理这两个词的拉丁词源也表现出明显的差异。administration 来自拉丁文 minor，而后演变为 ministrare，意思是“进行服务”，其后演变为进行治理。management 来自拉丁文 manus，意思是“亲自控制”。它们在词义上的本质差异在于“进行服务”和“控制或取得结果”①。

20 世纪初，行政管理学派对行政、科学管理学派对管理都有独到的理解。行政管理学派的代表人物马克斯·韦伯（Max Weber）和亨利·法约尔（Henry Fayol）关注组织中从事计划、组织、指挥、协调、领导等管理职能的行政管理班子。韦伯认为，行政包括公共行政与私人机构的行政，其中公共行政是通过国家机构所行使的，或由国家授权的公家机构所行使的行政。行政是与统治结合在一起的，所有的统治皆通过行政来展现与运作②。法约尔则从管理程序和管理职能的角度研究组织中高层管理人员所从事的活动③。以弗雷德里克·W. 泰勒（Frederick W. Taylor）为代表的科学管理学派把重点放在计划、标准化和在作业层改进人的努力，以便以最小的投入取得最大的产出④。由此可见，韦伯、法约尔与泰勒在研究角度上是不同的：韦伯和法约尔从组织的行政管理方面来研究组织，泰勒则把车间基层的生产管理作为研究组织的出发点。行政管理理论把重点放在适用于组织高层的广泛的行政管理原则上，是一种宏观的方法；科学管理则与车间或作业层的最佳努力有关，是一种微观的方法。

由以上的论述可以得出，国外的词典和学者对行政与管理的解释作了明确的区分。行政本质上是遵从指示和服务，关注程序；管理则是合理安排资源以完成工作，更加重视结果。行政着眼于整个组织，重点是组织的

---

① ［澳］欧文·E. 休斯. 公共管理导论（第三版）［M］. 张成福，王学栋，等，译. 北京：中国人民大学出版社，2007：7.

② ［德］韦伯. 韦伯作品集Ⅲ：支配社会学［M］. 康乐，简惠美，译. 桂林：广西师范大学出版社，2004：11.

③ ［法］H. 法约尔. 工业管理与一般管理［M］. 周安华，等，译. 北京：中国社会科学出版社，1998.

④ ［美］弗莱蒙特·E. 卡斯特，詹姆斯·E. 罗森茨韦克. 组织与管理：系统方法与权变方法（第四版）［M］. 傅严，李柱流，等，译. 北京：中国社会科学出版社，2000：72-73.

高层，是一种宏观的方法；管理注重基层员工的操作、控制，是一种微观的方法。

中国学者往往从组织实体或管理主体的角度（即以国家、政府等政治组织，或从工商企业组织的不同）来区分这两个概念。行政一般被当作国家或政府的活动，是指政务的推行或与公共事务相关的活动；而管理一般被当作与工商企业组织相关的活动，即与计划、决策、指挥、协调、控制一类相关的功能活动。

本书中使用“行政”这一概念而不使用“管理”这一概念，主要基于以下几方面的考虑：一是本书所阐述的行政活动和过程主要是由社会服务机构的高层行政者实施，是他们在履行计划、组织、领导等职能，当然这一过程涉及组织的其他员工；二是与国外社会工作行政概念保持一致，这样在进行对话时有共同的概念基础，并在理解吸收国外理论和方法的情况下进行本土实践和创新；三是从社会服务机构方面来说，这类组织是非营利性组织，与工商企业组织在目标追求上不同，行政更能体现出服务的含义。

20 世纪 80 年代以来，新管理主义兴起，将“管理”的用语带进社会福利和社会工作领域，“社会福利管理”与“社会工作管理”逐渐取代“社会福利行政”与“社会工作行政”①。在社会工作或其他领域的文献里，行政与管理经常被任意交换使用。美国社会工作专家雷克斯·A. 斯基德莫尔（Rex A. Skidmore）在其所著的《社会工作行政》一书中，以“动态管理与人际关系”为副标题，其内容包含行政与管理。为反映变化的行政与管理实践，本书涵盖以下两个方面的内容：一是行政程序和过程，包括计划、组织、领导等；二是强调以最低的成本达成目标以及行政者为取得结果负责。因此，本书尽管是以社会服务机构行政者为对象，但对组织的所有成员都是可用的，本书后面各章节的论述可能出现管理与行政通用的现象。

三、什么是社会工作

1. 西方的理解

社会工作起源于古代社会慈善事业，在很长的时间内它没有形成一套

① 黄源协．社会工作管理［M］．台北：扬智文化事业股份有限公司，1999：4.

专门化的科学理论，称不上科学或专业。20世纪以来，随着工业化的迅速发展，西方国家社会问题丛生，过去那种慈善事业已无法解决这些问题。于是，一些学者开始思索并寻求解决问题的途径，以“社会工作”的名称替代了“慈善事业”。到20世纪30年代，一些国家私人兴办的社会工作和互助事业有了较大发展，同时社会工作研究也进入了学术领域而逐渐成为一门学科。

什么是社会工作？学界至今对社会工作还没有一致的看法。下面是社会工作几个有代表性的定义。

1959年，美国社会工作教育委员会在课程研究中给社会工作的界定是：“社会工作以个人与其环境互动所形成的社会关系为入手点开展工作，寻求增强个人的社会功能——既包括单独的个人，也包括群体中的个人的社会功能。社会工作实践的作用可以划分为三种：①恢复受损的能力；②提供个人资源和社会资源；③预防社会功能失调。”“无论如何，以社会关系为焦点是社会工作专业有别于其他专业的特色。”①

O. 威廉姆·法利（O. William Farley）等学者认为：“社会工作可以定义为一门艺术、一门科学、一个专业，它通过社会工作实践帮助人们解决个人、群体（特别是家庭）和社区的问题，并帮助人们获得满意的人际关系、群体关系和社区关系。”②

1995年，美国出版的《社会工作辞典》把社会工作定义为“一门应用科学，用来帮助人们获得有效的心理和社会功能，并促成社会变革以增强所有人的福祉。”③

英国的一些学者倾向于从社会福利的角度定义社会工作。《简明不列颠全书》在“社会福利事业”条目中论述“专门的社会工作”。英国学者勃里姆在其1976年出版的《社会工作的性质》一书中认为，社会工作与其他“助人专业”一样，其目标在于通过预防和拯救苦难来提高人们的福利。社会工作特别关注人们的生活问题，但它关心的重点不是始终如一

---

① ［美］Werner W. Boehm. Objectives of the Social work Curriculum of the Future, work curriculum study 1. New York: Council on Social Work Education, 1959: 54.

② ［美］O. 威廉姆·法利，拉里·L. 史密斯，斯科特·W. 博伊尔. 社会工作概论（第十一版）［M］. 隋玉杰，等，译. 北京：中国人民大学出版社，2010：9.

③ ［美］Robert L. Barker. The Social Work Dictionar (3rd ed). Washington, DC: NASW Press, 1995: 357.

的，而是随着社会情况的变化而变化①。

综上所述，虽然关于社会工作各有各的说法，但作为一门科学或专业，在一些社会工作发达的西方国家，基本上已无争议。

2. 中国的理解

由费孝通主持和指导的中国社会学重建后出版的第一本《社会学概论（试讲本）》里，按照当时的实际情况，对社会工作进行了界定："社会工作就是在党和政府领导下应用各种社会力量（包括民间和各种群众团体的力量）对群众的社会生活福利事业进行管理，其中特别是对丧失或缺乏适应社会生活的人，采取适当措施，帮助他们恢复健全的社会生活，维持社会秩序，保持一定的社会制度的巩固与发展。"②

民政部原部长崔乃夫在 1991 年 7 月 5 日中国社会工作者协会成立大会上的讲话中对社会工作作了如下界定："社会工作是一种帮助人和解决社会问题的工作。它帮助社会上的贫困者、老弱者、身心残障者和其他不幸者；预防和解决部分因经济困难或生活方式不良而造成的社会问题；开展社会服务，完善社会生活功能，提高全社会的福利水平和社会生活素质，实现个人与社会的和谐一致，促进社会的稳定与发展。"③

以上两个定义是对我国实际社会工作的概括，反映出我国实际社会工作的行政性和当时的非专业化的特点。另外，我国的一些社会工作专家学者也对社会工作作出了界定。

王思斌认为："社会工作是以利他主义为指导，以科学的知识为基础，运用科学的方法进行的助人服务活动。"④这一定义指出，社会工作的本质是一种助人活动，其特征是提供服务。

李迎生认为："社会工作是指社会工作者运用专业知识与方法帮助社会上处于不利地位的个人、群体和社区，克服困难、解决问题并预防问题的发生，恢复、改善和发展其功能，以适应和进行正常的社会生活的服务

---

① 转引自张乐天．社会工作概论［M］．上海：华东理工大学出版社，1997：2-3.

②《社会学概论》编写组．社会学概论（试讲本）［M］．天津：天津人民出版社，1984：336.

③ 崔乃夫．1991 年 7 月 5 日在中国社会工作者协会成立大会上的讲话［C］//陈良瑾．中国社会工作百科全书．北京：中国社会出版社，1994：2.

④ 王思斌．社会工作概论（第二版）［M］．北京：高等教育出版社，2006：12.

活动。”①

顾东辉认为：“社会工作即福利部门和服务机构针对个人、团体（家庭或小组）、社区、组织、社会等与其外在环境的不当互动而形成的弱势情况，利用专门的方法和技术，协助服务对象改变或推动环境的改变，促进两者的平衡。”②

综上所述，我国学者倾向于对社会工作实践活动进行描述和界定，把社会工作看作是利用专门知识和方法进行的助人活动；侧重于对社会工作活动功能的论述，即这种活动具有解决问题、提升能力、促进变迁的功能。

国外学者强调社会工作的专业或学科属性，而我国学者强调社会工作的助人特性，国外学者和中国学者对社会工作的理解存在差异。出现这种差异有几个原因：一是中国社会工作教育起步晚，教育和研究还比较薄弱，这影响了对社会工作属性的认识。二是中国正在推进社会工作人才队伍建设，但尚未出台“社会工作者条例”等法规政策，还没有建立起统一的职业体系和职业制度，社会工作者还没有明确的社会地位，在职业上无法体现社会工作的专业属性。三是社会工作十分复杂，在不同的社会和文化中有不同的社会工作，我们只能将其置于特定的社会和文化中对其加以理解。中国对社会工作的理解有自己的文化特色，即中国有大量的实际社会工作，社会工作活动确实存在，强调社会工作的助人性质比较符合中国的实际情况。

本书把社会工作看作一种专业，从专业的角度尝试性地给出一个定义：社会工作是一门艺术、一门科学、一个专业，它以助人为宗旨，运用专业知识和方法，帮助解决个人、群体和社区的问题，恢复、改善和发展其功能，促进社会变迁，提高生活质量。

理解以上定义需要注意以下几点：

（1）社会工作以人为工作对象，是一门艺术，它需要出色的知人技巧和助人、自助技巧，它的理论与方法的应用是灵活的。

（2）社会工作是一门新兴的科学，它以科学的知识和方法为基础。

（3）社会工作是一门专业，它拥有专业的属性。

---

① 李迎生．社会工作概论［M］．北京：中国人民大学出版社，2004：6.

② 顾东辉．社会工作概论［M］．上海：上海译文出版社，2005：21.

（4）社会工作的基本功能——恢复、改善和发展个人、群体和社区的功能，三者是交织在一起、互相依存的。

（5）社会工作能促进社会变迁，提高人们的生活质量。

四、社会工作行政的定义

1. 国内外学者的观点①

美国社会工作专家约翰·C. 基德尼（John C. Kidneigh）在1950年对社会工作行政作了如下界定："社会工作行政是一个将社会政策转化为社会服务的双向过程：①将社会政策转化为社会服务的过程；②运用所得的经验调整社会政策的过程。"② 这个定义的中心思想是，行政是一个将政策付诸行动的执行过程。

哈利·B. 崔克尔（Harleigh B. Trecker）认为，社会工作行政是"一个持续的过程，在这个过程中，工作者与人们进行合作，释放以及汇聚他们的潜能，从而使他们利用所有可能拥有的资源，满足有需求的社区，提供服务和计划"③。

斯基德莫尔认为："社会工作行政可以被视为一种机构工作人员将机构的社会政策转化为社会服务的行为。它包括行政人员——领导者——所有其他职员——下属或团队成员。社会行政的基本过程通常是计划、组织、人事、指挥和控制。"④

我国台湾地区的学者白秀雄认为，社会工作行政可被称为社会行政或社会福利行政，是现代国家公共行政的一个部门，也是现代社会工作专业方法之一。一方面，它是指一个政府根据其立国宗旨与社会政策，顺应社会福利世界潮流，并参照其当前社会需要与状况，所从事的有关社会福利的各种措施及活动，其目的是发挥政府福利工作的功能，完成国家福利工作的责任，以保障人民的生存权、工作权及财产权。另一方面，它是社会

---

① 更多国内外学者关于社会工作行政的不同见解及总结参见：陈为雷．社会工作行政（第二版）[M]．北京：中国社会出版社，2015：12-17.

② [美] John C. Kidneigh. Social work administration：An area of social work practice? [J] Social Work Journal, Vol. 31, No. 2, 1950：58.

③ [美] Harleigh B. Trecker. Social Work Administration：Principles and Practices. New York：Association Press, 1971：24-25.

④ [美] 雷克斯·A. 斯基德莫尔．社会工作行政——动态管理与人际关系（第三版）[M]．张曙，等，译．北京：中国人民大学出版社，2005：3.

工作的间接服务专业方法之一，通过行政程序以确保服务的功效，实现社会福利的目标。换言之，社会工作行政是指被运用于社会机构的行政程序①。

王思斌在其主编的《社会工作概论》和《社会行政》两书中一直使用社会行政概念，用社会行政统合社会工作行政和社会福利行政。他认为，社会工作行政是指社会工作领域针对社会工作的行政活动②。

张曙认为："社会工作行政是指政府的社会工作机构、社会的福利保障组织对社会福利工作进行行政管理，实施社会政策，满足人民各类福利需求的活动。其中心含义是制定、执行、实施社会政策，提高服务机构的工作效率及服务品质。"③

曾群认为："社会工作行政就是通过对组织（即社会工作机构）的管理来有效地实现满足案主人群的社会需求这个组织目标的专业活动。"④

时立荣认为："社会工作行政是社会服务机构为达成使命，将政策转化为具体社会服务的一系列程序，它包含了从目标预设到结果实现的动态的、可持续的行政过程和管理方法。"⑤

2. 关于社会工作行政不同见解的总结

美国的社会工作行政概念最初受英国社会行政概念影响，例如，基得尼认为社会工作行政是一个将社会政策转化为社会服务的双向过程，侧重于政策分析、策划、制定及实施。不过此后美国的社会工作学者摆脱了英国的影响，并逐渐形成了共识，即认为社会工作行政是社会工作的方法之一，行政是社会工作实践的主要方面之一。

在中国台湾地区，社会工作行政被称为社会行政或社会福利行政，是现代国家公共行政的一个部门，也是社会工作专业方法之一。在中国大陆，很多学者认为社会工作行政有宏观和微观两个层次。宏观层次的社会工作行政是政府层面推行社会福利的活动，是社会政策的实施；微观层面的社会工作行政是社会服务机构的行政管理活动，包括计划、组织、领导与控制等环节。也有学者从社会服务机构的角度界定社会工作行政，把社

① 白秀雄．社会福利行政（增订三版）［M］．台北：三民书局，1996：22-23.
② 王思斌．社会行政（第二版）［M］．北京：高等教育出版社，2013：2.
③ 张曙．社会工作行政［M］．北京：社会科学文献出版社，2002：2.
④ 曾群．社会工作行政［M］．上海：世纪出版集团，2007：7.
⑤ 时立荣．社会工作行政［M］．北京：中央广播电视大学出版社，2011：5.

会工作行政看作是社会服务机构的行政管理活动。

3. 本书的定义

本书在分析了行政与社会工作的含义，并在介绍了国内外社会工作行政的定义之后，从社会服务机构行政管理实践和社会工作专业的角度对社会工作行政作如下界定：社会工作行政是指社会服务机构的行政者在国家宏观社会政策的框架中，利用管理学、社会学、社会工作等学科的理论和方法，确定一个社会服务机构的组织目标，获取并妥善利用资源，通过计划、组织、领导和控制来协调人力、物力和财力资源，以保证社会服务机构的效率与效果的活动和过程。社会工作行政的主体包括机构行政者与其下属或团队成员。

理解以上定义需要注意以下几点：

（1）该定义把社会政策作为社会工作行政的外部环境因素之一，不再区分宏观社会工作行政与微观社会工作行政。社会工作行政就是社会服务机构的行政管理活动，不包括政府层面的行政管理活动；政府层面的行政管理活动是社会工作行政的背景因素。

（2）该定义指出社会工作行政的主体是社会服务机构的行政者及其下属，是行政者作用于下属或团队成员，使其实现组织目标的过程，体现了人际关系的重要性。

（3）该定义明确指出了社会工作行政的基本过程：计划、组织、领导和控制。

（4）社会工作行政是一种间接社会工作方法，同个案工作、小组工作、社区工作等社会工作方法共同构成了社会工作方法体系。

（5）社会工作是一门专业，有专业的理论与方法，社会工作行政是社会工作专业理论与方法的一部分，这样社会工作行政就与社会工作紧密联系起来了。同时，社会工作行政也是社会工作的一个重要的实践领域，是行政与管理方法在社会服务机构和社会工作实践中的运用。

第二节　社会工作行政的特征和基本原则

一、社会工作行政的特征

本书立足于社会工作和社会服务机构行政管理实际，并把社会工作行政与工商管理、公共行政加以比较，在此基础上总结出社会工作行政有如下特征。

1. 价值性

价值观是社会工作的灵魂，作为社会工作重要方法和实务领域的社会工作行政也特别强调价值观。社会工作价值观包括人的价值和尊严、社会公正、服务、人际关系、工作能力等，这也是社会工作行政的价值观。此外，对社会服务机构而言，其组织基础是与价值观紧密联系的使命、愿景、信念和文化等要素。社会工作行政同样需要价值导向，并以此来确定组织的使命、愿景和目标；营造组织文化，促使社会工作者内化社会工作价值，实现规范性组织控制；考虑行政管理中的伦理问题，妥善处理伦理难题；重视意义管理，通过满足社会工作者的成就和自我实现需要来进行激励。管理者要时刻谨记，管理是手段，目标在于实现组织使命与社会工作价值，满足服务对象的需要，提升服务对象的幸福感。

2. 间接性

不管是个案工作、小组工作还是社区工作，它们都直接面向服务对象，针对服务对象的问题和需要设计服务方案，进行干预，解决问题，满足服务对象需要。而社会工作行政则不同，可以说它“几乎包括除了直接为服务对象提供的服务以外的任何东西”①，社会服务机构的行政者直接面向组织员工，通过计划、组织、领导和控制等行政程序，与员工共同努力，满足服务对象的需要，实现组织目标，因而其服务具有明显的间接性特征。

3. 非营利性

可以从两个方面理解非营利性：一是从组织的使命和目的来看，社会服务机构是非营利组织，非营利性即组织不以营利为目的，而是服务于社会公共利益。社会服务机构不去积累财富或创造利润，其收入来源于政府资助、社会捐赠、经营收入和服务收费。非营利性突出了社会服务机构所承担的独特的社会公益功能，体现了利他主义，是社会服务机构与企业、公司等营利性组织区分的根本标志。二是从社会服务机构对待净收益或盈余的做法上来看，非营利性要求不对组织净收益或盈余进行分配，这称之

① ［美］罗伯特·W. 温巴赫，林恩·M. 泰勒. 社会工作管理（第七版）［M］. 陈为雷，等，译. 北京：中国人民大学出版社，2021：5.

为“非利润分配”原则。“按照通常的理解，非营利实体与营利法人的区别在于，非营利实体不能向任何控制它的自然人，包括成员、管理人员、董事或托管人分配净收益。”① 这要求社会服务机构的收入除了必要的成本和费用支出外，盈余要留在组织之中，用于服务和组织发展。

4. 管理能力和专业性并重

罗伯特·W. 温巴赫（Robert W. Weinbach）和林恩·M. 泰勒（Lynne M. Taylor）指出：“社会服务组织中最好的管理实践可能是由社会工作者实施的，他们不仅具有明确的社会工作专业人员的身份，而且还具有明确的管理者的地位。”② 对行政者来说，他们之所以能够担任社会服务机构的行政者，是因为他们具备娴熟的管理技巧，拥有较强的管理能力。但是，他们还不能满足于此，而应该保持一种开放的心态，加强社会工作学习。尤其值得注意的是，一些行政者来自政府或企业，对他们来说，不仅要懂得如何进行社会服务机构管理，而且还要成为社会工作专家。行政者要了解社会工作，加强学习，努力掌握社会工作知识、理论和方法。他们还要注重研究，研究组织的问题、社会服务中的问题和社会政策，提升自己的研究能力。综上，对行政者来说，需要付出更多的时间和精力，掌握不同领域的知识、理论和方法，只有这样才能提升自己的综合能力。

5. 管理和服务相互依存

进行行政管理是行政者的本职工作，除此之外，行政者要有服务意识，不仅要明白运用职权让员工按要求做好工作，而且要理解自己所做的工作也是一种服务——为员工服务。员工是社会服务机构的重要的参与者和行动者，他们为了理想和追求而选择从事社会工作，希望在工作中运用自己的聪明才智做出一定的成绩。行政者要尊重组织员工，善于倾听员工的意见，善于调动员工的积极性和创造性，只有这样才能营造良好的组织氛围，促进组织发展。温巴赫和泰勒指出：“作为榜样，管理者的行为反映了对员工的态度，这些态度往往在他们的员工对服务对象的态度中再次表现出来。例如，决策时管理者寻求员工的意见，而不是只做单方面决定

---

① ［美］Henry B. Hansmann. The Role of Non-Profit Enterprise. The Yale Law Journal，1980（5）：835-901.

② ［美］罗伯特·W. 温巴赫，林恩·M. 泰勒．社会工作管理（第七版）［M］．陈为雷，等，译．北京：中国人民大学出版社，2021：15.

却从不要求他人提意见，在这样的组织中，更可能存在尊重服务对象让其自己拿主意的员工。”①

6. 践行社会公正

在社会层面上来说，社会公正是一种合理的社会状态，是社会成员对社会是否“合意”的一种价值评判，其实质是要求各种权利在社会成员之间合理分配，每个人都能得到其所应得的；各种义务由社会成员合理承担，每个人都应承担其所应承担的义务。社会服务机构的行政者要通过行政管理活动合理安排人力、物力和财力资源，努力去实现这种状态。行政者要推动政府有关部门给社会成员合理分配权利，使社会成员承担合理义务，争取政府资助和社会捐赠，并合理分配所掌握的资源。同时通过行政管理工作使社会工作者帮助各种困难人群克服并预防生活困难，增强其适应环境的能力和自立能力，使其获得平等参与的机会，进而实现和谐的人与社会环境之间的关系。因此，社会工作行政是践行社会公正的重要方法。

二、社会工作行政的基本原则

美国社会工作行政先驱崔克尔简明地陈述了社会工作行政的基本原则，包括：社会工作价值原则、社区和案主需要原则、机构目的原则、文化情境原则、目的关系原则、机构整体原则、专业责任原则、参与原则、沟通原则、领导原则、计划原则、组织原则、授权原则、协调原则、资源利用原则、改变原则、评估原则、成长原则②。本书结合中国社会工作行政实践，总结和提出以下社会工作行政的基本原则。

1. 社会工作价值原则

社会工作价值的建立与履行是社会工作专业化的重要前提，也是社会工作专业区别于其他专业的一个标志。社会工作价值有重要作用：在专业团体内部，社会工作价值提供了一种反思功能，促成社会工作者与服务对象专业关系的健康发展，引导社会服务机构朝着专业方向培植能力，促进

---

① ［美］罗伯特·W. 温巴赫，林恩·M. 泰勒. 社会工作管理（第七版）［M］. 陈为雷，等，译. 北京：中国人民大学出版社，2021：15.

② ［美］雷克斯·A. 斯基德莫尔. 社会工作行政——动态管理与人际关系（第三版）［M］. 张曙，等，译. 北京：中国人民大学出版社，2005：26-27.

社会服务机构与政府之间合作伙伴关系的形成和发展，进而奠定社会正义的基石。就社会服务机构来说，社会工作价值促进社会服务机构能力建设。基于共同的服务宗旨与专业使命，社会工作者与社会服务机构结成了深厚的伙伴关系，彼此相互合作，推动专业发展。在社会服务机构内，领导者和普通的社会工作者在价值观与专业伦理的指导下，不断改善服务对象与服务组织的关系，通过专业的、利他的服务活动帮助有需要的人解决各种问题及困难。与此同时，在社会服务机构运行过程中，正是由于社会工作者对实践的反思，并不断完善专业实践的伦理规定，才使得服务组织的服务能力得到加强。

2. 服务对象需要原则

社会服务机构的主要目标是满足服务对象的需要，这决定了社会工作行政的出发点和立足点是为服务对象提供服务。社区和社区内个人的需要，往往是社会服务机构和方案提供存在的基础。因此，组织计划和决策的重要依据是看其能否有利于满足服务对象的需要，对方案绩效的评估也应考虑方案的效果和服务对象的满意度。

3. 廉洁公正原则

廉洁是对行政者最起码的要求。在社会服务机构中，行政者担负一定职务，拥有一定资源，因而应该洁身自好，为员工树立榜样，模范地遵守国家法律法规和组织规章制度，远离贪污浪费、徇私舞弊。行政者应该公正地对待每一个员工，员工做出成绩应该对其进行奖励，员工违反组织规章制度和职业道德则要进行惩罚。

4. 效率和效益原则

在社会服务机构的行政管理活动中，行政者要进行计划、组织、领导和控制，经济地使用资源，杜绝浪费，以维持社会对社会服务机构的捐赠信任。社会服务机构不仅应坚持效率原则，而且要特别注重效益原则。社会服务机构的服务对象大多是特殊群体，他们往往不能通过市场满足需要，而是依赖社会服务机构提供帮助和支持。社会服务机构接受政府资助、社会捐赠以及其他资金来源，有责任提供服务对象需要的服务。这不但能满足服务对象的需要，而且有利于社会的和谐稳定，从而收到很好的社会效益。通过对社会服务机构和社会服务项目进行评估，可以考察社会服务机构是否坚持效率和效益原则。

5. 参与原则

在社会服务机构中，行政者、员工、志愿者、服务对象以及其他单位和人员在为服务对象提供服务和组织发展方面具有不可替代的作用。各级行政者要履行岗位职责，分工合作，相互配合，共同完成任务。行政者要利用各种形式动员和吸引员工参与，这样不但能更好地为组织发展作贡献，而且能更好地为服务对象服务。行政者要创造条件，完善制度，应用各种激励手段，鼓励志愿者参与。在社会服务机构中，服务对象不只是被动的服务接受者，他们也能为组织作出一定的贡献，行政者要采取方法让服务对象参与其中。此外，还应考虑建立稳定的社会支持网络，在有关工作中动员社区、捐赠者、政府有关部门、专家学者等参与社会服务机构的服务。

6. 成长原则

行政者要宣传组织的宗旨和使命，使其内化为员工的价值体系，并体现在员工的工作中。要设置具有挑战性的目标，设计合适的组织结构，把符合条件的员工提拔到更高层级的岗位上，从而促进员工发展。在组织中，要进行教育性督导，传授员工工作需要的知识、技术和经验，帮助员工更好地开展工作。针对员工的情绪和心理问题，要提供有针对性的支持性督导，帮助员工缓解工作压力，从而促进员工进步成长。

第三节 社会工作行政与相关概念辨析

一、社会工作行政与社会行政

1. 社会行政

(1) 英国学者的观点。

英国社会行政学者理查德 · M. 蒂特马斯 (Richard M. Titmuss) 认为：“社会行政可以被广义地定义为对社会服务的研究。它涉及这些服务的历史发展，包括法定的和自愿的服务；涉及社会行动中隐含的道德价值；涉及服务的作用和功能，涉及它们的经济方面，并且涉及在社会的变化过程中它们在满足某些需要时所起的作用。因此，一方面我们对行政的机制及其组织和分配社会救助的各种形式感兴趣，另一方面我们对生活中的需求、共同体成员之间的关系、共同体如何满足其成员的需求感兴趣。”①

英国学者诺埃尔·蒂姆斯（R. Timms）和丽塔·蒂姆斯（N. Timms）认为，社会行政是指管理社会机构的事务，也可以指就这类机构的工作问题从事教学工作的那些人。这一术语通常指从20世纪初某些大学设立的负责培养未来社会福利工作者的社会研究系发展而来的一个领域。最初，社会行政研究社会服务的历史和功能，区别于其他政府组织所进行的以公共行政管理为内容的研究。社会行政研究现在仍着重于社会服务方面，但它已从社会工作训练中分离出来，被看作更复杂、更广泛的概念：社会行政经常与社会政策相结合，并被视为一种合成物；从福利学的广阔角度对传统的社会服务进行研究；越来越重视比较的方法；社会服务与社会需要及其满足相联系②。

可以看出，在英国，社会行政是对社会服务的研究。最初，社会行政与社会工作训练相结合，研究社会服务的历史、功能、行政机制和社会机构的管理事务。现在，社会行政被看作更复杂、更广泛的概念，经常与社会政策相结合，从福利学的角度对传统的社会服务进行研究，社会行政主要关心的是对政府认定的或法定的社会服务进行研究，它的主要任务就是保证社会政策被有效地实行，通过解决有关政策执行中的技术问题推进社会福利。

2002年出版的《布莱克维尔大辞典（社会政策）》中对社会行政的解释是：“在学术圈子里与社会政策可以替代使用的一个术语。许多当代的社会政策课程先前被称作社会行政。然而，这个术语特别集中于政策的发展和实施过程，而不注意更广泛的政策存在于其中的社会和理论的背景。”③ 这个解释比较清楚地说明了社会政策与社会行政的联系与区别。

（2）中国学者的观点。

王思斌一直使用社会行政这个概念，下面是他在不同的著作中给出的社会行政的定义：①社会行政是依照行政程序，妥善利用各种资源，实施

---

① ［英］Richard Titmuss. Essays on “ the Welfare State” . London：Allen & Unwin，1958：14.

② ［英］诺埃尔·蒂姆斯，丽塔·蒂姆斯．社会福利辞典［M］．北京：科学技术文献出版社，1989：73.

③ ［英］Pete Alcock，Angus Erskine，Margaret May. The Blackwell Dictionary of Social Policy. Oxford：Wiley-Blackwell Publishers Ltd，2002：226.

社会政策，以向有需要者提供社会服务的活动[①]。②社会行政是将社会政策变为社会服务的活动[②]。以上两个定义的核心内涵是执行、实施社会政策。

此外，王思斌把社会行政分为两个层次：宏观社会行政和微观社会行政。宏观社会行政是指在政府的社会行政系统和大型非营利组织中，从事政策的执行设计、为其建立条件及规则，并综合性地推动政策实施的活动。微观社会行政是相对于宏观社会行政的概念，它指的是在政府部门或社会服务机构中比较接近于具体服务的基层从事的行政活动[③]。

从以上两个定义及社会行政的层次可以看出，王思斌关于社会行政的观点前后一致，其核心在于执行社会政策，而社会政策的执行涉及政府与社会服务机构，政府和社会服务机构要进行组织、协调和推展社会服务等活动，这些活动是手段，执行社会政策是目的。其中，社会服务机构进行的行政活动是本书要研究的社会工作行政。

2. 社会工作行政与社会行政的关系

通过以上分析可以看出，不论是英国学者还是中国学者，都把社会行政看作是实施社会政策的过程。由于社会服务机构承担输送社会服务的职责，所以社会行政也包括管理社会服务机构的事务。

作为一种社会工作方法，社会工作行政是对社会服务机构进行管理，从而为服务对象提供高质量的服务，在这一点上，社会工作行政与社会行政是重合的。虽然社会工作行政涉及在一定范围内实施社会政策的问题，但它更关注社会服务机构的运行和行政管理，与政府层面的行政活动相比具有明显的实务性和技术性，除了运用科层权力，行政者还可能会使用专业方法，比如运用小组工作方法去建立工作团队、对服务人员进行专业督导等。

二、社会工作行政与社会福利行政

1. 社会福利行政

江亮演等学者认为，社会福利与行政简称为社会福利行政，也可称为

---

① 王思斌．社会工作概论（第二版）［M］．北京：高等教育出版社，2006：152-153.

② 王思斌．社会行政（第二版）［M］．北京：高等教育出版社，2013：7.

③ 同上：24-27。

社会行政或社会工作行政。简单说，它是一个国家的政府推行有关社会福利工作的行政事务。广义的社会福利行政除从事建立福利社会外，还须致力奠定社会公共秩序、发展人力资源潜能及推行各种社会建设工作，即社会福利行政的人、事、物等，凡与社会福利行政有关的一切均包含在内。狭义的社会福利行政仅指公私立机构推行的社会福利事务①。这个定义区分了社会福利行政的两种不同的含义，广义的社会福利行政是现代国家公共行政的一个重要部门，狭义的社会福利行政是社会工作的一部分。

王思斌用社会行政统合社会工作行政和社会福利行政。他认为，社会福利行政是社会福利领域的行政活动，它是以社会福利为对象的行政活动②。这个定义把社会工作行政同社会福利行政区别开了。

2. 社会工作行政与社会福利行政的关系

社会福利行政有两种不同的意义，广义的社会福利行政是政府对社会福利项目的规划、管理和贯彻执行的过程，是社会福利领域的行政活动，它以社会福利为对象。而社会工作行政是在社会工作领域的行政活动，它以社会服务机构为对象，是社会工作的间接方法之一。在这个意义上，社会工作行政同广义的社会福利行政是属于不同范畴的概念。

同时我们也应看到，狭义的社会福利行政是管理社会服务机构事务的活动，是一种实务方法，同社会工作行政的含义基本一致。

三、社会工作行政、公共行政与工商管理

1. 公共行政

公共行政是政府的本质性的职能和活动，它通过把公共政策转变为具体的实践来增进社会的公共利益。公共行政包括：国防（外部安全）和外交、公共安全（内部安全）、司法、公共卫生与国民健康、劳动就业、公民受教育、公民的居住安全，也包括解决影响公众的社会问题，为经济发展和公民生活的改善创造条件等③。

2. 工商管理

如前所述，管理一般被认同为企业或商业管理。所谓工商管理就是通

---

① 江亮演，等．社会福利与行政［M］．台北：五南图书出版股份有限公司，2000：序 8-9.

② 王思斌．社会行政（第二版）［M］．北京：高等教育出版社，2013：2.

③ 同上：3-4。

过对工商企业及其经营过程进行计划、组织、领导、控制等相关的功能活动来协调人力、物力和财力资源，以期更好地达到组织目标的过程。对企业或商业机构来说，管理的目标就是盈利。

3. 社会工作行政与工商管理和公共行政的比较

行政不仅是在社会工作中使用的方法，它也是工商企业、政府和其他专业领域的一个重要组成部分。在工商业界，行政是一个很受重视的工作，也是培训的重点。同样，各级政府部门也认识到行政的重要性。休·W. 斯宾塞（Sue W. Spencer）总结了行政在各个领域都具有的共同特征，以下是其中几个：①行政是一个问题解决的过程，包括对问题的确认、研究问题的各个方面、设计解决问题的可能的方案、实施计划以及对所实施计划的效果的跟踪评估。②行政被视为一个能使个人和团体更加有效率地发挥功能的使能的过程。③行政关注到方案、服务和员工的建构，以推进最佳效率或物品和服务的提供。④行政要求物的管理与人力资源的使用之间适当均衡。⑤沟通、员工间人际关系以及机构行政的参与，是专业关注的重要领域[①]。

斯宾塞对社会工作行政与工商管理和公共行政之间的差别也进行了分析：①社会机构的行政应建立在协助社区成员确认他们的需求的基础上。②这些机构所提供的服务可被区分为三种不同的范畴：整合分离的社会功能；提供社会和个人资源，以便更有效率地发挥社会功能；预测、预防社会功能失调。③典型的社会机构通常有一个代表其社区的董事会。④这些机构中组织方案的大小、范围、结构和形态有很大的不同。⑤机构的行政者有责任将机构内部的运作与社区相连接。⑥有必要选择可持续的资源利用。⑦社会机构必须要避免为生存而不均衡地使用资源。主管人员应多承担发展、维持和保护机构适当功能的责任。⑧社会机构所提供的服务中包含专业社会工作的内容日益增多。⑨各级员工参与行政过程，且在某种程

① ［美］Sue W. Spencer. The Administration Method in Social Work Education. New York：Council on Social Work Education，1959：21-22. 转引自：［美］雷克斯·A. 斯基德莫尔．社会工作行政——动态管理与人际关系（第三版）［M］．张曙，等，译．北京：中国人民大学出版社，2005：13.

度上影响整个机构的方案①。

四、社会工作行政与社会政策

1. 社会政策

社会政策这一概念最先由德国学者提出。德国学者阿道夫·瓦格纳（Adolf Wagner）指出："所谓社会政策，就是要把分配过程范围内的各种弊害，采取行政立法及行政手段，以争取公平为目的而加以清除的国家政策。"② 另一位德国学者费舍尔指出，社会政策是为了人类幸福而采取的行动措施的总和，其目的是调节收入分配与平衡社会经济生活的负担③。显然，这里所说的社会政策是与收入分配领域出现了比较严重的问题，政府力图通过立法和行政手段去缓解问题相联系的。

第二次世界大战后，英国等西方国家宣布建成福利国家，并实行全民福利。在这种情况下，社会政策就不只是针对困难人群，而是为全民提供福利的政策，它涉及的领域相当宽泛。从总体来看，当今世界各国政府所采取的社会政策主要包括社会保障政策、公共医疗卫生政策、公共住房政策、公共教育政策、劳动就业政策、社会福利服务政策、针对专门人群的社会政策体系等。

基于上述情况，本书认为，社会政策是通过国家立法和行政干预解决社会问题，促进社会安全，改善社会环境，增进社会福利的一系列行动准则和规定的总称。社会政策的实质是政府在社会福利事务领域中的干预行动。正如希尔（Michael Hill）所说，虽然非国家机构也可以有政策，但社会政策这个一般性的表达方式主要用来界定与公民福利有关的国家所起的作用④。

2. 社会工作行政与社会政策的关系

社会工作行政与社会政策既有区别也有联系。社会工作行政属于政策

---

① Sue W. Spencer. The Administration Method in Social Work Education. New York: Council on Social Work Education, 1959: 22-25. 转引自：［美］雷克斯·A. 斯基德莫尔．社会工作行政——动态管理与人际关系（第三版）［M］．张曙，等，译．北京：中国人民大学出版社，2005：14.

② 曾繁正，等．西方国家法律制度社会政策及立法［M］．北京：红旗出版社，1998：165-166.

③ 转引自：王思斌．社会行政（第二版）［M］．北京：高等教育出版社，2013：13.

④ ［英］迈克尔·希尔．理解社会政策［M］．刘升华，译．北京：商务印书馆，2003：11.

过程中的决策后阶段，其任务是将既定的政策转化为政策对象可以获取的具体服务，社会工作行政与社会政策是属于不同领域的活动。

在现代社会中，社会工作行政与社会政策也有密切关系。例如，在最先开始系统研究社会政策的英国，社会政策研究的出发点是社会工作与行政管理，主要针对专门从事福利提供、管理和政策执行的人员。目前，社会工作行政与社会政策仍有密切的关系，这种关系体现在以下几个方面：

（1）社会政策约束和规范社会工作行政的开展。在前文我们把社会政策看作是社会工作行政的宏观背景，也就是说，社会工作行政是在政府的社会政策框架内进行的。政府的社会政策框架以国家的法律法规等形式为社会工作行政和社会服务机构开展服务提供了某种正当性说明，社会服务机构要遵守国家法律法规，按照政府的社会政策进行行政管理和提供社会服务，社会服务机构及其服务不能脱离国家法律法规以及相关社会政策的约束和指导。

（2）社会工作行政是社会政策执行系统的重要组成部分。绝大多数社会政策，无论其是否通过国家立法，一般都是由政府行政机构或其委托的社会服务机构来组织实施。虽然社会政策的实施并不局限于社会工作行政，但是社会工作行政无疑是社会政策实施的重要组成部分。尤其是随着社会服务机构的发展和政府购买社会服务的推进，社会工作行政在社会政策实施中发挥着日益重要和不可替代的作用。

（3）社会工作行政在一定程度上成为社会政策的“验证器”。社会服务机构实施的社会工作是最具体、最直接地为服务对象服务的活动，包括社会工作行政在内的社会工作过程，因此也成为社会政策与服务对象之间的中介。

（4）社会工作行政推动相关社会政策创制。目前，我国相关领域还没有相关社会政策，或者说相关社会政策还不配套、不完善。例如，针对农民工家庭及其子女的移民社会工作、针对灾区民众的儿童社会工作和学校社会工作等。在这些领域创设服务项目，除了服务相关人员之外，社会工作行政还扮演着推动相关社会政策起步与创制的角色。

第四节 社会工作行政的发展历史与必要性

一、美国社会工作行政的发展历史

斯基德莫尔总结了美国社会工作行政的发展历史，现简要介绍如下①。

1. 行政管理与直接服务不分

行政问题的产生与社会工作的发展历史并存。1874 年，美国举行了全国慈善与矫治研讨会，与社会工作行政管理问题相关的论文首次在这次会议上发表。1893 年，来自马萨诸塞州匹兹堡地区的安娜 · L. 道斯（Anna L. Dawes）认为，学院应组织培训在职人员以帮助他们为那些有需求的人提供有效的社会服务。1897 年，巴尔的摩慈善组织会社总干事玛丽 · E. 里士满（Mary E. Richmond）在全国慈善与矫治研讨会上提出了相似的观点。

在慈善组织运动中，社会工作学院纷纷建立，这些学院传授有关社会工作行政的知识和技巧。1898 年，纽约慈善组织会社成立了一个暑期学校，培训志愿者和同情、理解并帮助贫困群体的人士。1901 年芝加哥大学增设了一系列社会福利方面的课程，1908 年芝加哥大学的文化与慈善学院正式确立了这些课程。1904 年，波士顿社会工作者学院成立。这些早期社会工作学院向学生提供与社会工作行政有关的知识和技巧，作为总体课程中的一部分。

2. 基础性的行政技巧和专业知识的发展

最初，行政管理没有从直接服务与实务中分离出来。直到 1914 年，至少有一所社会工作学院开设了一门行政的课程。逐渐地，一些具体课程被增设进学校的课程体系中。第一次世界大战和“大萧条”进一步促使出现许多正规教育来训练社会服务项目的行政领导者。1920—1935 年，基础性的行政技巧和专业知识得到发展。基督教女青年会（YWCA）、基督教青年会（YMCA）、美国家庭福利协会开始针对它们的行政者制定标准和量化指标，特别强调行政管理的过程。1937 年，美国社会工作者协会代表大会

---

① ［美］雷克斯 · A. 斯基德莫尔．社会工作行政——动态管理与人际关系（第三版）［M］．张曙，等，译．北京：中国人民大学出版社，2005：6-12，24-26.

首次对行政的过程给予了特别关注。1944 年，社会工作行政课程被全美社会工作学院协会正式规定为 8 门核心课程之一，这一决定大大促进了行政管理训练课程的发展。

3. 研究和行政被提议为社会工作的辅助性方法

1946 年，在全美社会工作研讨会上，首次提出按行政的不同部分进行研究的计划。行政被划分为不同的环节：行政过程、领导能力、薪水、工作分类、董事会、公共关系、劳工组织和社会工作、文化服务、项目拓展与退休计划。1959 年，美国社会工作教育委员会主编的课程体系研究第三版指出，在社会工作教育和实务中行政已经达到一个重要层次。它建议所有研究生应当在两年中接受充分的行政管理职位训练。1962 年，美国社会工作教育委员会对课程设置的要求强调了三个重要领域：①社会福利政策和服务；②人类行为与社会环境；③社会工作方法与实务。社会工作方法包括个案工作、小组工作和社区组织，研究和行政被提议为社会工作的辅助性方法。

4. 行政不再被视为特别的课程，而被视为一种“专攻领域”

1969 年，美国社会工作教育委员会的课程要求更具综合性，不同的学院提供了大量的可供选择的社会工作课程，行政不再被视为特别的课程，而被视为一种“专攻领域”。1970 年，美国社会工作教育委员会出版了《社会工作行政：资源手册》和《社会工作行政案例》两本管理著作。1975 年，在美国 84 所社会工作学院中有 19 所提供行政专业课程。1977 年，《社会工作行政》期刊首次在美国发行。到 1979 年，36 所社会工作学院开设了行政方面的专业课程。1988 年，53 所社会工作学院在行政方面都提供了一个综合性的课程体系。到 1992 年，这类学院的数量增加到 55 所。

随着社会工作行政专业地位的确立，从事行政工作的人员大幅增加。研究显示，1981—1985 年，社会工作行政者的比例从 27.8% 增加到 36.5%，个案工作者从 41.1%下降至 29.4%，可以看出社会工作行政已逐渐被认可。

二、中国社会工作行政的历史与现状

1. 社会工作行政课程开设

1986 年，原国家教育委员会同意北京大学、中国人民大学、吉林大学等高等学校设置社会工作与管理专业，各校也陆续招收本科生，开始了社会工作专业教育的历程，社会工作行政与社会工作一同发展起来。

2002年，为规范社会工作专业教学，教育部高等学校社会学学科教学指导委员会委托王思斌教授编写《社会工作专业主干课程教学基本要求》，并得到教育部高等教育司的同意。通过几次全国高等学校社会学学科教学指导委员会暨社会学系主任联席会议讨论，社会工作专业的主干课程被确定为：社会学概论、社会工作导论、个案工作、小组工作、社区工作、社会行政（或社会政策）、社会保障、社会福利思想、社会调查研究方法、社会心理学，其中社会行政是主干课程之一。

2. 社会工作行政主要著述与研究状况

（1）社会工作行政教材建设的情况。

长期以来，由于缺乏一定的教学经验和研究积累，社会工作行政的教材建设相对迟缓。但近年来，随着社会工作的发展，社会工作行政教学与研究有了明显的改观，出现了一批教材和学术研究论文。前面已引用了一些学者关于社会工作行政的定义，下面就教材内容和特点略作介绍。

王思斌是中国大陆从事社会工作行政研究较早的学者，他主编了《社会工作概论》一书，并撰写了《社会行政》一章。该章阐明了社会行政的含义与功能、社会行政的内容及其在中国的发展等，开启了社会工作行政普及化的征程。此外，王思斌还主编了《社会行政》一书，该书论述了社会行政的含义、构成、层次、内容、功能以及计划、组织、人力资源管理、财务管理、项目管理、评估、发展等内容，包括社会福利行政和社会工作行政两方面内容，内容全面，但研究领域显得宽泛，没有限定在专业社会工作和社会服务机构上。

张曙编著的《社会工作行政》是中国大陆第一部通行的社会工作行政教材。该教材包括绪论、组织领导、实施技术、人力资源管理和法制发展等内容。在行政职能的写作体例上，教材是按照从一般到具体（例如，对社会工作行政组织的撰写是按照组织—行政组织—社会工作行政组织的顺序写作的）的体例来编写的。

范志海和阎更法编著的《社会工作行政》重点论述了社会工作行政的基础，如知识基础、价值与伦理、社会政策、行政体制等内容，但社会工作行政的过程和技术方法等内容着墨不多。

萧洪恩主编的《社会工作行政》由理论源流、主体建设、行政运行、法制规范、发展趋势五篇构成。该教材的特点在于阐述了社会工作行政的主体，即依法获得实施社会工作行政权力，承担社会工作责任义务的组织与个人。

曾群的《社会工作行政》引用了大量国外文献资料，从社会服务机构管理的角度来介绍社会工作行政，主要涉及行政管理的理论、技术与方法，有关章节内容的阐述过于简单。

时立荣主编的《社会工作行政》明确了研究对象，即机构社会工作行政，突出了行政和管理的一般理论在机构社会工作行政上的应用，对社会工作的行政客体、职能、使命、财务管理等进行了阐释，在有关章节中加进了一些实务案例。

综上所述，除了曾群和时立荣明确将社会工作行政限定为社会服务机构的行政管理，其他作者基本采用了执行既定政策意义上的社会工作行政概念，其中既有社会政策、行政体制内容，又有行政管理职能等内容，或多或少地将政府层面的社会福利行政与社会服务机构层面的社会工作行政混合在一起，研究领域过于宽泛，对社会工作行政和社会福利行政的研究尚需具体深入。

（2）社会工作行政研究状况。

除了以上教材，近年来社会工作教育界和实务界关于社会工作行政研究的学术论文逐渐增多，下面选取有代表性的论文加以介绍。

范志海和阎更法的《社会工作行政研究的新范式》概括了国内社会工作行政的研究，提出了范例说。文中指出，社会工作行政既不同于一般的行政管理，也不同于工商行政，是一种独特的范例或范式。作为一种研究范式，社会工作行政包括本质、使命、基本原则、主要项目等一系列规定性①。

时立荣针对学界对社会工作行政的理解不尽相同的现实，试图厘清机构社会工作行政的定义、本质。她认为，机构社会工作行政的本质是运作技术与艺术的结合，通过社会服务机构科学地运用行政管理程序与方法，提高社会服务机构及服务项目满足服务对象需求的能力，并引导组织成员

---

① 范志海，阎更法．社会工作行政研究的新范式［J］．社会工作，2004（7）．

一起达成目标、使命与机构效率的一致性①。

史柏年探讨了社会工作行政的对象，他认为社会工作行政面对专门从事社会福利服务的机构和附带性开展社会福利服务的社会组织两类不同的服务提供的组织形式，对前者来说社会工作行政的对象是这一类服务机构本身，对后者来说社会工作行政的对象是这一类组织或机构所策划与运行的社会服务项目②。史柏年还对社会工作行政的含义进行了辨析，他认为社会工作行政是社会行政、社会福利行政和社会工作行政三个概念中最小的概念，是社会福利行政中只涉及专业社会工作服务的一部分内容；社会工作行政是一种间接的专业方法，是通过对社会服务机构科学有效的行政管理，以最大化满足社区和民众社会需求的专业活动③。

陈伟杰从管理、权力和制度三个取向来认识社会工作行政，管理取向揭示在社会工作行政领域中提升效率和效能的方法，权力取向注重组织内与组织间的多元利益，制度取向关注规制性要素、规范性要素和文化-认知性要素的作用④。

总体上看，中国社会工作行政研究刚刚起步，需要做的工作还很多。

三、社会工作行政的必要性

社会工作行政的专业化发展已有一段时间，近些年来，社会工作行政者更加受到重视。为什么社会服务机构需要行政管理呢？这一问题可以从社会工作的内、外在因素看，这两种因素彼此间的关联更使得有必要强调社会工作行政⑤。

1. 内部环境因素

就内部微观层面的社会工作本身的因素而言，可归纳如下：

（1）妥善运用与管理有限的资源。社会工作的推动往往通过组织来进行，在资源有限的情况下，组织能否有效地解决社区问题、满足服务对象需要，有赖于组织的管理。近年来社会工作的理念与价值逐渐受到肯定和

---

① 时立荣．社会管理背景下的机构社会工作行政探析［J］．东岳论丛，2012（1）．

② 史柏年．谈中国特色社会工作行政体制建构［J］．社会工作，2012（6）．

③ 史柏年．社会工作行政涵义辨析［J］．社会工作，2013（2）．

④ 陈伟杰．管理、权力与制度——分析中国社会工作行政的多重视角［J］．华东理工大学学报（社会科学版），2014（6）．

⑤ 黄源协．社会工作管理［M］．上海：华东理工大学出版社，2018：50-52.

支持，投入社会工作界的资源不断增加，社会服务机构和社会工作者日益增多，面临更多管理上的问题。学习社会工作行政即是学习善用各种资源，以避免因经营不善而浪费有限的资源，进而提供更多和更好的服务。

（2）缓和组织人力运用的困境。社会服务机构面临员工高流失率、士气低落、缺乏成就感和工作没有意义等问题；中层管理者没有获得足够的教育和训练，他们所承受的不安全和压力可能最终反映在服务品质上。因此，通过适当的管理加以善用组织的人力，是社会服务机构追求品质不可或缺的途径。

（3）装备社会工作生涯发展上的技能。为了协助基层行政者获得行政管理的知识、技巧与价值，以使得他们能胜任管理职务，社会工作行政的教育或训练是必要的。上述社会服务机构人力运用上的困境，多少与社会工作者的生涯发展有关，装备并善用社会工作行政的知识与技能，将有助于提升社会工作者的士气，进而提升服务品质。

（4）实践社会工作专业的理念和价值。在现代组织里，即便我们可以选择不担任管理工作，但我们避免不了管理。组织内任何层级的社会工作者皆需要了解管理，以便有效地完成任务。事实上，一线工作人员的技术与技巧中就包含着管理技巧和方法，如评估需求、规划干预、决策、拟定优先次序、经营创新、督导结果以及评估方案和服务等。因此，社会工作离不开管理，管理已成为社会工作过程的一部分。

2. 外在宏观层面的因素

就外在宏观层面的社会福利发展趋势来说，有下列几项因素：

（1）应对经费紧缩对社会服务机构造成的压力。20 世纪 70 年代中期以来，西方福利国家开始对 20 世纪五六十年代自身的扩张进行反省，开始限制福利经费支出，这使得社会服务机构开始关注“生存管理”议题，采用以服务效率为取向的管理模式。在经费压缩背景下，有效地管理机构、扩大服务领域是社会服务机构管理层面对的两大挑战。此外，传统的慈善机构也在转型，富豪纷纷自行成立基金会，传统慈善机构获得的捐赠变少，经营压力也随之增加。

（2）缓和福利需求与满足之间的鸿沟。当前，社会问题趋于多元和复杂，民众福利意识提升，使得福利需求与满足之间的鸿沟日益加深。行政者必须妥善进行经营管理，关注组织内部的管理过程，唯有如此，才能通过提高效率和效能，缓和资源不足衍生的需求问题，实现组织目标。

（3）应对福利服务民营化带来的竞争。20 世纪 80 年代以来，在福利市场化和民营化的趋势下，市场领域中的一些商业准则开始渗透到社会服务领域。在这种情况下，营利机构和非营利机构往往会任命可善用其市场才能以吸引更多捐款的管理者，以实现效率和效果目标。然而，商业价值的行动取向可能会加深社会工作者与行政者之间的分歧，社会工作行政原则和方法的运用有助于化解彼此认知上的分歧，亦可应对民营化所带来的冲击，在准市场的竞争过程中争取机构生存所必需的资源。

（4）应对社会变迁对社会工作专业的挑战。面对变化且复杂的环境的挑战，社会服务机构已借用企业部门的管理技术，然而，许多社会工作者仍然缺乏进行有效管理的必要技术。因而，为克服自身局限，社会工作者必须要拥有相当的管理知识、态度和实务能力，以开展和提供适当的社会服务。

基本概念

社会工作　社会工作行政　社会行政　社会福利行政　公共行政　工商管理　社会政策

思考题

1. 什么是社会工作行政？
2. 社会工作行政的特征是什么？
3. 社会工作行政的基本原则是什么？
4. 社会工作行政与社会行政有何联系与区别？
5. 社会工作行政与社会福利行政有何联系与区别？
6. 社会工作行政与公共行政有何联系与区别？
7. 社会工作行政与社会政策之间的关系是什么？
8. 社会工作行政的必要性体现在哪些方面？

第二章　社会工作行政的管理学理论基础

管理学为社会工作行政提供了理论基础，本章将按照时间顺序介绍各种管理学理论。第一节介绍泰勒的科学管理理论，第二节介绍法约尔的一般管理理论和韦伯的科层制理论，第三节介绍人际关系学派的管理理论，第四节介绍系统理论和权变理论，第五节介绍 20 世纪 80 年代以来的管理理论，并阐述管理理论对社会工作的意义。

第一节　科学管理理论

一、科学管理理论的主要观点

科学管理运动是 19 世纪末 20 世纪初在泰勒的推动下开展起来的。泰勒的思想来自他在米德维尔钢铁公司、伯利恒钢铁公司以及他给许多工业公司当顾问时的实际工作经验。科学管理理论的主要观点如下①。

1. 工时研究

工时研究是对完成一件工作应该用的时间进行精心的研究。这种研究可分为两个阶段：分析阶段和建设阶段。在分析阶段，每件工作都将被分成尽可能多的简单的基本动作，然后把无用的动作去掉，观察最熟练工人的每一个操作动作，选择出每一基本动作的最快和最好的方法，并且把每一个动作的时间测量记录下来。在建设阶段，要建立基本动作和时间的档案材料以便尽可能地把它们用于其他工作。此外，这个阶段还需要考虑对工具、机器、原料和方法等的改进以及使与任务有关的所有要素都最终实现标准化。

---

① ［美］丹尼尔·A. 雷恩. 管理思想的演变［M］. 孔令济，译. 北京：中国社会科学出版社，1997：118-158.

2. 差别计件工资制

泰勒在《计件工资制》中提出了一种新报酬制度，包括三部分：

（1）通过工时研究进行观察和分析以确定工资标准。在泰勒制下，首先要建立恰当的绩效标准，确定定额的部门要为工作制订计划，并为每一项任务制定定额或标准。

（2）差别计件工资制。一旦标准确定下来，差别计件制有两方面的作用：使达不到标准的工人只能获得很低的工资，同时给达到标准的工人以很高的报酬。

（3）把钱给人而不是职位。不按职位支付工人工资的主张的部分目的是消除“磨洋工”现象，而其主要目的是通过按工人作出的努力而不是按他的工作等级来付酬，从而实现工人的个人化。

泰勒在概括自己提出的工资制度时说，每一个部门的目标应该是：①应让每一个工人做他的能力和体力所能胜任的尽可能高级的工作。②应要求每一个工人在不损害健康的情况下生产出他自己级别中头等工人所能生产的最高数量的产品。③当一个工人以头等工人的最大进度生产时，他除了获得他这个级别的工人的平均工资外，还应按其工作性质获得30%—100%的工资。

3. 任务管理制

（1）任务管理。任务管理由两部分构成：①每天分配给每一个工人一项具体的任务，并附有关于这项工作的每一个组成部分的详细的书面指示以及确切的时限规定；②在规定时限内完成任务的工人将获得特别高的工资，而超过规定时间完成任务的工人将获得一般的工资。

（2）职能工长。任务管理给管理人员带来了压力，管理人员不但必须详细地为工作制订计划，并且还要指导工人完成各项工作。为了解决在管理上出现的这种日益复杂的情况，泰勒提出了“职能工长”的监督方式。起初，泰勒雇用助手作为工长，为泰勒起草指示卡片以及执行其他零星的任务。随着制度的完善，他进一步划分职能并委托工长执行这些职能，从而把越来越多的任务交给他们去负责。

（3）工作计划和执行分离。泰勒把责任分成两大类：执行职责和计划职责。执行由工长和工人负责，计划则由计划部门负责。

（4）例外原则。泰勒提出了工厂的总经理的特殊作用，总经理应避免处理车间管理中的细小问题，而应把这些问题留给专门人员去处理，总经理本人只需关心“例外的问题”。根据例外原则，总经理收到的报告应包括在过去正常情况下未出现过的或非标准的各种例外情况，既有特别好的，也有特别坏的，这样能使总经理有时间去考虑更广泛的政策方针并研究他领导下的重要人员的特性和胜任工作的问题。

4. 管理的四个基本原则

泰勒给管理下的定义是：“确切了解你希望工人干些什么，然后设法使他们用最好、最节约的方法完成它。”① 管理的主要目的是确保每一个雇主获得最大限度的财富的同时确保每一个雇员能获得最大限度的利益。泰勒认为管理的实质或基本原理是以共同利益为基础的，其中四个基本原则是：①建立一种严格的科学；②科学地挑选工人；③工人的科学教育和培训；④管理部门和工人之间进行亲密无间的友好合作。

二、对科学管理理论的评价

1. 贡献

泰勒和他的同事为管理作出的贡献如下②：

（1）科学管理为管理和对待工人提供客观的方法。在科学管理时代之前，管理者经常基于先例、偏好、本能甚至是冲动来作出决定，没有任何管理原则或概念框架可以帮助管理者。管理者在对待个体员工的问题时往往显得武断，甚至反复无常。科学管理应该基于某些假设和原则，为管理和对待工人提供更客观的方法。

（2）寻找最好的方法，相信人们被金钱所激励，以及科学管理的其他假设仍然被研究和应用。泰勒的追随者，如甘特图的发明者亨利·甘特（Henry Gantt）和雨果·芒斯特伯格（Hugo Munsterberg），继续发展他的理论，主张在选择员工时使用心理测试。社会服务机构的行政者在管理他人或自己的管理实践中仍然会使用科学管理思想。例如，有时候财务因素是对员工行为产生影响的最好的方式。

---

① ［美］丹尼尔·A. 雷恩. 管理思想的演变［M］. 孔令济，译. 北京：中国社会科学出版社，1997：131.

② ［美］罗伯特·W. 温巴赫，林恩·M. 泰勒. 社会工作管理（第七版）［M］. 陈为雷，等，译. 北京：中国人民大学出版社，2021：55.

2. 局限性

科学管理也有明显的局限性①：

（1）泰勒研究组织底层的工人，但他没有将由下而上的态度延伸到管理的管控上；尽管他将生产重担放在工人身上，以使组织获利，但是未赋予工人高过机器的地位。

（2）泰勒的方法没有为想象和创新保留空间。工人不被当作人看，当然也就无法创新或改变自己工作的模式。

第二节 行政管理理论

行政管理理论产生于20世纪前期，主要着重点是对正式组织结构与一般管理基本过程的说明，主要代表人物是法约尔和韦伯。

一、法约尔的一般管理理论

法约尔原本是一位法国采矿工程师，后来成为一名经理，1916年，他发表了《工业管理与一般管理》，提出了一般管理理论②。

1. 管理的一般原则

法约尔认为，社会组织的健康和正常活动取决于某些条件，人们将这些条件称之为原则、规律和规则。他列举经常使用的一些管理原则。

（1）劳动分工。实行劳动分工可以提高效率。劳动分工不仅适用于技术工作，而且适用于管理工作，其结果是职能的专业化和权力的分散。

（2）权力与责任。权力是指挥和要求别人服从的权利。法约尔区分了管理人员的职权和个人权力。作为一个出色的领导人，个人权力是职权的必要补充。法约尔认为，责任是权力的伴生物和当然结果。凡权力行使的地方，就有责任。应规定责任范围，制定奖惩标准。

（3）纪律。法约尔认为，纪律实质上是企业同所属人员之间在服从、勤勉、积极、举止及尊敬方面所达成的一种协定。为使企业顺利发展，纪

---

① ［英］Veronica Coulshed，Audrey Mullender，David N. Jones，Neil Thompson. 社会工作管理［M］. 刘晓春，译. 台北：心理出版社，2009：30.

② ［法］H. 法约尔. 工业管理与一般管理［M］. 周安华，等，译. 北京：中国社会科学出版社，1998：22-47.

律是绝对必要的，没有纪律，任何企业都不能兴旺繁荣。法约尔还认为，纪律是领导人造就的。无论哪个组织，纪律状况都主要取决于其领导人的道德状况。

（4）统一指挥。无论对哪一项工作来说，一个下属人员只应接受一个领导人的命令，双重的指挥对权力、纪律和稳定都是一种威胁。

（5）统一领导。对于力求达到同一目的的全部活动，只能有一个领导人和一项计划。

（6）个人利益服从整体利益。在一个企业里，一个人或一些人的利益不能置于企业利益之上，一个家庭的利益应先于一个成员的利益，国家利益应高于一个公民或一些公民的利益。

（7）人员的报酬。人员的报酬应该合理，并尽量使企业同其所属人员（即雇主和雇员）都满意。

（8）集中。集中或分散的问题是一个简单的尺度问题。权力集中程度随不同情况而变化，如果领导人的才能、精力、智慧、经验等允许他扩大活动范围，他可以大大加强集中。相反，如果他愿意一方面保留全面领导的特权，一方面更多地采用协作者的经验、意见和建议，那么可以实行广泛的权力分散。

（9）等级制度。等级制度就是从最高权力层次直至最低层管理人员的领导系列。等级路线对保证传达的需要和指挥的统一非常必要。为了使行动快速，法约尔还提出了横跨权力线进行交往联系的“跳板原则”。“跳板原则”使得侧向联系可以迅速有效地进行，而且既不使路线负担过重，又维护了统一指挥的原则。

（10）秩序。秩序原则保证一切工作都能按部就班地进行，适用于原料存放、车间整洁以及人员安排等。就人员而言，秩序就是“每个人都有一个位置，每个人都在他的位置上”。秩序的前提是良好的组织与科学的选拔工作。

（11）公平。公平是由善意与公道产生的。公道是实现已订立的协定。为了鼓励人们能全心全意且无限忠诚地执行其职责，应该以善意来对待每个人。

（12）人员的稳定。这个原则是要制订有秩序的人员计划和来源，以便更换人力资源。

（13）首创精神。首创精神包括发明与执行的可能性、建议与执行的自主性等。法约尔认为，除了领导的首创精神外，全体人员也需要具备首创精神，并在必要时补充前者。

（14）人员的团结。人员团结有众多方法，法约尔特别强调要注意统一指挥原则，并避免使自己的下属人员分裂和滥用书面联系两个危险。

法约尔的14条原则是他研究管理要素的基础，是用来指导理论和实际工作的。但是，这些原则在内容上不是详尽无遗的，在运用时也不能将其理解为死板的教条。早期的工厂制度实际上已经反映出其中的许多原则，法约尔的贡献在于把这些原则整理成理性认识。在他那个时代，管理文献十分缺乏，所以他的主张是很新鲜的、具有启发性的。正如法约尔所总结的："没有原则，人们就处于黑暗和混乱之中；没有经验与尺度，即使有最好的原则，人们仍将处于困惑不安之中。原则是灯塔，它能使人辨明方向：它只能为那些知道通往自己目的地道路的人所利用。"①

2. 管理的要素

法约尔提出管理的五大要素，它们是计划、组织、指挥、协调和控制，简要介绍如下②。

（1）计划。计划就是探索未来，制订行动计划。行动计划指出了所要达到的结果，所遵循的行动路线，所要通过的阶段及所使用的手段。行动计划的根据是企业的资源、所经营业务的性质及重要性以及未来的趋势。

（2）组织。组织包括组织工作和人员配备。法约尔认为，社会组织的结构形式表现为水平方向的不同职能部门的增加和垂直方向的等级数目的增加。人员配备包括人员的招募与培养。

（3）指挥。指挥的任务是要让社会组织发挥出作用。担任指挥工作的领导应做到：对自己的职工要有深入了解；淘汰没有工作能力的人；对企业与职工之间的协定很了解；做出榜样；对社会组织进行定期检查；要把主要助手召集起来，参加酝酿统一领导和集中力量搞好工作的会议；不要在工作细节上耗费精力；要使职工保持团结一致、积极工作、勇于创新和忘我工作的精神。

（4）协调。协调就是指企业的一切工作都要和谐配合，以便于企业经

① ［法］H. 法约尔．工业管理与一般管理［M］．周安华，等，译．北京：中国社会科学出版社，1998：50.

② 同上：51-135。

营顺利进行，并且有利于企业取得成功。召开各部门领导人的会议是使工作人员保持良好状态、有利于其完成自己任务的最好方法之一。

（5）控制。控制的目的在于指出工作中存在的缺点和错误，以便加以纠正并避免重犯。对物、人、行动都可以进行控制。控制对另外四个要素也起综合的作用：从管理角度看，控制应确保企业有计划并且执行计划，而且还要及时加以修订；控制应确保企业社会组织完整、人员一览表得到应用、指挥工作符合原则和协调会议定期举行等。

3. 对一般管理理论的评价

（1）贡献。

①法约尔提出了管理的原则，对正式组织结构的特征进行了定义，并大胆地推导出所有组织都有的普遍结构特征[①]。尽管管理的 14 条原则有其局限性，但它们仍然值得我们研究。事实上，坚持这些原则会使管理层的决策听起来更为合理。

②法约尔提出的管理要素创新丰富了现代管理过程的概念理论，为管理理论的建立铺下了第一块基石。法约尔详述的管理活动构成了对任何环境（无论是个人还是专业）的管理活动的相当完整的描述[②]。

③管理是可教授的，这与社会工作价值观是一致的，即人可以改变，只要得到机会和帮助，人们就能学会知识并更好地发挥作用，就能够成为更优秀的管理者。这不仅为我们学习管理提供了理由，也表明我们可以通过认真学习和技能培养成功地扮演管理者的角色[③]。

（2）局限性。

对法约尔一般管理理论的批评集中在他提出的管理原则的适用性上，主要有以下几点[④]。

---

① ［美］W. 理查德·斯格特. 组织理论［M］. 黄洋，等，译. 北京：华夏出版社，2002：39.

② ［美］丹尼尔·A. 雷恩. 管理思想的演变［M］. 孔令济，译. 北京：中国社会科学出版社，1997：253.

③ ［美］罗伯特·W. 温巴赫，林恩·M. 泰勒. 社会工作管理（第七版）［M］. 陈为雷，等，译. 北京：中国人民大学出版社，2021：58.

④ 同①。

［英］Veronica Coulshed，Audrey Mullender，David N. Jones，Neil Thompson. 社会工作管理［M］. 刘晓春，译. 台北：心理出版社，2009：28-29.

①法约尔思想的主要局限在于，他试图事先提出一组可遵循的原则，来涵盖所有可能的事件。一些人认为，所谓的原则只不过是些老生常谈或常识性的看法。美国管理学家赫伯特·A. 西蒙（Herbert A. Simon）认为，一些原则与另一些原则缺乏一致性。在某些情况下，要遵守一项原则就会违反另一项原则①。

②英国权变理论家琼·伍德沃德（Joan Woodward）在 20 世纪 50 年代所做的一个经验研究显示，没有最佳的组织特性或适合所有组织的管理原则。影响组织成功的因素主要是组织在结构、任务、技术、管理、员工与环境之间的相互配合度。

③法约尔提出的管理原则多半来自规模相对比较小的公司的经验，他所设计的原则并不适合那些比较复杂、有一定规模，且须发明或面对外在改变的企业。

④在法约尔的观点中，企业主管的主要任务是由上而下的管理，而不是参与、合作以及团队工作，也不是社会工作所注重的对政府或社区等利益相关者的回应。

二、韦伯的科层制理论

韦伯是一位一流水平的知识分子，对社会学、宗教、经济学和政治学都有着广泛的兴趣。韦伯是对组织结构进行正式分析的明智的前辈，他设想了一个有关权力和活动之间关系的有助于实现组织目标的结构蓝图。

1. 权威的基础

韦伯把权力界定为：在社会关系内，行动者具有可以排除各种抗拒以贯彻其意志的可能性，不论这种可能性的基础为何。韦伯认为权威是权力的一种类型，“权威即等同于命令权力”②，是一群人会服从某些特定的（或所有的）命令的可能性③。

韦伯认为，每一种真正的权威形式都包含着自愿服从的成分。权威的

---

① ［美］尼古拉斯·亨利．公共行政学（第七版）［M］．项龙，译．北京：华夏出版社，2002：28.

② ［德］韦伯．韦伯作品集Ⅲ：支配社会学［M］．康乐，简惠美，译．桂林：广西师范大学出版社，2004：8.

③ ［德］韦伯．韦伯作品集Ⅱ：经济与历史 支配的类型［M］．康乐，等，译．桂林：广西师范大学出版社，2004：297.

基础，除了习惯、个人利害、纯感情或理想等动机外，还需要另一个因素，那就是正当性的信念①。

韦伯认为，任何形式的权威的持续运作，都有通过诉诸其正当性之原则的、最强烈的自我辩护的必要。权威的正当性基于②：

（1）一个具有合理规则的制度。在此制度下，当根据规则所“委任”（握有权力）的人的要求被服从时，服从乃是服从于具有一般性约束力的规范。服从乃是针对规则，而非对人。

（2）人的权威。这种权威建立在传统的神圣性基础之上，要求对特定人物的服从。

（3）对非日常性事物的归依、对卡理斯玛的信仰，换言之，亦即信仰某个带来实际启示或具有天赋资质的人物，视之为救世主、先知或英雄。

在上述三种类型的正当性中，理性规则才是科层制的基础。

2. 科层制的特征

科层制（bureaucracy）是一种组织管理体制和方式。韦伯认为，科层制具有如下特征③：

（1）各部门有依据规则——法律或行政章程——而来的、明确的“权限”。这个原则有三个要素：职务，命令权力与强制手段，物资和人。

（2）官职层级制与审级制。有一套明确制定的、官职间上下关系的制度，其间下级官职是在上级的监督之下。此一制度也提供被支配者遵照既定的程序，向相关上级申诉下级单位之决定的可能性。

（3）职务运作是以文书档案，以及由幕僚与各种书记所组成的部门为基础的。办公室与私宅分开，官吏的职务活动与其私人生活领域有所区隔。公款、公家设备与官吏的私有财产清楚划分。

（4）职务活动——至少是所有专业化的职务活动——通常都以彻底的专业训练为前提。

（5）职务发展完全成熟之际，职务活动即会要求官吏的全力投入。

---

① ［德］韦伯．韦伯作品集Ⅱ：经济与历史 支配的类型［M］．康乐，等，译．桂林：广西师范大学出版社，2004：299.

② ［德］韦伯．韦伯作品集Ⅲ：支配社会学［M］．康乐，简惠美，译．桂林：广西师范大学出版社，2004：19-20.

③ 同上：22-24。

（6）业务的执行需遵照一般规则，这些规则是明确的、全面的、可学习的。

韦伯认为，科层制有所进展的决定性因素，永远是其（较之其他形式的组织）纯粹技术上的优越性。正如他所说："来自各方面的经验都显示，纯粹官僚型的行政组织，即一元化领导的官僚制——由纯技术的观点来看，可能会获得最高的效率。就此意义而言，它乃是对人类行使支配的已知方式中，最为理性者。在明确性、稳定性、纪律的严格性及可赖性诸方面，它都比其他形式的组织优越。因此，不论是组织的领导者或其他涉及组织的人，都能计算组织的行动后果。最后，在纯技术的、高效率及运作范围之广泛性方面，它亦优于其他类型的组织。其形式并且可以应用于所有种类的管理工作。"①

3. 对科层制的评价

（1）优点。

科层制是一种常见的组织结构模式，这种形式化、阶层式的组织模式具有如下优点②：

①对于大规模的组织来说，它提供了清楚的命令下达渠道、一致性及可预测的规则。

②对工作人员来说，当他们期待升迁时，他们知道被期待具备何种能力；如果他们想在事业上更进一步，通常也能够通过员工培训的机会获得需要的协助。

（2）局限性。

在科层制架构下的社会工作也存在某些局限性，表现在③：

①科层制比较适用于例行性、稳定不变的工作任务。而社会工作经常处于变动的环境中，社会工作者必须处理人们生活中无法预期的事件与混乱，这使得社会工作者很难按照一般的原则去对待每一个个体。

②一个僵硬的组织结构无法让工作人员发挥其个人判断和专业自主性。社会工作者无法通过事无巨细的指示去从事服务工作；相反，他应该

---

① ［德］韦伯．韦伯作品集Ⅱ：经济与历史 支配的类型［M］．康乐，等，译．桂林：广西师范大学出版社，2004：317-318.

② ［英］Veronica Coulshed，Audrey Mullender，David N. Jones，Neil Thompson. 社会工作管理［M］．刘晓春，译．台北：心理出版社，2009：34.

③ 同上：34-37。

以自身的能力，对服务对象及其生活作出专业的、个人化的、复杂的实务判断，而这正是其具有专业资格的要求。

③一个僵硬的组织结构无法适时回应有关团体制定的标准和要求，也无法回应资助者对社会工作的不同要求。

④一个组织的活动越多元，它的服务对象类型就越多，组织的复杂性也就越大。例如，社会服务机构广泛采用团队工作；机构对非社会工作的技术性专业给予管理和建议的需求逐渐增加，这会超过部门或机构监督的基本业务范围。

第三节　人际关系学派的管理理论

一、霍桑实验与梅约的人际关系理论

由于科学管理思想在当时的绝对主导地位，早期的工业心理学和人际关系学方面取得的成果很少得到人们的关注。然而，在美国芝加哥的西方电器公司中进行的一系列实验为组织理论带来了重大转变，这就是后来人们所熟知的霍桑实验。

1. *霍桑实验*

霍桑工厂是美国电话电报公司的设备制造和供应部门。霍桑实验是西方电器公司与美国国家社会科学院联合于 1924 年在霍桑工厂开始进行的一项调查。这项调查的最初目的是研究工作场所的照明对工人生产力会起到什么样的作用。前两年的实验结果表明，照明度的变化与产量之间没有显著的关系。

1927 年，哈佛大学工业研究所副教授乔治·埃尔顿·梅约（George Elton Mayo）等人受邀参加到实验中。霍桑实验分为三个阶段：

第一阶段，继电器装配检验室实验和云母剥离室实验。该阶段证明：客观的物质性质的变量，比如工作环境、工作场所、工时长短、疲劳程度、劳动强度、照明条件、身体状况连同工资制度是造成劳动生产率升降的原因，但不是主要原因，主要原因是工人的工作态度与情绪的改变以及与之关联的团体社会关系的改变。

第二阶段，访谈计划。该阶段证明：士气与监督工作存在因果关系，

而士气和监督又与工作产量发生一定的因果关系。在这里，监督是指以人（监工）的行为方式出现的正式的组织监督。改善这种人际关系，使之变得坦率、合理、善意，是改善工作环境中人际关系模式、实现人性激励的重要方面，这种改善将直接影响士气甚至工作成果。访谈计划还证明：在组织中建立有效的信息沟通渠道，实行参与管理，可以使工人的工作态度和情绪好转，从而使产量增加。

第三阶段，绕线机组实验。该实验证明：企业中不仅存在正式组织，而且存在非正式组织；企业成员不仅受到正式组织的约束，而且受非正式组织的约束。非正式组织以感情、地位和相互间的社会作用为基础，形成特定的群体，并以群体特有的行为方式来保护或制约自身的成员，以使其行为符合群体规范。正式组织所要求的是“效率的逻辑”，而非正式组织所要求的是“感情的逻辑”。

2. 人际关系理论的主要内容

在实验的基础上，梅约等人发表了《工业文明的人类问题》《工业文明的社会问题》《职工的生产率中的人的因素》等著作。他们以实验的结果为依据，主要提出了三条原理①：

（1）工人是复杂的社会系统的“社会人”，而不仅是“经济人”。工人不是单纯追求金钱收入，他们还有社会、心理方面的需求，即追求人与人之间的友情、安全感、归属感和受人尊敬。因此，必须从社会、心理方面来鼓励工人提高劳动生产率。

（2）企业中普遍存在着经常表现为某种团体的“非正式组织”。这些团体有自然形成而其成员必须服从的规范或惯例。并且，非正式组织同正式组织是相互依存的，对生产率存在着直接的影响。

（3）通过提高职工的满意度而激励职工的“士气”。新型的领导能力在于，“要在正式组织的经济需求和工人的非正式组织的社会需求之间保持平衡”，即通过提高职工的满意度而激励职工的“士气”，从而实现提高生产率的目标。

通过对组织中人的行为的实证性研究，梅约等人开了行为科学–人际关系学说的理论先河。他们认为，对人格的尊重、参与、情绪发泄、社会

---

① 张国庆．行政管理学概论［M］．北京：北京大学出版社，2000：41–43.

平衡、士气、小团体及其制约、非正式组织等，是组织管理过程中决定性的因素，而法律、制度、规章、纪律、精密性等则是次要的。这样，他们就从根本上背弃了传统的科学管理学派的主要理论，开创了一种崭新的管理理念和研究视角，进而奠定了行为科学的基础。

二、X 理论和 Y 理论

许多人际关系学派研究者的发现都被归纳进了道格拉斯·麦格雷戈（Douglas McGregor）的著名论著《企业中人的因素》。在这本书中，麦格雷戈提出了著名的 X 理论和 Y 理论[①]。他将管理论证扩展为人的本性与人的行为是决定行政者行为模式的最重要因素的管理假定。行政者基于他们关于人的本性的假定，按照不同的方式对人进行组织、领导、控制和激励。

1. X 理论的假定

（1）人一般生来厌恶工作，只要有可能就想逃避工作。

（2）由于厌恶工作是人类本性，因此对大多数人必须动用惩罚措施进行强迫、控制、指挥与威胁，以鞭策他们努力去实现组织的目标。

（3）人一般宁愿受人指挥，希望逃避责任，相对而言没什么进取心，把安全感看得重于一切。

麦格雷戈认为，在现代工业的实践中，这种 X 假定是非常普遍的，它所代表的是“关于指挥和控制的传统观念”。认同 X 理论的管理者倾向于使用有形的奖励和惩罚（或威胁）让其他人去做该做的事情，他们将制定一套压制性的、控制性的规则、政策和程序，以强制执行。

2. Y 理论的假定

（1）工作中耗费的体力和脑力实质上与玩或者休息时所耗费的体力与脑力是一样的，一般人并非天生不喜欢工作。

（2）外界控制与处罚的威胁并非导致员工向组织目标努力的唯一手段。人只要作出承诺去完成一项工作，他就会自我指挥、自我控制。

（3）对任务所作的承诺与完成任务后所得到的回报成正比。例如，这类回报中最为显著的就是自我满足与自我实现的需要，这一回报的直接作

---

① ［美］丹尼尔·A. 雷恩. 管理思想的演变［M］. 孔令济，译. 北京：中国社会科学出版社，1997：480-481.

用即产生献身于组织目标的努力。

（4）一般人都明白，在恰当条件下，不仅仅是接受责任，而且要寻求责任。逃避责任、丧失进取心、强调安全感，通常是后天经验的结果，并非人天生的本性。

（5）解决组织问题时，相对而言水平较高的想象发明和创造的能力在员工中分布很广，而不是很窄。

（6）在现代工业生活条件下，一般人的智力潜能只是部分得到了利用。

麦格雷戈把Y理论称之为个人目标与组织目标的综合，而且坚信这一理论可以创造出使组织成员在向事业成功努力的同时达到自己的最佳目标的条件。对人性持Y理论看法的管理者不会去构筑、控制或严密地监视工作环境，相反，他们会在工作中让下属自我控制，通过对工作本身挑战的满意程度来加强激励，从而帮助下属逐渐成熟起来。这样的话，使大家对组织目标作出承诺将取代对管理的外部控制职权的应用，因为他们会觉得前者是达到自己目标的最佳途径。

三、对人际关系学派的评价

1. 贡献

（1）该学派开创新的研究方向，用社会-心理观点和方法研究组织。梅约等人开创了以人、人的行为和人的社会关系为中心的新的研究方向以及用社会-心理的观点和方法研究组织现象的先例，把组织管理过程中的活的因素——人际关系摆在最重要的位置上。

（2）该学派彰显社会因素的作用，突出社会因素对工作行为的巨大影响。机构必须借由重视每一个员工和团队合作，来提升所雇用的个别员工的工作动机。

（3）X理论与Y理论的有关观点与社会工作原则和价值一致，更为社会工作行政者强调“人的价值”和“人的尊严”等价值观奠定了管理基础。

2. 局限性

（1）人际关系理论并不是出于关心人的境况或人际关系本身而提出的理论。人际关系学派理论家仍囿于对企业的研究，关心组织的生产需求，追根究底，依旧与工作管控有关。了解人性的目的只是为了进一步控制工人，使他们更加顺从。

（2）人际关系理论忽略宏观问题。人被看作为了服务企业而存在，这样的理论不可能去探究一些大问题。像是社会是否拥有好的组织执行适合的工作，或者某些人在工作场所中从事抗争活动的原因等。

（3）人际关系理论背后的意图仍然在于提高效率。人际关系理论追求组织的效率和有效运用资源，对私人企业则致力于确保投资回收。换句话说，目的都在借员工满意度和合作的互补效应，提高组织的生产力①。

第四节　系统理论与权变理论

组织理论和管理实践是在不断演变发展的。来自各种基础学科的信息投入使传统理论得到了修正和充实。第二次世界大战后出现了一种方法，它为组织与管理理论的汇合提供了机会，这就是系统理论及其在此基础上发展起来的权变理论。

一、系统理论

管理学中的系统理论是弗莱蒙特·E. 卡斯特（Fremont E. Kast）和詹姆斯·E. 罗森茨韦克（James E. Rosenzweig）等美国管理学家在系统论和控制论的基础上建立起来的。其理论要点如下②。

1. 一般系统理论的基本概念

（1）系统由各相互联系的部分或成分组成。每个系统至少有两个成分，成分间都是相互关联的。

（2）整体性、协作性、机体性和形态性。整体不仅仅是各部分的总和，系统本身只能解释为整体性。

（3）开放系统观点。开放系统与其环境交换信息、能量和材料。

（4）投入—转化—产出模型。开放系统是一个转换模式，在它与其环境的动态关系中，接受各种投入，用某种方法将投入进行转换，从而输出

① ［英］Veronica Coulshed，Audrey Mullender，David N. Jones，Neil Thompson. 社会工作管理［M］. 刘晓春，译. 台北：心理出版社，2009：46-47.

② ［美］弗莱蒙特·E. 卡斯特，詹姆斯·E. 罗森茨韦克. 组织与管理：系统方法与权变方法（第四版）［M］. 傅严，李柱流，等，译. 北京：中国社会科学出版社，2000：126-149.

产出。

（5）系统的界线。系统都有与其环境相分割的界线。封闭系统有固定而不可渗透的界线，开放系统在其本身与其环境超系统之间有可渗透的界线。

（6）负熵。封闭的物理系统受熵的作用力的约束，熵不断增长，直至最后全部系统不起作用。在开放的生物系统或社会系统中，熵可以抑制，甚至可以转变成负熵。

（7）稳定状态、动态平衡与内部状态稳定不变。封闭系统最后必须达到最大熵值——死亡与解体的平衡状态。开放系统可以达成某种状态，在这种状态中，开放系统通过材料、能源和信息的不断流动可以保持动态平衡。

（8）反馈。关于产出或系统过程的信息作为系统的投入，返回系统可导致转换过程和未来产出的变化。

（9）等级层次体。系统由次一级的分系统组成，而同时又是超系统的一部分。因此，系统各组成部分是等级层次体。

（10）内部复杂性。封闭系统向着熵和解体运动，相反，开放系统则向着更大差异和复杂化以及更高级的组织方向运动。

（11）寻求多目标。生物系统和社会系统具有多目标。

（12）开放系统的同等结果。各社会组织可以用不同的投入和不同的内部活动（转换过程）来达到其目标。

2. 作为开放系统的组织

开放系统处于与其环境的持续性相互作用之中，并达到一种“稳定状态”，即动态平衡，同时仍保持其工作能力（即能量的转换）。组织作为开放系统，从社会接受人力、材料、资金和信息形式的投入，又将这些投入转换为产品、劳务和足以使其成员继续保持在组织中的奖酬。

3. 组织的整体系统观

组织可以看成是由几个主要的分系统所组成的：

（1）组织的目标和价值系统。作为社会分系统的组织，必须达到某些由更为广泛的系统所决定的目标。组织为社会行使某种职能，如果要成功地接受资源投入，就必须符合社会的要求。

（2）技术系统。它是指完成工作任务所需的知识，包括在将投入转换为产出时所运用的各种技术。

（3）社会心理系统。它由相互作用的个人和群体所组成，包括个人行为与动机、地位及作用的关系，群体动力学和影响系统。它受组织中人们的感情、价值观、态度、期待和愿望的影响。

（4）结构分系统。结构通过组织结构图、职位与工作说明、规划与程序等表示出来，也与权威、信息沟通和工作流程的形态模式有关。

（5）管理分系统。它联系着整个组织，使组织与其外部环境发生联系。它制定目标、拟订全面的战略和经营的计划、设计结构并建立控制程序。

4. 对系统理论的评价

（1）贡献。

①系统理论为各种理论的汇合提供了基础。系统理论是一种整体性和综合性的理论，系统方法给人们一种从整个组织及其环境的相互作用中看待组织的方法，为各种理论的汇合提供了基础，也为组织内各部分即各分系统之间的关系的概念化提供了基础。

②系统理论为组织及其管理的权变观念的发展规定了基本参照格局。

③系统理论注重转换过程，能有效地鼓励行政者从一个动态的观点去思考，什么样的输入能产生想要的结果，以及发展和改变的过程是什么。

④系统理论中的开放、团队以及相互依赖等概念对社会工作具有很大的吸引力。

（2）局限性。

①系统理论较为抽象，它没有为行动提供策略或指导，而需要其他的理论来加以补充。

②系统理论倾向于中立，很少或没有对组织内部权力的动态作用作任何说明。

③系统理论倾向于保守，没有涵括一些政治性的问题。例如，组织里是谁掌握了大部分的权力？为什么某些组织吸收了大部分的资源，而不能充分地运用资源？谁决定了什么是“善加利用”？当我们运用系统看待组织时，需要谨慎，不要忽视了这些与权力等相关的大问题[①]。

---

① ［英］Veronica Coulshed，Audrey Mullender，David N. Jones，Neil Thompson. 社会工作管理［M］. 刘晓春，译. 台北：心理出版社，2009：53-54.

二、权变理论

1. 权变理论的主要观点

权变理论形成于20世纪60年代，代表人物有P.R.劳伦斯（P.R.Lawrance）、J.W.骆奇（J.W.Lorsch）、杰·加尔布雷斯（Jay Galbraith）等人。劳伦斯和骆奇认为，不同的环境对组织有不同的要求，相比那些稳定的环境，不确定性及快速变化的环境更会对系统提出不同的要求，包括限制和机会。为了应对这些不同的环境，组织创造了具有不同结构特点的子单位。组织与其环境的适应至少发生在两个层面上：①组织每个子单位的结构特性都应当与自身相关的特定环境相适应；②组织的分化和整合模式应当与其所处的整体环境相适应。

加尔布雷斯指出，环境的不确定性通过影响组织的运作而进入组织，这样就将环境挑战与组织信息系统联系起来了。任务的不确定性越大，为了达到预定目标，在任务执行的过程中，决策者所处理的信息量也就越大。不同的结构设置，包括规章、等级制和分散化，都被视为决定系统处理能量的机制。设计上的挑战就在于选择一个结构设置以适应所执行任务的信息处理要求。

W.理查德·斯格特（W. Richard Scott）总结出权变理论的三个基本假设，它们是①：

（1）不存在最佳的组织方式。这个假设是对行政管理理论家的传统观点的挑战。行政管理理论家试图寻求一种在任何时空都适宜的组织的普遍性原则，这样的探索不仅忽视了既有组织形式的多样性，也没有认识到组织行为的多样性。

（2）任何组织方式之间都不等效。这个假设是对另一种观点的挑战：研究公司理论的早期经济学家认为，组织的结构与组织的行为是毫不相关的。后来，经济学家才开始认同奥利弗·E.威廉姆森（Oliver E. Williamson）的观点："组织的形式是重要的"。

（3）最佳的组织方式有赖于组织环境的特质。作为系统设计的分支，权变理论强调设计有赖于环境因素，是权变性的。

---

① ［美］W.理查德·斯格特.组织理论［M］.黄洋，等，译.北京：华夏出版社，2002：89-90.

2. 对权变理论的评价

权变理论认为，一旦组织的内在特征与其环境要求达到最佳匹配，那么组织就能最好地适应环境。后来分析家发现了越来越多影响组织设计的因素，权变理论变得十分详尽。这说明，一方面研究者兴趣变得更为广泛，另一方面权变理论的应用更加宽泛。权变理论仍然是“组织设计的主要方法”，同时也是现今组织研究中应用最为广泛的理论方法。权变理论的观点，对处理复杂社会问题的社会服务机构，以及社会工作行政者面临的处境复杂的管理系统，在政策的执行和事务的处理上都有其积极的贡献。

第五节　当代管理理论

20 世纪 80 年代以后，各种新的管理理论兴起，组织文化、卓越方法、Z 理论、循证管理和组织学习等远远超出了传统管理理论的视野，成为当代管理的新领域，文化、多样化、卓越、效率、顾客导向、质量等概念成为瞩目的焦点。

一、组织文化

美国管理学家埃德加・H. 沙因（Edgar H. Schein）把文化定义为：由一些基本假设所构成的模式，这些假设是由某个团体在探索解决对外部环境的适应和内部的结合问题这一过程中所发现、创造和形成的。这个模式运行良好，可以认为是行之有效的，是新成员在认识、思考和感受问题时必须掌握的正确方式①。文化所能发挥的作用是解决团体的两个基本问题：一是在外部环境中的生存能力和对外部环境的适应能力，二是保证企业长期生存和适应的内部结合能力。沙因认为，文化有三个层次：第一个层次包括诸如员工如何着装、员工之间以及和来访者之间的互动、办公家具等物品的摆放方式以及员工认为的好的工作方式；第二个层次是员工所声称的，以及他们有意识地认为是本组织的内容，例如任务说明、口号和员工的价值观，它也很容易被识别和描述；第三个层次是最深入和最难以辨别的，员工不太可能意识到它（它处于潜意识级别），它可能包含一些被视

① ［美］埃德加・H. 沙因．企业文化与领导［M］．朱明伟，罗丽萍，译．北京：中国友谊出版公司，1989：11.

为禁忌的内容，它通常反映出与第二层次确定的价值观不太相同的价值观①。

组织文化是非常“明显的”和“可感知的”，它对理解组织有帮助。当人们进入一个组织时，会很快发现组织中已建立的模式，即使它并没有被明晰地标示出来。到一个组织担任新职务的社会工作者必须知道，这些模式为那个组织的成员所坚持，是发挥组织功能的关键。当违反这些模式时，成员就会有很情绪化的反应，因为他们“一直就是以这种方式做事的”。组织文化是渗透到决策制定和组织内部沟通中的一种群体身份意识②。

二、“追求卓越”

20 世纪 80 年代，托马斯·彼得斯（Thomas Peters）和罗伯特·沃特曼（Robert Wateman）率先提出“卓越”管理主题，他们对“什么是卓越的企业”作出了界定，然后选择了 62 家企业进行研究。他们发现，这些组织中的管理实践更集中于人的因素而不是组织结构。他们的发现被归纳为 8 条基本原则，成为“卓越方法”管理的核心③。

（1）采取行动。虽然杰出公司在决策过程中会经过分析，但是从不会阻碍行动。最标准的作业程序是“先做、再修改、然后再试”。

（2）接近顾客。杰出公司从顾客身上学习。很多公司都从顾客那里得到了最畅销产品的灵感，这是不断倾听顾客心声的结果。

（3）发挥自主性以及创业精神。杰出公司总是通过组织的力量，培养许多领导和创新人才。它们不限制职工的创造力，而是鼓励冒险，支持试着做。

（4）通过人来提高生产率。杰出公司认为职工不管职位高低，都是提高质量和产量的源泉。

（5）建立正确价值观，积极践行。

---

①［美］罗伯特·W. 温巴赫，林恩·M. 泰勒. 社会工作管理（第七版）［M］. 陈为雷，等，译. 北京：中国人民大学出版社，2021：73-74.

②［美］F. 埃伦·内廷，彼得·M. 凯特纳，史蒂文·L. 麦克默特里，等. 宏观社会工作实务（第五版）［M］. 隋玉杰，等，译. 北京：中国人民大学出版社，2020：224.

③［美］托马斯·彼得斯，罗伯特·沃特曼. 追求卓越［M］. 北京：光明日报出版社，1986：9-12.

（6）做内行的事。除了少数例外，杰出公司的产品几乎都是沿着它们熟悉的事业走。

（7）组织单纯，人员精干。这些大公司没有一家实行复杂的矩阵组织结构，它们的组织表简单明了，上层的管理人员尤其少。

（8）宽严并济。杰出公司都是既高度集权也高度分权。

随着社会服务的提供越来越接近于供给者与消费者的关系，彼得斯和沃特曼的这些原则和发现越来越被人重视。公共机构和私人机构都认识到了工作环境的质量和组织产品质量之间的关系。另外，应对不确定的环境的战略已经和这样一种建议结合起来，即组织要建立起和其他组织的灵活的合作关系，以获得生存和成长①。

三、Z理论

美国管理学家威廉·大内（William Ouchi）在1981年的著作《Z理论》中尝试去把握日本模式的管理。Z理论的主要观点如下②：

（1）终身雇佣制。日本企业最重要的特点是终身雇佣制。它已经不仅仅是一个单独的政策，还是把日本人多方面的生活和工作结合在一起的成规。一个雇员一经雇佣就一直工作到强制性的退休年龄，只要不犯重大刑事罪是不会被解雇的。

（2）缓慢的评价和升级。在日本企业里，缓慢的评价和升级促进了人们以非常坦率的态度对待合作、工作表现和评价，因为这种制度使得真正的工作表现完全暴露无遗。此外，在日本公司里正式职衔和实际所负责任往往不一致。正是这种职衔与实际所负责任脱节的办法，避免了由于评价和晋级的缓慢而造成的潜在危险。

（3）非专业化的经历道路。日本企业对职工在业务方面的培养走的是非专业化的经历道路，经过这个培养过程，职工能够胜任企业里每个职务、每个专业以及每个职责，并能把它们紧密结合成一个整体。此外，许多日本企业对雇员都实行工作轮换制。各个级别的工人如果不断担任新工

---

① ［美］F. 埃伦·内廷，彼得·M. 凯特纳，史蒂文·L. 麦克默特里，等. 宏观社会工作实务（第五版）［M］. 隋玉杰，等，译. 北京：中国人民大学出版社，2020：226.

② ［美］威廉·大内. Z理论——美国的企业界怎样迎接日本的挑战［M］. 孙耀君，王祖融，译校. 北京：中国社会科学出版社，1984.

作，即便不晋级而只是横向调动，也会比那些持续在一个工作岗位的人心情更为舒畅、更为高效。

（4）集体决策过程。集体决策过程是日本企业最为人知的特点。当日本机构要作出重要决定时，每个有关人员都要参与。用这种方法作出决定需要很长的时间，但一旦作出决定，每个有关的人都会给予支持。

（5）集体价值观。生活中的一切重要的事情都是由于协力或集体力量做成的。因此，企图把成果或过失都归之于个人是毫无根据的。日本人有强烈的集体价值观，特别是集体的责任感，它使人们和睦地在一起工作并相互鼓励做得更好。

（6）人们的整体关系。日本机构强调整体关系。当经济生活和社会生活融合为一个整体时，个人之间的关系就变得密切。人与人之间的关系不仅通过单一的工作关系而且通过多种纽带相互联系。亲密无间的关系防止了组内的自私和不诚实的行为，每个人的真正能力和工作表现得以充分显示。

20 世纪 80 年代的高峰以后，日本经济进入了长时间的低谷时期。尽管产品质量仍然很高，但是经济低潮打消了人们对日本管理战略的兴趣。即便如此，很多大内描述的原则还是对当代管理实践产生了一定的影响，并被吸收到当代管理思想中去。

四、循证管理

循证管理是近年来在管理领域出现的倡导以循证实践促进管理科学化的新思潮。所谓循证管理，是指将建立在最佳科学证据之上的科学管理原理转化为组织行为。通过循证管理，管理者成为专家，他们作出的组织决策是基于充分的社会科学和组织行为研究成果之上的。循证管理使专业决策从基于个人偏好和不系统的经验转变为基于最佳科学证据①。可见，循证管理的中心思想就是要把管理决策和管理活动牢牢地建立在科学依据之上，纳入科学原理的指导之下，从而真正实现管理的科学化②。

循证管理是一种决策范式，它将最佳研究证据与决策者的专门技术以

① Denise M. Rousseau. Is there such a thing as "evidence-based management". Academy of Management Review, 2006, 31 (2): 256-269.

② 曹素璋. 循证管理——西方管理科学化新思潮［J］. 外国经济与管理，2008（11）.

及顾客的偏好整合起来，从而将实践导向更为理想的结果。循证管理有三个基本特征：

（1）它要求决策必须是基于真正的事实作出的。许多企业以及政府组织的行政者都置事实于不顾，他们的行为依赖信仰、意识形态、随意的标杆，依赖他们过去的经验以及他们似乎擅长的东西。

（2）循证管理意味着一种承诺，即听取事实真相、获取事实数据，并以此作为行动指南。

（3）循证管理意味着将组织视作尚未完善的原型，进而不断地试验与学习。循证管理主要是培养一种正确的心智模式，一种学习与探寻的心智模式。循证管理的应用前景广阔，根据循证管理原则作出的决策不仅质量更高，而且能够得到更好的实施，其结果将与组织的目标更加匹配。

五、学习型组织

组织要靠成员抱持新思维、持续学习新的价值观与积极的工作态度，以适应外界环境变动带来的挑战。彼得·圣吉（Peter M. Senge）推动学习型组织的观念，强调企业应建立学习型组织，在组织面临剧烈的外在环境变化时，应力求扁平化、精简、弹性、持续学习以及不断地自我组织再造，以维持竞争力。圣吉认为，学习型组织包括下列五项要素①：

（1）自我超越。组织成员要有意愿投入工作，每个人专精于自己的工作专业，有自我超越的毅力与决心。

（2）改进心智模式。组织成员要改变个人的旧思维，不要固执己见，敢于突破障碍才能创新。

（3）建立共同愿景。组织成员要建立共同愿景，以凝聚员工的共识，进而使员工致力于目标的实现。

（4）团队学习。通过集体思考和分析的方式，并经由团体的沟通、互动与讨论，找到问题的症结，来解决所面临的问题。

（5）系统思考。组织成员应广泛搜集信息，掌握事情的全貌，全盘性地思考问题，才不至于“只见树木不见森林”。

要建立一个学习型组织，行政者必须对组织进行变革和调整，包括采用团队式的组织结构、对员工赋权和开放组织信息。

① 黄源协．社会工作管理［M］．上海：华东理工大学出版社，2018：27-29.

六、管理理论对社会工作的意义

美国学者莱昂·H. 金斯伯格（leon H. Ginsberg）指出，在将企业管理基本概念应用于社会工作管理时，某些管理的基础对社会工作者具有相当大的意义，包括以下几方面①。

1. 维系一个焦点目标

社会服务机构往往有多重且相互冲突的目标，社会工作行政者可以从企业管理那里学习如何在专注于多方面的工作目标的同时维系一个焦点目标，实现其宗旨和使命。

2. 学习企业界解决复杂事务的方法，有效处理复杂事务

社会服务机构要处理许多复杂的问题，除服务对象本身外，还要注意媒体、政府、顾问、董事会、基金会等，这可以从企业管理中学习到处理复杂事务的方法和技巧。

3. 主动积极

学习企业领导者积极主动的作风，既能监管其环境，调整组织，也能按照其使命和服务输送体系进行改变。

4. 借鉴企业组织结构设计

可以借鉴企业的组织结构，并根据实际情况加以改造，划分不同的层次，不同层次的行政者分工合作，各司其职。高层行政者主要与环境接触，包括社区、政府、基金会等；中层行政者注重组织协调，协调各项分工，以及尽可能以平和有效的方式实施方案；基层行政者注重实际操作，处理人事事务、工作计划等议题。

5. 把员工看作重要的人力资源

在企业中，员工是重要的人力资源，员工关系着组织工作的成败。在社会服务机构里，也要把员工放在重要的位置上，注重员工的训练和发展、富有人性和关怀的督导、恳请员工提供意见、减少规则的引入等皆有助于提高组织的工作效率。

6. 关注效率与效益

企业的目标在于盈利，各项工作注重成本效率。社会服务机构的行政

① 黄源协．社会工作管理［M］．台北：扬智文化事业股份有限公司，1999：60-62.

者也要追求成本效率，要以最少的资源达成其目标。同时，社会服务机构还要注重实现其使命，注重社会效益。

7. 知道管理的绝对底线

组织管理的绝对底线即资金管理。没有任何一个组织的管理与财务无关，组织内真正的决策者同时也是财务的决定者。因而，对社会服务机构的管理而言，关注绝对的底线也是必要的。

8. 牢记基础

有些管理的概念并没有想象的那么神秘，一些大公司对员工仪表、衣着或接电话技巧的基本要求，对社会服务机构也是必要的。

基本概念

任务管理　统一指挥　统一领导　等级制度　科层制　组织文化　循证管理

思考题

1. 任务管理制的主要观点是什么？
2. 法约尔提出的管理的一般原则是什么？
3. 法约尔提出的管理的要素是什么？
4. 科层制的特征是什么？
5. 人际关系理论的原理是什么？
6. X 理论和 Y 理论的主要观点是什么？
7. 组织的整体系统观的主要观点是什么？
8. 权变理论的假设是什么？
9. “追求卓越”的主要观点是什么？
10. Z 理论的主要观点是什么？
11. 循证管理的特点是什么？
12. 学习型组织有哪些要素？
13. 管理理论对社会工作的意义体现在哪些方面？

第三章　社会工作行政者

社会工作行政者是社会工作行政的主体之一，是社会服务机构中进行计划、组织、领导和控制的各层级管理人员。社会工作行政者之间既有密切联系，也有区别；每一个社会工作者都是行政者，而行政者也应是一个社会工作者。作为机构行政者，社会工作行政者应具备一些特定的知识与技能，要承担不同角色，可能还会面对一些伦理难题。

第一节　社会工作行政者与社会工作者之间的关系

一、每一个社会工作者都是行政者

英国社会工作专家维罗妮卡·库尔谢德（Veronica Coulshed）等人认为，每一个社会工作者都应该是行政者，他们提出以下七条理由①。

1. 许多社会工作实务技术也是管理技术

许多社会工作实务技术，例如预估技术、计划技术、评估技术等也是管理技术；而且，社会工作者的工作内容也越来越需要满足管理的要求。可以说，社会工作实务技术与管理技术的差别，只是紧密程度的差别，而不是技术属性的差别。

2. 社会工作和管理都是关于人的管理

社会工作和管理两者重叠部分是它们都是关于人的管理，而人的管理的核心是应用社会工作方法服务于人，这也是通过组织和工作过程，使服务能有效地传递给服务对象。

---

① ［英］Veronica Coulshed，Audrey Mullender，David N. Jones，Neil Thompson. 社会工作管理［M］. 刘晓春，译. 台北：心理出版社，2009：15-18.

3. 人的管理的原则和技巧都一样

对所有组织来说，人的管理涉及的原则和技巧都一样。像是与人共事或是协调，帮助他人达成目标，督导他们的工作，维持组织伦理，在作决策前广泛咨询，解决问题，引进并执行组织改变的过程，这些都是实务工作者和行政者必须执行的相同任务。

4. 由社会工作介入行为转化而来的管理技术

在思考组织中的人际关系形态时，可以参考家庭治疗技术隐含的系统观点，将组织看作是一个家庭系统。同样，在领导一个团队时，团体工作的一些观点也可能成为领导灵感的来源。

5. 社会工作者和行政者都从事资源管理

资源管理包括财务管理、时间管理和人力资源管理，一直都是社会工作者的任务之一。社会工作者在实务中磨炼和发展了讨价还价、中介、协商、联络和倡导等技巧，有助于取得和使用资源。社会工作者和行政者都需要进行时间管理，以便能有效地完成工作任务。未来行政者和员工能够随时反省工作，将更看重区别个人生涯和家庭生活，这些属于个人管理的工作是有效预防与压力有关的疾病的方法。

6. 社会工作者需要符合服务的标准

所有社会工作者都必须清醒地意识到质量标准，遵守被要求的管理程序。

7. 每一个人都可以成为创新的发动者和贡献者

改变或创新不一定都来自机构外部，由内部进行的机构改变经常发生，而且影响机构实践的人也不一定是行政者，社会服务机构中的每一个人都可以是机构改变或创新的发动者和贡献者。

温巴赫和泰勒认为，在成功的组织中，每个人至少在某些时候都是管理者。即使在大型的社会服务机构中，拥有行政主任或行政官员头衔的人主要是管理者，他们也并没有垄断所有的管理。那些提供直接服务的社会工作者，有时甚至每天也都会担任管理者的角色，并执行一些管理任务。因此，管理由所有人员在工作环境中执行的重要活动组成①。

---

① ［美］罗伯特·W. 温巴赫，林恩·M. 泰勒．社会工作管理（第七版）［M］．陈为雷，等，译．北京：中国人民大学出版社，2021：14-15.

二、作为社会工作者的行政者

库尔谢德等学者也对社会服务机构的行政者是否需要拥有社会工作者资格证书进行了讨论。在英国社会服务部创立之初，人们认为，可能的话，社会服务机构的部门主管应该由具备社会工作方面资历的人来担任；更理想的状况是，应该由具有社会工作实务经验，并且（或者）受过这方面训练的人来担任。美国学者提出，由社会工作者担任行政者比其他行政者更能胜任社会服务机构的工作①。20世纪90年代兴起的管理风潮对以上观点带来冲击，开始重视管理训练与技巧，社会服务部门开始多样化发展，并雇用各种不同专业的人。在志愿组织中也发生了重大的改变，慈善组织变得更商业化、更具竞争性，它们的管理者也面临新的挑战。与此同时，地区政府越来越倾向将社会服务发包给志愿部门。以上发展，急剧影响着关于行政者应具备什么条件的争论②。

在理想的状况下，社会工作行政的职务最好由社会工作者担任，因为社会工作行政本身就是社会工作的一部分③。可以说，行政者也是社会工作者，他应具备社会工作者的基本素质。社会工作者的综合素质是由训练和实践获得的与社会工作专业相关的技巧或能力的总和，包括扎实的社会工作专业知识、较高的能力、良好的心理素质和职业素养。下面简要介绍社会工作者必须具备的基本素质④。

1. 知识要求

（1）扎实的基础知识。社会工作者应具备扎实的专业基础知识，只有具备了更多的专业基础知识，才能增强适应能力，处理各种复杂的状况。

（2）良好的专业知识。一名合格的社会工作者应具备良好的社会工作专业知识，只有这样，才能增强助人活动的科学性和有效性。

2. 能力要求

社会工作者作为一种复合型人才，承担多种工作任务，他们要顺利高

① ［美］Morton I. Teicher. Who Should Manage a Social Agency? Administration in Social Work, Volume 4, Issue 1, 1980：99-103.

② ［英］Veronica Coulshed, Audrey Mullender, David N. Jones, Neil Thompson. 社会工作管理［M］. 刘晓春，译. 台北：心理出版社，2009：20-21.

③ 徐明心，张超雄. 社会工作行政的本质：探索、反思与启示［C］//何国良，王思斌. 华人社会社会工作本质的初探. 香港：八方文化企业公司，2000：204.

④ 殷晓清，薛和. 当代社会工作［M］. 北京：中国时代经济出版社，2003：253-261.

效地完成工作任务，必须具备以下能力：

（1）社会交往能力。高效的社会交往是完成复杂的社会工作任务的保障，这就要求社会工作者具备熟练、专业的社会交往能力。

（2）组织能力。社会工作的服务对象除了个人还有群体、社区和组织，因此，社会工作者需要具备很强的组织能力，在不同的工作环境中能工作自如。

（3）适应能力。工作内容的多样性要求社会工作者具备适应各种环境和工作条件的能力。

（4）公关能力。社会工作者应具备良好的公关能力，搞好社会工作的公共关系，以便得到广大群众对社会工作的关心与支持。

3. 心理素质

社会工作的复杂性要求社会工作者在具备以上各种素质的同时，还要有良好的心理素质。

（1）要有坚强的意志和过硬的心理素质。只有具备良好的心理素质，才能在面对困难时不放弃，并千方百计克服困难。

（2）保证同感。保证同感是社会工作对其从业者的专业要求，如何调整心态、始终保持积极向上的精神面貌，是一名合格的社会工作者应具备的基本素质。

4. 职业道德要求

社会工作的职业道德是指导社会工作者从事专业活动的行为准则，体现在社会工作者的整个服务过程中，体现在他与服务对象、与其任职机构、与同事以及与社区中其他人士的关系和态度上。社会工作者只有明确并且自觉遵守职业道德，提高和完善自己的职业素养，才能有效地开展社会工作，维护社会工作者的信誉，提高社会工作的专业尊严和地位。

三、社会工作行政者的来源与专业教育

在我国，关于社会服务机构行政者的资质和专业教育的问题尚未进行充分讨论。近来研究显示，在机构创办之初，总干事和理事长的职业或兼职有企业人员、政府人员、高校教职人员、社会工作者、离退休官员、其他和无社会兼职等多种类型，其中，总干事和理事长的职业或兼职大多为社会工作者，比例分别为41.26%、25.03%（见表3-1）。

表 3-1 总干事和理事长的职业/兼职类型

职业/兼职类型	总干事职业/兼职（%）	理事长职业/兼职（%）
企业人员	12. 77	17. 83
政府人员	4. 71	6. 02
高校教职人员	7. 54	18. 58
社会工作者	41. 26	25. 03
离退休官员	0. 94	1. 18
其他	14. 24	15. 79
无社会兼职	18. 53	15. 57

注：$N_{总干事职业}=955$；$N_{理事长职业}=931$。

资料来源：刘畅，袁易卿，孙中伟，等．中国社会工作动态调查（CSWLS2019）：设计、实施与样本描述［J］．华东理工大学学报（社会科学版），2020（1）．

在接受过社会工作专业教育的人员中，总干事和理事长的专业教育涵盖从专科学历教育到博士学历教育不同程度的专业学历教育，其中，接受过本科学历教育的总干事和理事长所占比例最高，分别为 26. 58% 和 17. 80%。接受过硕士、博士学历教育的理事长所占比例较高，其中 6. 69% 的理事长接受过博士学历教育，仅有 2. 21% 的总干事接受过博士学历教育。在未接受社会工作专业教育上，53. 57% 的总干事和 59. 98% 的理事长未接受过专业学历教育。总体上看，接受过社会工作专业学历教育的总干事的比例更高，而未接受过专业学历教育的理事长所占比例更高（见表3-2）。

表 3-2 总干事和理事长专业教育程度

社会工作专业教育程度	总干事（%）	理事长（%）
专科	5. 99	4. 64
本科	26. 58	17. 80
硕士	11. 66	10. 90
博士	2. 21	6. 69
未接受	53. 57	59. 98

注：$N_{总干事教育}=952$；$N_{理事长教育}=927$。

资料来源：刘畅，袁易卿，孙中伟，等．中国社会工作动态调查（CSWLS2019）：设计、实施与样本描述［J］．华东理工大学学报（社会科学版），2020（1）．

四、社会工作行政者与社会工作者之间的区别

以上讨论表明行政者和社会工作者存在着紧密联系，每一个社会工作者都是行政者，而行政者也应该是一个社会工作者。除此之外，还应看到行政者与社会工作者之间的区别①。

1. 工作方法和所做工作不同

虽然行政者和社会工作者都掌握了资源，并因而拥有权威，但他们工作的方法和实施的范畴不同。

2. 工作范围不同

社会工作者仅是其服务领域里的专家，行政者的工作则涉及整个机构，或者至少是关于整个部门。行政者需要关注那些他们从来没见过的人，并且作出决策。

3. 关注点不同

实务工作者关注局部，而行政者关注整个机构的发展。实务工作者会考虑某一个个案未来的计划，而高层行政者需要关注整个机构的发展。行政者不仅要确保机构的每一步都能满足未来需要，同时还要应对随时变化的环境。

4. 拥有的权威不同

社会工作和管理都关心问题的处置，但行政者有更大的权威去动员人力以完成工作。此外，在领导和管理工作成果方面，行政者不仅影响到自己，也会影响到其他人的工作表现。

5. 人力资源管理不同

新成员的筛选和适应虽然与整个团队有关，但经常都是由管理层承担这个任务。

第二节　社会工作行政者的素质

社会工作行政者除了具备一般社会工作者的基本知识与技能外，因承担行政管理职责，还应具备其他一些特定知识与技能。斯基德莫尔提出行

① ［英］Veronica Coulshed，Audrey Mullender，David N. Jones，Neil Thompson. 社会工作管理［M］. 刘晓春，译. 台北：心理出版社，2009：19.

政者应具备的知识、专业态度和行为，下面简要介绍①。

一、社会工作行政者的知识

社会工作行政者拥有充分的知识对社会服务机构的有效运作是十分重要的，以下是对行政者应了解和掌握的一些重要领域的知识的简要概括。

1. 了解机构的目标、政策、服务和资源

行政者应能清楚地理解机构的具体任务和总目标，并致力于实现目标；熟悉、理解机构的政策，并尽力贯彻执行这些政策；清楚理解所提供的服务，了解服务对象和服务方法，知道机构现有的资源、财务状况和其他情况。

2. 具有人类行为的基本知识

行政者知道人是复杂的，人的行为源于多种因素的交互作用。行政者应认识到与员工和谐相处需要具有人类行为的动态变化的最新知识。

3. 全面了解社区资源

行政者要了解社区机构的服务、目标和转介方法，特别是要了解与自己所在机构有关的社区资源。

4. 了解机构所使用的社会工作方法

行政者不需要成为掌握每一种社会工作方法的实务专家，但要对个案工作、小组工作、社区工作和社会工作研究的原则、过程和技巧有全面了解，应当意识到问题解决过程是综合运用各种方法的过程。

5. 知道管理的原则、过程和技术

行政者了解企业管理的计划、组织、领导和控制等管理职能，熟悉管理过程，并在每一个具体工作环节中恰当地运用管理的原则和技术。

6. 了解与社会工作相关的专业组织

行政者能很好地了解社会工作者协会、社会工作教育委员会及其他国家和地方相关组织的工作程序和活动。

7. 通晓组织理论

行政者要了解各种组织类型并有足够的能力去领导它们；通晓组织如

---

① ［美］雷克斯·A. 斯基德莫尔. 社会工作行政——动态管理与人际关系（第三版）［M］. 张曙，等，译. 北京：中国人民大学出版社，2005：33-41.

何运作以及这种运作方法的长处和局限性。

8. 熟悉评估过程和技巧

行政者要有足够的能力在机构中引进评估和研究，对正在实施的服务项目和员工以及他们的贡献进行评估。

二、社会工作行政者的专业态度与行为

除了具有上述扎实的知识之外，称职的社会工作行政者还应具有一定的专业态度，在行政工作中推出一系列专业举措。

1. 专业态度

社会工作行政者必须具有的专业态度有：

（1）尊重每个独立的员工个体。行政者应能认识到每个人都值得信任并对其充满信心，尊重每个员工，尊重他们在机构中自我决定的权利。

（2）认识到没有人十全十美。无论员工是什么人，行政者都应接纳他们，并帮助其实现愿望。明白没有什么人是十全十美的，要以此为前提对待员工和自己。

（3）为每个员工的发展营造一个良好的物理环境和情感环境。行政者应尽量改善物理设施，尤其有必要为员工营造一个良好的情感氛围。行政者要意识到自己的工作是帮助每一个员工通过成长、成就和专业化的工作获得服务对象的满意。

（4）明晓价值的重要性。强调价值的重要性，认识到价值观是社会工作的核心。行政者有对自己、机构、员工和其他人的价值观，但不能将某些价值观强加于人，而要尊重别人的价值观。此外，行政者应培养员工的奉献精神。

（5）对新观念和新事物有开放的胸襟。行政者要认识到许多变化是不可避免的，对变化要有积极的态度，必要时应放弃旧有的信念和价值观。

（6）认识到机构利益的重要性。行政者要把机构的最佳利益放在第一位，认识到机构作为一个整体的重要性超越了成员个体的重要性，这也是员工的目标和贡献的意义所在。

2. 行政者的行为

一个称职的社会工作行政者应做到如下几点：

（1）接纳。行政者应当真诚地接纳员工、服务对象和社区内一起工作

的专业人士；协助员工确立目标、标准和指导原则；鼓励个体差异性，并在机构组织、政策和程序框架中展示每一个人的独特之处。

（2）关怀。行政者不仅要在口头上表达对员工的关怀，而且要以实际行动表示出来。平日多在思想、情感上与员工进行交流。

（3）创造力。行政者应具有创造力，能够乐意去开创改善机构服务和员工关系的政策、方法和程序。行政者应有灵活性，不断单独或与他人一起尽力发现新的、有效的方法和程序。行政者要尊重员工的经验，从中获得对前景的展望。

（4）民主。行政者应尊重员工和他人的意见，认识到参与可使机构提供更好的服务。应尝试让各层次员工参与。

（5）信赖。行政者应毫无保留地信赖员工，认真对待他们的观点、意见和所呈送的材料，即便他们所做有所缺憾，也应给予尊重。

（6）赞同。若值得赞许和嘉奖，行政者应给予口头或书面形式的表扬，以提高员工的士气，使员工、机构和行政者获益。

（7）维持个人的平衡。行政者努力追求包括工作、休息、娱乐与精神上丰富多彩的生活。行政者勤奋努力，同时也要注意休息，保持身心健康。

（8）计划。行政者精通计划过程，利用计划协调完成任务，实现机构目标。

（9）组织。行政者能够建立组织机构，适当授权，建立沟通结构。

（10）优先次序的设定。行政者会通过比较和权衡每个目标或运作的意义，排定优先次序；能够寻求各种可供选择的方案，确定与机构服务有关的每种方案的价值。行政者作决策时应考虑短期目标和长期目标之间的差别。

（11）授权。行政者了解机构的责任需共同分担，乐意向同人提供服务和分担责任。权力与责任相联系，行政者不能在任务分派后再收回，除非情况特殊，否则应由下属自行负责。

（12）与社区和专业人员互动。行政者向社区说明机构的组织和服务，以获得认同和支持。行政者协助其他领域的工作者了解社会工作的角色和服务，特别是自身所在的机构。

（13）决策。行政者会作出各种决策，了解对机构和社区有益的决策执行的全部过程和个别步骤。行政者敢于作决策，勇于承担风险，让所有员工参与决策过程。

（14）促进。行政者会尽可能化解员工的防卫心理，以使他们朝着所期望和想要的方向前进。行政者应注意到员工个人的计划和需求，并尽可能协助、鼓励他们砥砺奋进。

（15）沟通。沟通是行政者最主要的行为之一。行政者要善于倾听，注意非语言信号。

（16）时机的选择。有才能的行政者会在恰当的时机采取行动，推动计划与决策。

（17）成就。行政者会尽其所能地鼓励员工进取、开拓创新或有所成就，并对员工的成就给予热情的肯定。

（18）激励。行政者应理解员工的期望和需要，并尽可能激励员工运用他们的才能提供服务。

三、社会工作行政者的能力

除计划、组织、领导、控制等基本管理职能外，行政者还应具备如下技巧或能力①。

1. 改革

能够预测外部环境的变化趋势，并发展替代和创新的策略予以回应。

2. 外展

能够经营关系，开发网络，促进组织间的关系，发展伙伴关系，整合服务输送体系。

3. 公关与营销

能够让机构的服务获得政府、服务对象、捐赠人、居民等利益相关者的肯定与支持。

4. 治理

能够规划组织的愿景和目标，践行组织宗旨和价值观，鼓励员工参与，对利益相关者负责。

5. 沟通

能够以书面和口语进行交流，必要时及时向上级报告，善用科技手段

① 黄源协．社会工作管理［M］．上海：华东理工大学出版社，2018：60-61.

让内外部利益相关者持续获取信息。

6. 倡导

积极参与立法和社会政策制定、为特殊群体代言、通过媒体关注立法和社会政策的实施过程及其效果，来维护个人或团体的利益。

7. 方案评估和管理

能够对方案的需求、品质、效率与效能进行评估与管理。

8. 财务管理

能够制定预算、进行筹资以及从事相关的会计作业。

第三节　社会工作行政者的角色

一、明茨伯格关于行政者角色的分类

加拿大管理学家亨利·明茨伯格（Henry Mintzberg）在对5位首席执行官进行研究的基础上提出了行政者工作角色的理论。明茨伯格认为，所谓角色是指一个可辨认的职务或职位所表现出来的一套有组织的行为，他发现所有行政者都扮演着10种角色。明茨伯格认为，对角色的描述实质上是一个分类过程，即把行政者的活动划分为若干类别。他把管理活动分为三类：人际关系、信息传递、决策制定。基于这种划分，这10种角色又可细分为三组：3种人际关系角色、3种信息传递角色和4种决策制定角色①。

1. 人际关系角色

（1）名义领导者：行政者有义务在各种场合代表他的组织。

（2）联络官：他需要与公司外部的同行以及其他人进行互动，赢得支持，获取信息。

（3）领导者：领导者决定着行政者与下属的关系，包括激励下属、人员配置等。

人际关系角色还将行政者置于获取信息的独特位置。行政者与外部的联系带来了特殊的外部信息，同时作为领导者的活动又使他成为组织信息

---

① ［加］亨利·明茨伯格．管理工作的本质［M］．方梅萍，译．北京：中国人民大学出版社，2007：66-71.

的焦点。于是，行政者成为组织的特定类型信息的神经中枢。

2. 信息传递角色

（1）监控者：行政者是信息接收者和收集者，所以他对组织有透彻的了解。

（2）传播者：行政者把特定的信息传播到组织内部。

（3）发言人：行政者把组织的信息传播到自身所在的环境中，扩大组织的影响。

行政者在信息方面拥有得天独厚的优势，他的特殊地位和权力使得他在组织的重大战略决策系统中处于中心位置。

3. 决策制定角色

（1）创业者：负责发起机构变革。

（2）故障排除者：在组织受到威胁时临危受命、排除故障。

（3）资源调动者：负责决定公司资源的用途。

（4）谈判者：负责在必要时代表组织进行谈判。

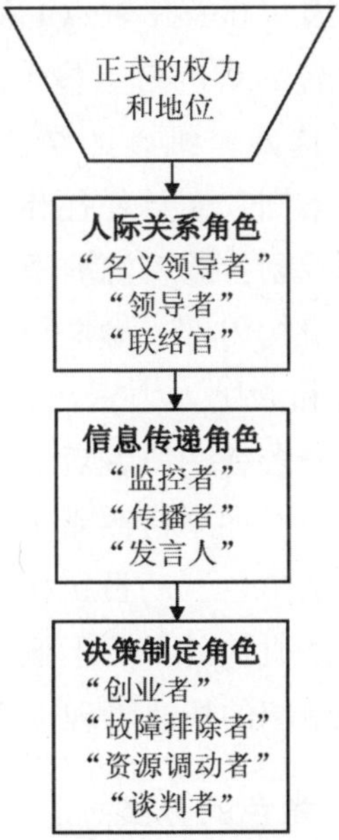

图 3-1　行政者的角色

明茨伯格认为，关于行政者角色的问题还要注意以下三点：

（1）每一个角色都是可以观察的。对这些角色的描述来自一些可观察的活动。例如，可以看到一位行政者排除故障，或者担当组织的“名义领导者”。

（2）在对5位首席执行官的研究中，通过接触或通过邮件所得到的材料都可以用特定的角色来解释。如果行政者要参与一项活动，我们必须先假定这就是他工作的一部分，并努力弄明白为什么他认为这也在自己的职责范围之内。

（3）这些角色并不是孤立的。如图3-1所示，这10种角色形成了一个格式塔，是一个整体。行政者可以说是一个“投入-产出”系统，权力和地位赋予他人际关系，从而给他带来投入（信息），这些反过来又带来产出（信息和决策）。

二、奥斯丁关于行政者角色的分类

与明茨伯格行政者角色理论的思路相似，大卫·M. 奥斯丁（David M. Austin）提出了有关社会服务机构行政总裁或高级行政者角色的模式。此模式依据罗伯特·E. 奎因（Robert E. Quinn）的“竞争价值”模型，提出社会服务机构高级行政者的角色模型包含两个维度：其一，控制—灵活性；其二，内部—外部。这两个维度的结合区分了行政活动的四个部门，它们对组织效能的要求不同，而且往往相互竞争：①人力资源动员和激励；②生产过程的组织和控制；③资源获取和适应任务环境；④面向目标的管理。如果行政者关注机构内部，倾向分权，则其主要承担指导者和团体促进者的角色，去动员和激励人力资源。如果行政者关注机构内部，但倾向集权，则其主要承担监管者和协调者的角色，采用理性和系统的方法管理机构的生产或服务过程。如果行政者关注机构外部，倾向分权，则其主要承担改革者和中间人的角色，动员机构外部的资源，使机构与任务环境相适应。如果行政者关注机构外部，但倾向集权，则其主要承担生产者和指挥者的角色，侧重于组织的战略管理以实现机构目标①。

三、梅尼菲关于行政者角色的分类

大卫·梅尼菲（David Menefee）全面地归纳了社会服务机构行政者承

① ［美］David M. Austin. Human Services Management：Organizational Leadership in Social Work Practice，New York：Columbia University Press，2002：325-340.

担的 11 项角色①，见表 3-3。

表 3-3　梅尼菲关于社会服务机构行政者角色的分类

角色	定义
沟通者	在机构内部以及机构与外部利益相关者之间沟通
跨机构联络者	建立跨机构关系，发展伙伴关系，整合服务传输系统
改革者	预测外部环境的发展趋势，制定发展战略以应对变化
组织者	改变机构内部结构、过程或条件以适应环境变化
资源行政者	获取和管理对于机构运作和服务必需的资源
评估者	评估服务需求以及机构效能
政策实践者	发展、解释、遵守和影响政府社会政策
倡导者	代表服务对象个人或团体争取机会和资源
督导者	在临床实务中进行督导，以确保服务效能和效率
促进者	激励工作者实现机构的愿景、使命和目标
团队建立者和领导者	在机构和社区中建立、领导行政和临床实务团队

资料来源：曾群．社会工作行政［M］．上海：世纪出版集团，2007：14.

第四节　社会工作行政者面对的伦理难题与伦理抉择

尽管社会工作专业价值观和专业守则可以在书面上表述得准确无误，但在实践中，如何应用这些价值标准来指导专业行为并非易事。美国学者雷默（Frederic G. Reamer）和多戈夫（Ralph Dolgoff）在他们的著作中分析了社会工作行政者与督导者在工作中可能面临的一些伦理难题②，本节

---

①［美］David Menifee. What Managers Do and Why They Do It. In Reno J. Patti（Ed.）. The Handbook of Human Services Management. Thousand Oaks：SAGE Publications, Inc, 2000：247-266. 转引自：曾群．社会工作行政［M］．上海：世纪出版集团，2007：14.

②［美］Frederic G. Reamer. 社会工作价值与伦理（第三版）［M］．包承恩，王永慈，译．台北：洪叶文化事业有限公司，2009：163-200.

［美］拉尔夫·多戈夫，弗兰克·M. 洛温伯格，唐纳·哈林顿．社会工作伦理实务指南（第七版）［M］．隋玉杰，译．北京：中国人民大学出版社，2005：160-162.

结合我国实际选择几例加以介绍。

一、社会工作行政者面对的伦理难题

1. 双重角色关系

“双重关系”的概念最先出现在心理学领域，美国心理学会（APA）在其1958年版伦理守则中首次把双重关系作为一个伦理问题单独列出。2002年伦理守则把“双重关系”的概念界定为：当心理学家与一个人发生专业关系并且同时与该人发生其他关系，或同时和与该人有亲密关联的人发生专业关系，或承诺在将来与该人或该人的亲密他人发生其他关系的时候，双（多）重关系就产生了。美国社会工作协会（NASW）在伦理守则中借鉴了这一概念，1996年版伦理守则中对“双重关系”的定义是：当社会工作者与服务对象发生多于一种关系时，双重或多重关系就产生了，不管这种关系是专业的、社会的还是商务的。双重关系可以同时发生或相继发生①。

在社会工作行政中，所讨论的双重角色关系是指社会工作行政者和下属、督导者和被督导者之间在同一时间或不同的时间可能会有不止一种关系。由于居住和工作关系，社会工作者与服务对象除了专业上的关系，还可能会有一些社会上的、生意上的、经济上的或其他方面的角色关系。在社会服务机构中，社会工作行政者和督导者拥有较多权力和权威，他们可以在相当大程度上左右所雇用或督导的社会工作者或学生。他们给这些人指定任务，评估他们的工作，决定他们的升迁，有时还会终止他们的工作。行政者和督导者有义务履行职责，运用好手中的权力。社会工作行政者需要严肃思考工作场所中权力不平等的人之间的关系可能会出现的伦理问题（见案例3-1）。

---

① 李扬，钱铭怡．国外心理咨询与治疗中双重关系及其利弊（综述）［J］．中国心理卫生杂志，2007（12）．

案例 3-1　双重角色关系

> 在社会工作服务机构内，社会工作行政者可能会因为熟人关系而优先雇用熟人社会工作者，在考评时也可能针对不同的人采取不同的考评标准，或者碍于朋友情面抑或考虑到工作者能给自己带来的其他利益而对他们一些违背社会工作价值伦理的行为视而不见。而督导者可能会因为被督导者的"回报"而与被督导者产生超越专业关系之外的双重关系，例如好朋友，从而使原本的督导与被督导关系渗入更多的情感因素在里面。但社会工作行政者或督导是否就应该与被管理或被督导的工作者时刻保持距离，完全保持工作关系，像陌生人一样彼此之间没有丝毫情感？在督导过程中，督导者和被督导者是否不能一块出去吃饭、一块出去玩？行政者打算买一辆车，机构工作者说刚好认识熟人可以打折，而此时机构正在进行绩效考核，行政者是否必须遵守专业关系而拒绝这个优惠？

行政者是机构的表率，他们违背职业伦理的行为后果较一般工作者影响更大，一旦违背，面对的伦理压力也更大。专业关系和社会关系的冲突更多地涉及行政者自身利益，他们面对的是自身欲求与专业关系的抗争。若行政者已经将社会工作的价值观内化，则这种冲突一旦处理不妥，将会带来严重的心理困扰①。对此，美国《全国社会工作者协会伦理守则》提出了如下指导原则：提供督导和咨询的社会工作者有责任设立清晰、适当和具有文化敏感性的工作界限，不得与被督导者保持双重或多重关系，以规避对其造成盘剥或伤害；担负教育或指导学生实习职责的社会工作者不得与学生保持双重或多重关系，以规避对其造成剥削或伤害。这些标准强调了双重角色关系问题，让社会工作者采取一些措施为这类关系设定界限，或者尽可能避免此类关系，从而避免自己的行动给服务对象、被督导者和学生带来不利影响。在所有情形下，避免伤害服务对象、被督导者和学生都是这些标准的重心。

2. 有限资源的分配

社会工作行政者在实施政策与方案时常会遇到资源有限带来的问题。经费缺乏、预算削减、福利服务的需求增加都会让行政者在分配稀少或有限资源时很难作出决定（见案例 3-2）。

---

① 赵路淋．中国社会工作行政伦理困境探析［J］．广东工业大学学报（社会科学版），2014（3）．

案例 3-2　有限资源的分配

> 孟老师是某智障人士服务机构的创办人和执行董事，该机构以社区化服务模式为学龄后智障人士提供社区就业、日间活动和社区住宿等服务。从 2000 年春成立至今，该机构的经费主要来自国内外基金会、社会捐赠和服务收费。2009 年，由于全球经济危机，国外基金会减少资助，社会捐赠也不稳定，下半年该机构的经费将缩减 50%。2010 年该机构服务人数约有 100 人。由于经费减少，孟老师估计，今后服务人数会减少为 50 人。如果你是孟老师，你将会如何分配有限的资源？

许多社会服务机构在决定如何分配稀少资源时都没有审慎思考相关的伦理议题。资源分配涉及公平与正义，有关这个方面的决定实际上是伦理决定。分配有限服务的方法有许多种，每一种都有其伦理上的含义。

对于分配有限资源的争议，哲学家称之为分配正义。分配正义是关于运用伦理概念和标准决定如何分配稀有资源给人、社区、团体和组织。在社会工作界，一般有四种标准来分配稀有资源：平等、需要、补偿和贡献的多寡。有时，人们会单独考虑四种标准，有时也会合并考虑。

（1）平等标准。平等的观念是最常用的标准。平等的概念非常复杂，可分为结果平等、程序平等和机会平等。①结果平等，即平分，所有符合条件的人（或团体、社区、组织等）都分到相同的资源。在案例 3-2 中，孟老师可以将工作人员的时间平均分给每一位符合资格的服务对象，使每位智障人士至少得到一些服务。②程序平等，即“先申请先服务”，根据服务对象申请的先后进行分配，强调分配稀少资源的过程而非结果。在案例 3-2 中，孟老师可将服务提供给先来申请的 50 位服务对象。③机会平等，即随机选取，服务对象获得服务的机会是均等的，尤其应用于当资源无法均分给每一位符合条件的服务对象时。在案例 3-2 中，孟老师可以让服务对象或其监护人抽签或用随机选取的方法来决定谁能得到服务。

（2）需要标准。这个标准以未来服务接受者的需要为根据来分配有限的资源。也就是说，由分配者来决定谁的需要最大谁就得到资源。这个原则不是将资源均分，或用抽签、先到先服务的方式让个人去竞争，而是依据个人需要的程度而定。在案例 3-2 中，孟老师可依据智障人士需要的程度来分配资源。

（3）补偿标准。有人主张社会工作者在分配资源时，不能只考虑平等和需要，也应该考虑曾经遭遇过不公平对待的个人、团体、组织与社区，给予其补偿和优先分配。

（4）贡献标准。根据这个标准，有限的资源将依据服务接受者已有的或可能的贡献来分配。例如，资源将提供给有能力付费的人。在案例 3-2 中，可向交纳全部费用的智障人士提供服务。

社会工作行政者应仔细考虑各种资源分配的标准。有些情况平等原则比需要或补偿原则更适当；而在另外一些情况下，则是需要原则最适当。孟老师应就各种选择的优缺点仔细考量，依其公正分配方法来执行，最终实现提升服务对象的自决与福利等基本权利。

3. 对于法规的遵守

社会工作行政者有时会面临法规不公正的情形，这时就会面对是坚持自己的职责还是守法的困难选择（见案例 3-3）。

案例 3-3　守法与保护服务对象之间的困境

> 艾维（B. Alvin）是难民安置中心的执行长，该中心对于移入美国的难民提供多项服务，包括住宅转介、财务与工作的咨询等。基于此机构的工作性质，工作人员有时会接受非法移民的服务申请。多年来，机构对于非法移民并不会通报移民官员，因为他们主张机构的使命在于协助移民，而不论其在美国境内的身份合法与否。艾维怀疑非法移民中有忽略或虐待儿童的情形，面对这种情况，艾维该如何处理？

在这个案例中，为了保护受虐待儿童，艾维有必要遵守法规。这样可能会使受虐待儿童被驱逐出境或受到其他伤害，但可以保护他们。这符合美国《全国社会工作者协会伦理守则》中的“社会工作者应该严守资料机密的一般例外情形，为预防服务对象或可确认的第三者遭遇严重的、可预期的、即将发生的伤害”，这也与有关伦理指导原则一致：对于伤害到人类行为的必要前提（如生命、健康、食物、住所、心理健康）优先于其他一些伤害，例如欺骗或揭发隐私。

艾维也可以保护服务对象的身份，由机构内部来处理儿童可能受到的虐待与忽视。美国《全国社会工作者协会伦理守则》含有数个与这个案例有关的标准，包括：对服务对象的承诺，服务对象的隐私权，服务对象的自决权，社会工作者确保所有人可以取得资源、就业机会、服务与提出服务要求的机会。按照以上标准，对于难民安置中心而言，不曝光非法移民身份是合理的。

4. 遵守机构规章制度与提供专业服务的困境

与以上遵守法规类似，行政者还可能遇到遵守机构的规章制度还是坚持向服务对象提供服务的困境。每个组织都有自己的规章制度和政策，机构的工作者要遵守这些规章制度。但是，一些社会服务机构的规章制度并不总是符合社会工作专业价值观。例如，效率上的衡量措施会限制采用某些干预手法，导致可能无法对某个服务对象实施最有效的干预。再如，预算上的考虑可能导致服务削减，这也不符合服务对象的最佳利益。这是社会工作行政者特别要处理的典型的伦理难题。他们必须解决一个至关重要的伦理上的困境，即优先考虑什么，是坚持机构的规定办事，还是坚持向服务对象提供服务。

5. 特殊情况下的欺骗困境

如同其他专业一样，社会工作者了解诚实的重要性。坦诚的沟通是与服务对象、其他专业人员建立关系的重要因素。但是，有时候社会工作行政者、计划者、研究者、社区组织者会认为某种程度的欺骗与不诚实是必要且合理的。事实上，欺骗与不诚实是否合理是有很大争议的（见案例 3-4）。

案例 3-4　欺骗困境

乌伊拉德（E. Willard）是东湾（East Bay）儿童精神医院社会工作部门的主任，该医院向有严重情绪或行为问题的儿童提供住院或门诊服务。一群负责医院资格考核的委员将拜访医院，多年来该医院一直都被一个全国组织认可，该组织将对医院进行深入实地参观，当作是例行审查的一部分。实地参观将访问工作人员，检查设施、审查医院的政策与程序，并评估部分病例。病例评估有几项标准，包括病人心理及社会诊断、住院、治疗、服务获得、出院等是否叙述详尽。

乌伊拉德对工作人员病例的记录品质有些担心，尤其担心前任主任时期记录保存的问题。在一次工作会议上，乌伊拉德要求工作人员检查去年自己所负责的个案，看看记录是否完整并找出遗漏之处（例如住院摘要或出院摘要）。他也指示工作人员填入这些遗漏的资料而不注明这是事后才补上去的。乌伊拉德告诉工作人员："尽可能补上所有遗漏的资料。若是记不清楚了，也尽力正确地完成。我不希望我们部门丢面子，所以尽力整理材料，不要让资格考核的委员找到问题。"

在少数情况下，社会工作者认为某种程度的欺骗与不诚实是必要的以及合理的，比如避免服务对象受到伤害或救人一命的欺骗。但是，在许多情形之下，欺骗确实是不适当的做法。美国《全国社会工作者协会伦理守则》有一条标准，即社会工作者不应参与、宽容或涉及有关不诚实、欺诈或诱骗等行为。按照这个标准，为了方案的资格认可等理由而做的欺骗行为是不合理的。因此，案例 3-4 中乌伊拉德鼓励工作人员欺骗资格考核委员会的做法是不对的。虽然该医院会因记录不完整而被批评，但不会因此而失去认可资格。较适当的做法是医院管理者表明此问题是在前任主任的任期内发生的，并提出一个完整的计划来处理这个问题。

6. 其他相互冲突的义务

督导者所处的位置常常是多种压力和责任的“夹缝地带”。在社会服务机构中，督导者有多种角色和职责。除了保证提供优质服务这一主要职责外，还要参加委员会的会议，代表机构在社区中做一些工作，处理来电，处理紧急公务，以及许多其他要付出时间和精力的工作。案例 3–5 反映了这一问题。

案例 3–5 督导者的角色冲突

> 托马斯·基南最近被提升为督导，这个工作比以前的职位挣的薪水高许多。他十几岁的女儿一直在治病。他感到幸运，因为正是家中需要用钱的时候，钱就来了。他负责督导 12 个工作人员，他们在同一个工作组，负责在卫星社区戈登斯维尔落实一个新服务项目。他有堆积如山的记录工作和要写的报告。由于戈登斯维尔和总部的工作都要占用他许多时间，他不得不时常取消跟个别工作者约好的督导面谈。尽管采用小组督导的方式能让他更好地控制自己的时间，但他感觉目前还没有准备好用这一方法。

基南的情况并非特例。他想要在工作上获得成功，需要钱用，对雇主有一份责任。但他对自己督导的工作人员的服务对象、对家庭、对被督导者也肩负着责任。在这些相互冲突的责任之间，你会如何取舍？你会做些什么？

二、伦理抉择的过程和指导原则

伦理抉择是指分析和评估社会工作实务中涉及伦理方面的问题，以便形成恰当的、符合伦理的专业行为的过程[①]。社会工作者在面对伦理困境时，需要依照一定的过程模式并遵循一定的原则，只有这样才能作出适当的决策。

1. 伦理抉择的过程

雷默提出了有助于社会工作者解决伦理困境的几个因素和考察的步骤：

（1）厘清伦理的议题，包括冲突的社会工作价值与职责。

---

① ［美］拉尔夫·多戈夫，弗兰克·M. 洛温伯格，唐纳·哈林顿．社会工作伦理实务指南（第七版）［M］．隋玉杰，译．北京：中国人民大学出版社，2005：239.

（2）找出所有可能被伦理抉择影响的个人、团体与组织。

（3）尝试找出各种可采取的行动和参与者，并评估每种行动的利弊得失。

（4）审慎地检视赞成或反对每种行动的理由，考虑如下因素：相关的伦理守则与法律原则；伦理理论、原则与指导方针；社会工作实务理论与原则；个人的价值观，尤其要注意那些与自己价值观相冲突的部分。

（5）征询同事以及专家的意见，如机构工作人员、督导、行政者、律师、伦理学家等。

（6）作抉择并记录作抉择的过程。

（7）监督、评估与记录伦理抉择带来的结果。

社会工作者应围绕伦理困境中所包含的议题，综合考察各种因素，作出适当的选择。

2. 伦理抉择的指导原则

在上文讨论社会工作行政者和督导者面对的伦理难题时，已经提到了一些处理原则。除此之外，多戈夫等人给出了处理伦理难题的几个原则建议，这对社会工作行政者和督导者来说也有重要的参考价值。在遇到伦理难题时可以坚持如下原则①：

（1）保护生命。该原则适用于所有人，既适用于保护服务对象的生命，也适用于保护所有其他人的生命。这一原则高于所有其他义务。

（2）平等与差别平等。如果服务对象的实际需要相同，而社会工作者所能提供的资源和服务又非常充分，可以给予服务对象平等的服务。如果资源不足，则可以区别对待。

（3）自主和自由。社会工作者的实际工作决定应当培养个人的自决、自主、独立和自由。尽管自由非常重要，但是也不能超越个人自己和其他人的生命权或生存权。保护生命的原则永远是第一位的。

（4）最少伤害。该原则认为，当面临的困境有造成伤害的可能性时，社会工作者应该避免或防止这样的伤害。当不可避免会伤害到与问题有牵连的一方或另一方时，社会工作者应该永远选择造成的伤害最小、带来的永久性伤害最少和伤害最容易弥补的方案。如果已经造成了伤害，社会工

---

① ［美］拉尔夫·多戈夫，弗兰克·M. 洛温伯格，唐纳·哈林顿．社会工作伦理实务指南（第七版）［M］．隋玉杰，译．北京：中国人民大学出版社，2005：59-61.

作者就应该尽一切可能弥补伤害。

（5）生活质量。社会工作者选择的方案应该推动个人以及社区公众有更好的生活质量。

（6）隐私和保密。专业人员有责任在尽可能与法律上的要求和服务对象的意愿保持一致的情况下，保护服务对象和工作对象群体的隐私。但是，如果披露资料能防止对他人造成严重的暴力伤害的话，保密原则可以打破。

（7）真诚和毫无保留地公开信息。社会工作者应当保持诚信，应当向服务对象和其他人充分披露所有相关信息。但如果因为披露信息可能会给他人、社会和国家造成伤害和重大损失，应遵守有关保密的法律和法规，并接受专家辅导。

大多数情况下，这些原则会比较有效。但是如果问题过于复杂，社会工作行政者最好咨询有关专家和部门。需要提醒的是，即便这些原则很重要，社会工作行政者在实践中也应该看它们是否适应当时当地的政治、法律制度和社会文化背景。

基本概念

社会工作行政者　名义领导者　联络官　发言人　创业者　故障排除者　双重角色关系

思考题

1. 为什么说每一个社会工作者都是行政者？
2. 社会工作行政者与社会工作者之间有哪些区别？
3. 社会工作行政者应具备哪些知识？
4. 社会工作行政者应具有哪些专业态度？
5. 社会工作行政者应具备哪些能力？
6. 明茨伯格关于行政者的角色分类有哪些？
7. 社会工作行政者面对的伦理难题是什么？
8. 伦理抉择的指导原则是什么？

第四章　社会服务机构与行政环境

理解社会服务机构及其所处的环境对于有效地从事社会服务机构行政管理，确保社会服务机构正常运行，是十分必要的。本章第一节分析社会服务机构的概念、特征、构成要素和类型，第二节、第三节和第四节分析可能影响社会服务机构运作的三种环境要素及其相关内容，即政府与社会服务机构之间的关系、社会服务机构与其他组织的关系以及志愿者与志愿服务。

第一节　社会服务机构概述

社会服务机构是社会工作者发挥专业作用的载体，深入剖析社会服务机构的概念、特征、要素和类型，可使社会工作行政的开展更加有的放矢。

一、社会服务机构的概念与特征

1. 社会服务机构的概念

社会服务机构有狭义和广义两种理解。《中华人民共和国慈善法》（以下简称《慈善法》）颁布前，社会服务机构尚不是一个法律概念，学术界也鲜有讨论。十二届全国人大四次会议通过的《慈善法》规定，慈善组织可以采取基金会、社会团体、社会服务机构等组织形式①，社会服务机构遂成为一个法律概念。社会服务机构是指自然人、法人或者其他组织为了公益目的，利用非国有资产捐助举办，按照其章程提供社会服务的非营利

① 中华人民共和国慈善法．人民日报，2016-3-20（1）．

法人①。可以看出，作为一种组织形式，社会服务机构基本上可以对应民办非企业单位这一组织形式。这是对社会服务机构的狭义理解。

本书认为，社会服务机构是指由政府、社会团体或个人兴办的，通过社会服务从业人员，为特定的、有需要的服务对象提供专业服务的非营利社会组织，其目的是提高服务对象的社会功能，协助他们面对问题、解决问题，并促进其发展。它不仅包括原民办非企业单位和按照《慈善法》及其配套法规设立的社会服务机构，还包括公益类事业单位、基金会、社会团体等组织形式。这是对社会服务机构的广义理解。

2. 社会服务机构的特征

同政府、企业组织以及其他群体相比，社会服务机构有如下特征：

（1）非营利性。社会服务机构是非营利法人，非营利性是社会服务机构的本质属性。非营利法人为公益目的而成立，不向出资人、设立人或者会员分配所取得利润。非营利法人终止时，不得向出资人、设立人或者会员分配剩余财产。剩余财产应当按照法人章程的规定或者权力机构的决议用于公益目的；无法按照法人章程的规定或者权力机构的决议处理的，由主管机关主持转给宗旨相同或者相近的法人，并向社会公告②。与营利性组织一样，社会服务机构可以从事经营活动，有权就其提供的服务收取合理的费用，不同之处在于社会服务机构努力赚钱是为了实现组织的宗旨，而不是使机构所有者或者股东富有。

（2）组织性。社会服务机构是依法设立的组织，而不是一次性或临时性的集合，更不是单纯的个人。社会服务机构有一定的人力资源，有自己的财产和活动场所，有一定的组织机构和规章制度。社会服务机构可以通过组织决策机构的多数决策方式形成组织意志，并在自身意思的支配下，规范、支配自身的行为，开展服务活动。组织性使社会服务机构的各项活动有序进行，为服务活动的长久开展提供了组织基础。

（3）自治性。自治性指的是社会服务机构作为独立的社会主体，在人事、财务、决策等方面不依附于任何其他组织，具有独立的决策及行政能

---

① 社会组织登记管理条例（草案征求意见稿），http：//yjzj. mca. gov. cn：8280/consult/noticedetail. do? noticeid = 52.

② 中华人民共和国民法典，http：//www. npc. gov. cn/npc/c30834/202006/75ba6483b8344591abd07917e1d25cc8. shtml.

力，能够进行有效的自我管理。此外，社会服务机构作为独立的社会主体，它的自治性体现了其独立于政府和企业的社会性格。社会服务机构的资金来源可以多元化，这样它可以独立自主地开展项目。

（4）专业性。专业性是社会服务机构的立身之本。社会服务机构组织社会工作者、临床心理学家、医护人员、物理治疗师等专业服务人员向服务对象提供服务，即强调通过专业人才队伍建设、专业服务质量和服务标准、专业监督与指导等实现社会服务的有效供给，体现出很强的专业性。

（5）社会化。社会化是社会服务机构可持续发展的资源保障，强调通过以需求为导向、动员各类资源、创新服务机制等方式解决各种社会问题，并以社会力量为主体建立问责机制。

二、社会服务机构的构成要素

组织的整体系统观认为，组织是一个开放的社会技术系统，它由组织的目标和价值分系统、技术分系统、社会心理分系统、结构分系统和管理分系统组成，王海国即以组织的整体系统观分析社会服务机构的各分系统及其管理①。

斯格特指出，组织包括社会结构、参与者、目标、技术和环境五个基本要素②。下面结合实际，应用斯格特的组织要素框架简要分析社会服务机构的构成要素。

1. 社会结构

社会结构是指参与者关系的模式化和规范化。社会结构包括规范结构和行为结构两个方面。规范结构包括价值观、规章制度和角色期待。行为结构的组成部分主要是实际的行为，这类行为是有规律的活动、互动和感知。规范结构和行为结构在不同程度上相互关联。规范制约行为，行为也影响规范。

社会服务机构中的规范结构包括价值观、宗旨、使命、信念、组织文化、规章制度和评价不同层次不同部门的员工行为所采用的期望或评判标

---

① 王海国．社会工作管理［C］//周永新．社会工作学新论．香港：香港商务印书馆，1998：164-179.

② ［美］W. 理查德·斯格特．组织理论［M］．黄洋，等，译．北京：华夏出版社，2002：16-20.

准等。行为结构包括员工之间的权力结构、人际关系结构等。社会服务机构既有制约参与者的规范结构，也有与共同的活动、互动和感知网络或模式相关联的行为结构，两者相互联系，建立起集体的社会结构。

2. 参与者

组织的参与者是指那些出于各种原因而为该组织作出贡献的个体。因为所有的个体都参加了一个以上的组织，他们的参与范围和程度也有很大差别，所以要根据具体情况判断谁是参与者。需要强调的是，参与者首先是社会行动者，正是他们的努力、按规范办事和创新，构建和决定了组织的结构。没有他们的参与，就没有社会结构，也没有组织。

社会服务机构参与者的主体是社会工作者和服务对象。社会工作者是遵循社会工作的价值准则，运用社会工作专业方法从事职业性社会服务的人员。社会工作者分为一线的社会工作者和社会工作行政者两大类，前者提供专业服务，后者则主要对这些服务进行设计、统筹、指导和支持。服务对象也称受助者（或称之为案主），是在社会工作过程中需要接受帮助的一方，是在正常的社会生活中遇到困难希望得到帮助而解脱困难的人。

在社会工作过程中，社会工作者是服务提供的主体，他设计并引导助人过程的进行。由于社会工作者要考虑服务对象的需要和接受服务的能力并据此开展服务，所以不能把服务对象视为纯粹被动的、只是行为的对象或客体。实际上，服务对象也是行动的主体，他也将自己的意识、目的及其对社会工作者行动的理解带入接受服务的过程，并直接影响这一过程。因此，社会工作是社会工作者与服务对象的互动过程，是社会工作者和服务对象在服务过程中共同构建起来的①。

除此之外，参与者还包括志愿者、资助者以及其他利益相关者，此不赘述。

3. 目标

目标是一个组织奋力争取达到的所希望的未来状况。可以按照目标的层次把目标分为战略目标、战术目标和作业目标。战略目标是组织未来期望达到的状态的广义陈述，战术目标是组织内主要机构和部门期望取得的

---

① ［英］Malcolm Payne. 现代社会工作理论［M］. 何雪松，等，译. 上海：华东理工大学出版社，2005：16.

成果，作业目标是基层部门、工作团队、个体期望达到的具体成效。

社会工作的价值取向和使命决定了社会服务机构的目标是提供社会工作服务以满足人们的社会需求。社会服务机构不同于营利组织，不以营利为最终目标。另外，与政府关注一般公众利益不同，社会服务机构更侧重于人们尤其是特殊群体的基本需求。就社会服务机构的目标层次来说，它的战略目标主要关注领域的选择（机构应从事什么行业？）及竞争姿态的选择（机构应该在各种经营里如何竞争？），它适用于机构整体。战术目标应用于中层管理，说明中层行政者为达到战略目标而要实现的目标，它支持战略目标的实现。机构内的工作团队和员工也有目标，这是作业目标，这些目标精确并可以量化，它支持战术目标的实现。

4. 技术

强调组织的技术意味着要把组织当作一个完成某类工作的地方、一个利用能量处理物质的地方和一种输入转化为输出的机制。每个组织都从事和拥有为其工作所用的技术。组织的技术通常部分地体现在机器和机械设备上，同时又包含了参与者的知识和技能。

社会服务机构的技术包括设备和社会工作者的知识与技能。设备主要包括硬件设施和软件设施。一般来讲，每个社会服务机构都有自己的计算机、电子信箱和网站，以便于与外界沟通、联系。社会工作者一般接受过专业教育，并取得专业资格，拥有为服务对象提供服务所需要的知识和技能。

5. 环境

每个组织都存在于某一特定的并且必须适应的环境中。环境分为一般环境和任务环境。一般环境是指那些对机构的日常经营可能没有直接影响但会有间接影响的各种环境要素，通常包括政府、社会文化、经济形势、技术以及金融等要素。任务环境是指组织与之发生直接的相互作用，并且对组织实现目标的能力有直接影响的那些环境要素，包括行业、原材料、市场以及人力资源等要素①。

社会服务机构同其他社会组织一样处在一个复杂多变的环境中。对社会服务机构来说，重要的环境要素主要包括：

---

① ［美］理查德·L. 达夫特. 组织理论与设计（第七版）［M］. 王凤彬，张秀萍，等，译. 北京：清华大学出版社，2003：150-152.

（1）政府。政府通过购买服务等形式为机构供给资源，又担负着制定和执行相关政策的职责。

（2）社区。在我国，一般来说，社会服务机构位于社区或在社区设有项目点，服务大多在社区层面提供。社区居民既可以是服务对象，也可以做志愿者，同服务机构一道为其他居民提供服务。社区里的各类组织也可以与社会服务机构建立各种关系。因此，社区是社会服务机构所在环境的重要组成部分。

（3）其他营利或非营利机构。社会服务机构与其他组织既可能在服务对象和资源方面成为竞争者，又可能成为共同提供服务的合作者或者补充服务提供者。

（4）志愿者。志愿者是社会工作过程中的一股巨大的人力资源，可以协助社会工作者提供志愿服务，对于改善社区居民的生活质量，提高居民的素质，促进社会融合具有特殊的意义。

本章第二、三、四节分别对政府、其他组织和志愿者等环境要素及其与社会服务机构的关系进行探讨。

三、社会服务机构的类型

王思斌把社会服务机构分为以院舍服务为主的社会服务机构和以服务项目为主的社会服务机构①。时立荣依据社会服务机构的不同要素把社会服务机构分为不同类型：依据社会服务机构的功能形态分为院舍照顾机构、社区照顾机构、社会工作服务机构、支持型服务机构；依据社会服务机构与政府的关系分为公办公营服务机构、公办民营服务机构、民办公助服务机构、社会办服务机构；依据服务对象的差别分为特定性社会服务机构、互益性社会服务机构和普惠性社会服务机构②。王名和李勇根据组织来源把社会服务机构分为四种：一是原为民办非企业单位的社会服务机构，二是原为事业单位的社会服务机构，三是社会企业等创新组织，四是新设社会服务机构③。

---

① 王思斌．社会行政（第二版）［M］．北京：高等教育出版社，2013：69-72.

② 时立荣．社会工作行政［M］．北京：中国人民大学出版社，2015：4-6.

③ 王名，李勇．关于社会服务改革发展的思考——兼论社会服务机构的性质与功能［J］．社会政策研究，2016（1）．

本书从提供公益服务和福利服务角度，根据组织形式把社会服务机构分为以下五种类型。

1. 社会公益类事业单位

事业单位是指国家为了社会公益目的，由国家机关举办或者其他组织利用国有资产举办的，从事教育、科技、文化、卫生等活动的社会服务组织。事业单位分为行政支持类、社会公益类、经营开发服务类三种，其中社会公益类事业单位又分成了两种：公益一类事业单位，是承担基本公益服务，不能或不宜由市场配置资源的事业单位，如儿童福利院、社会救助管理站；公益二类事业单位，即承担高等教育、非营利医疗等公益服务，可部分由市场配置资源的事业单位[①]。

2. 社会团体

社会团体是指中国公民自愿组成，为实现会员共同意愿，按照其章程开展活动的非营利性社会组织。成立社会团体，应当具备下列条件：①有50个以上的个人会员或者30个以上的单位会员，个人会员、单位会员混合组成的，会员总数不得少于50个；②有规范的名称和相应的组织机构；③有固定的住所；④有与其业务活动相适应的专职工作人员；⑤有合法的资产和经费来源，全国性的社会团体有10万元以上活动资金，地方性的社会团体和跨行政区域的社会团体有3万元以上活动资金；⑥有独立承担民事责任的能力[②]。中国社会工作联合会、山东省社会工作协会、上海市浦东新区社会工作协会等是社会团体型社会服务机构，以上机构不仅对行业有管理职能，一些组织也直接或间接参与社会工作专业服务。

3. 民办非企业单位

民办非企业单位是指企事业单位、社会团体和其他力量以及公民个人利用非国有资产举办的，从事非营利社会服务活动的社会组织。申请登记民办非企业单位，应当具备下列条件：①经业务主管单位审查同意；②有规范的名称、必要的组织机构；③有与其业务活动相适应的从业人员；④有与其业务活动相适应的合法财产；⑤有必要的场所。举办民办非企业

---

① 国务院办公厅关于印发分类推进事业单位改革配套文件的通知，https：//www. pkulaw. com/.

② 社会团体登记管理条例，http：//xxgk. mca. gov. cn：8011/gdnps/pc/content. jsp？id＝12802&mtype＝.

单位，应按照所属行（事）业申请登记。从该规章的规定来看，民办非企业单位分布在教育事业、卫生事业、文化事业、科技事业、体育事业、劳动事业、民政事业、社会中介服务业、法律服务业等行（事）业领域。但是，不是所有的民办非企业单位都是社会服务机构，只有具有明确清晰的社会目标和使命，提供经常性、连续性、专业化公益服务和福利服务的民办非企业单位才可能是社会服务机构。有一些民办非企业并不提供公益服务和福利服务，它们就不属于社会服务机构。

2009 年之后，我国社会工作服务机构如雨后春笋般出现，它们的组织形式是民办非企业单位。社会工作服务机构是以社会工作专业人才为主体，坚持“助人自助”宗旨，遵循社会工作专业伦理规范，综合运用社会工作专业知识、方法和技能，开展困难救助、矛盾调处、权益维护、人文关怀、心理疏导、行为矫治、关系调适、资源链接等服务的民办非企业单位。据统计，截至 2018 年底，我国已成立的社会工作服务机构有 7500 多家①。上海乐群社工服务社、广州市中大社工服务中心、深圳市社联社工服务中心等都是社会工作服务机构。

中国社会工作动态调查（CSWLS2019）显示，在社会工作服务机构的服务领域方面，排在前四位的是社区服务、青少年服务、儿童服务和老年人服务，从事以上服务的机构占比依次为 74.15%、67.28%、64.62% 和 55.43%；从事企业服务、医疗服务较少，分别为 13.49% 和 9.98%。在注册资金方面，均值为 5.74 万元；近 15% 的机构注册资金小于 3 万元，其中，3.41% 的机构为 0 元注册。在注册年限方面，60% 以上的机构注册年限为 5 年以下。从注册性质来看，绝大部分机构是民办非企业单位。在注册层级上，近 60% 的机构在区县登记。在主管部门上，有 77% 以上的机构的主管部门是民政部门，11.75% 的机构没有主管部门。多开展社区服务、注册资金量小、注册年限较短、注册性质多为民办非企业单位、多在区县层级注册、主管部门多在各级民政部门，是当前国内社会工作服务机构的显著特征②。

4. 基金会

基金会是指利用自然人、法人或者其他组织捐赠的财产，以从事公益

---

① 王勇．我国持证社工达 44 万人 社工机构 7500 多家［N］．公益时报，2019-2-19.

② 刘畅，袁易卿，孙中伟，等．中国社会工作动态调查（CSWLS2019）：设计、实施与样本描述［J］．华东理工大学学报（社会科学版），2020（1）．

事业为目的，按照条例的规定成立的非营利性法人。设立基金会，应当具备下列条件：①为特定的公益目的而设立；②全国性公募基金会的原始基金不低于800万元人民币，地方性公募基金会的原始基金不低于400万元人民币，非公募基金会的原始基金不低于200万元人民币；原始基金必须为到账货币资金；③有规范的名称、章程、组织机构以及与其开展活动相适应的专职工作人员；④有固定的住所；⑤能够独立承担民事责任。中国青少年发展基金会、中国社会福利基金会、南都公益基金会等是基金会型社会服务机构。

5. 社会服务类民间组织

这类组织是尚未在民政部门登记，由组织自筹资金，向有特殊困难的群体提供无偿或低偿服务的机构。例如，服务孤独症儿童的北京星星雨教育研究所，服务妇女的北京红枫妇女心理咨询服务中心等。

第二节　政府与社会服务机构之间的关系

国内外学者应用不同理论和视角对政府与非营利组织的关系作了研究。国外学者提出第三方政府理论和志愿失灵理论、政府与第三部门四模式关系理论以及政府、市场、志愿部门相互依赖理论对政府与非营利组织的关系进行了研究。我国一些学者用“组织外形化”“分类控制”“行政吸纳社会”等概念分析政府与非营利组织的关系①。一些学者用制度分析视角、国家与社会关系视角和培育模式视角研究了政府如何培育非营利组织②。

本书从政府与社会服务机构在服务输送中所承担的角色的视角对它们之间的关系进行分析。在当代各国，政府和社会服务机构在社会服务输送中存在着分工、合作、监管等关系，政府负责社会服务的政策制定和规划、向社会服务机构提供资源并担负一定的监督管理职责，而社会服务机构则负责提供服务并扮演中介和倡导者角色。

---

① 陈为雷．从关系研究到行动策略研究——近年来我国非营利组织研究述评［J］．社会学研究，2013（1）．

② 郁建兴，滕红燕．政府培育社会组织的模式选择：一个分析框架［J］．政治学研究，2018（6）．

一、政府的角色

政府在社会服务供给中扮演政策制定和规划者、资源提供者和组织管理者三种角色。

1. 政策制定和规划者

一方面，政府要制定法律法规和政策规范社会服务机构的行为，并对社会服务机构的发展作出规划。例如，国家出台了一系列法律法规和政策文件，包括：《中华人民共和国慈善法》《社会团体登记管理条例》《民办非企业单位登记管理暂行条例》《基金会管理条例》《志愿服务条例》《养老机构管理办法》《儿童福利机构管理办法》《慈善组织认定办法》《关于加强社会工作专业人才队伍建设的意见》《民政部关于进一步加快推进民办社会工作服务机构发展的意见》《社会工作专业人才队伍建设中长期规划（2011—2020年）》等。另一方面，作为政策制定和规划者，政府应通过各种方式了解辖区居民的社会服务需求，并根据政府社会服务资金安排，确定社会服务和社会服务供给方式；政府要制定社会服务的政策法规和行动计划，确保社会服务输送高效、有序。

2. 资源提供者

社会服务的输送需要大量公共资源的支持，其中政府提供的公共资源是社会服务机构收入的最重要来源。政府提供资源的基本方式是按照法律的规定，依托公共行政体系，通过税收和公共财政等方式筹集资金，并通过制定各种政策向社会服务机构提供必要的财政支持。事实上，政府作为世界各国和地区社会服务机构的主要财政资助来源，其规模远远大于慈善捐赠。按照约翰·霍普金斯非营利部门比较项目的研究，39个有可靠数据支持的国家中，社会服务机构收入中政府资助与慈善捐赠的比例大于2∶1（分别为36%和15%）。在我国，政府对社会服务机构的支持和资助主要有以下几种方式：财政拨款、政府购买服务、财政补贴、行政奖励和实行税收优惠等（参见第七章第一节）。同时，政府还要督促各类社会服务机构依法承担起在服务活动和项目运作中应负的资源投入和资源动员的责任，以及通过各种政策优惠和宣传鼓动等方式鼓励各类组织向社会服务活动和项目运作投入一定资源。

3. 组织管理者

社会服务输送涉及人力、物力、财力的筹措和分配，涉及社会服务机构及其他相关部门在服务输送中的权力和责任，这些都需要政府主管部门协调推动社会服务的供给。政府主管部门要利用自身优势，促进政府相关部门、社会服务机构、社会民众合作互动，构建和谐的社会服务供给秩序，提高社会服务供给效率。在社会服务输送中，政府部门还要加强监管，规范各类社会服务机构和个人在社会服务中的角色和责任；制定合理的社会服务评价标准，加强对社会服务机构和社会服务项目的评估，尤其要加强第三方评估，以了解和掌握服务活动和项目运作情况，及时发现存在的问题并责令社会服务机构限期整改，以维护社会服务市场有序运行，保障服务对象的合法权益。

二、社会服务机构的角色

在中国，不同类型的社会服务机构介入社会服务领域的方式不同，扮演的角色不同，总体来看，社会服务机构一般承担三种角色。

1. 服务提供者

对社会服务机构来说，提供社会服务是其本色，大部分社会服务机构将资源和工作重点放在了提供社会服务上。不同类型的社会服务机构提供社会服务的方式不同。公益类事业单位由政府直接举办并向社会成员提供社会服务。许多提供公益服务和福利服务的社会团体、民办非企业单位和民间社会服务机构以项目制的形式提供社会服务。例如，各种老年人服务机构、智障人士服务机构、司法社会工作服务机构或者通过政府购买服务项目，或者通过基金会和企业的项目资助，或者通过其他资金来源渠道，为各类社会成员提供社会服务。资助型基金会主要是筹集和分配资源，以资源中介的方式介入社会服务。运作型基金会则通过筹集资源来直接运作项目。例如，中国青少年发展基金会实施了“希望工程”，南都公益基金会开展了一些支持民间公益的项目。

社会服务机构提供的服务包括治疗、预防和发展三个层面。在治疗层面，社会服务机构通过机构内的社会工作者与服务对象建立互动关系，全面了解服务对象的情况，根据不同的问题设计服务方案，运用直接和间接的专业工作方法，为服务对象提供服务。在预防层面，社会服务机构以积极、主动的态度对待社会问题，及早预测、发现、控制和消除那些可能妨碍社会功能有效发挥的因素和条件。在发展层面，通过社会服务机构的专业服务，不但使服务对象的需求得以满足、参与能力得以提升，而且这个过程可以确保社会的和谐稳定，促进整个社会生活质量的提高①。

2. 中介者

社会服务机构是社会服务制度的重要组成部分，是政府同社会民众间保持联系的桥梁和纽带，扮演着重要的中介者角色。一方面，社会服务机构在服务过程中接触到不同类型的服务对象，发现服务对象的问题和需求，广泛收集民意并转达给政府，使政府在制定及推行政策时更符合民情；另一方面，又把政府的政策意图和对相关问题的处理意见转达给民众，推动政府与广大民众的良性互动。可以说，社会服务机构在社会服务中起到了桥梁和纽带作用，促进下情上达和上情下达，加强政府和民众之间的沟通和了解。

3. 倡导者

社会服务机构能够扮演倡导者角色，影响立法和各级政府相关政策。这种角色主要表现在以下三个方面②：

第一，社会服务机构作为推动社会服务事业的主体，积极参与相关立法和社会政策的制定过程。在美国、英国、德国等许多国家和地区，各级立法和行政当局在其立法和社会政策制定过程中，都不同程度规定有服务机构参与和表达的机制。

第二，社会服务机构作为特定人群特别是特殊群体的代言人，代表他们表达其利益诉求和政策主张，倡导对这些群体的利益有直接影响的社会政策和相关法律法规，努力在立法和社会政策过程中谋求实现更广泛的社会公正。这在一定程度上改善了社会特殊群体的生存状态和生存环境，减少了社会排斥，促进了整个社会的公平。

第三，社会服务机构通过媒体和社会舆论关注相关立法和社会政策的实施过程及其效果，倡导和影响政策结果的公益性和普惠性。一些社会服务机构往往通过媒体和社会舆论影响相关立法和社会政策，监督或者干预其实施过程及效果，使之更加具有公益性和普惠性。一些社会服务机构还以公众参与的形式直接介入政策实施过程，成为政策的监督者甚至执行者，积极影响社会政策效果。

---

① 王思斌．社会行政（第二版）［M］．北京：高等教育出版社，2013：72-73.

② 王名．社会组织论纲［M］．北京：社会科学文献出版社，2013：106-107.

专栏4-1 2015年度百强社会工作服务机构政策倡导概况

2015年度百强社会工作服务机构大多数成立时间集中在2008—2013年，覆盖15个省、3个自治区和3个直辖市，有21个在省级民政部门登记注册，50个在市级登记注册，29个在区（县）级登记注册。2015年度大部分百强社会工作服务机构开展过倡导工作，下面对此进行初步分析。

一、开展倡导工作的机构数量

据统计，在百强社会工作服务机构中有67个机构开展倡导工作，未开展此项工作的机构数量为33家。

二、开展倡导工作的机构的地区分布

百强社会工作服务机构分布在全国21个省份，开展倡导工作的机构覆盖了15个省份，其中广东、上海和北京三个地区的百强社会工作服务机构参与率较高。

三、倡导工作开展形式

据统计，67个社会工作服务机构主要以参与地方法律法规制定、为地区相关政策制定和社会服务事业发展提出建议、提交议案等方式开展倡导工作。

四、倡导工作开展渠道

百强社会工作服务机构开展倡导工作的渠道多样，包括参加座谈会和研讨会发表观点、撰写文章及稿件并通过媒体进行宣传报道、参与制定行业相关服务标准、参与制定行业相关管理制度和规定、对行业相关规范性文件及标准递交反馈意见等，有部分机构发挥机构负责人的人大代表、政协委员身份的优势条件，向人大或政协提交提案或议案，在政策制定层面发挥作用。

五、倡导工作内容

倡导工作内容主要涉及社会工作者待遇、社会工作人才队伍建设、社会工作服务机构发展、服务对象群体权益维护、社会工作发展、社会组织功能发挥、各领域服务规范制度及服务标准的制定等。

六、倡导工作的效果

部分社会工作服务机构在政策制定和政策倡导工作中取得了实际的效果。深圳市社联社工服务中心积极向各级人大、政协以及相关部门提交的提案和调研报告，共有8项（次）得到采纳批准。深圳市南山区南风社会工作服务社提出的3项建议均得到相关主管部门的重视。上海市自强社会服务总社积极参与《上海市禁毒条例》修订。合肥市爱邻社会工作服务社参与编制《老年社会工作服务指南》。重庆市民悦社会工作服务中心、广州市中大社工服务中心、上海浦东公惠社会工作服务中心等多个机构参与城乡发展、社区服务发展和公益服务事业发展五年规划制订。还有机构以研究报告和论文等形式提出建议，得到了相关部门的重视。

综上，百强社会工作服务机构在运用个案工作、小组工作、社区工作等直接服务方法的同时，也注重结合本地区情况，通过多种渠道开展倡导工作，直接或者间接影响各级政府政策制定，在社会治理中发挥了独特作用。

资料来源：刘京．社会工作服务机构发展报告：以百强社会工作服务机构为例（2015）［M］．北京：中国社会出版社，2016：45-49.

三、政府向社会服务机构购买服务

政府购买服务是指各级国家机关将属于自身职责范围且适合通过市场化方式提供的服务事项，按照政府采购方式和程序，交由符合条件的服务供应商承担，并根据服务数量和质量等因素向其支付费用的行为。

1. *政府购买服务的实践创新*

政府购买服务发端于20世纪80年代英国首相撒切尔夫人推动的社会福利制度改革。在福利国家时期，英国政府通过举办政府机构来对有需要的人群进行服务照料，其弊端是效率低、效果差。撒切尔夫人的改革倡导创办私营的社会服务机构。政府通过政府采购的方式，按照法定的程序进行招投标，将社会服务项目外包给中标的社会服务机构，既搞活了社会服务，又增加了就业机会①。

在我国，1995年，上海市浦东新区社会发展局委托上海基督教青年会管理浦东新区罗山市民会馆，是政府向社会服务机构购买服务的最早探索。2003年，上海市全面推进预防犯罪工作体系建设，在全市层面组建了三个社会服务机构，与政府有关部门签订政府服务采购合同，为“失学、失业、失管”的社区青少年、社区矫正人员和药物滥用人员提供服务。

2007年10月以来，深圳市加强社会工作人才队伍建设，按照“政社分离、政事分开”的原则，通过招标、竞标方式向社会服务机构购买服务，并以合同方式确定双方的责任和权利。据统计，截至2018年底，深圳市、区民政部门共投入社会工作服务购买经费39.75亿元②。

值得一提的是，民政部自2012年起实施“中央财政支持社会组织参与社会服务项目”，通过项目申请、财政资助的方式支持社会组织开展社会化服务。项目实施调动了社会组织参与社会服务的积极性，发挥了社会组织在承接政府转移职能和构建社会主义和谐社会中的积极作用。

2013年11月，党的十八届三中全会通过的《中共中央关于全面深化改革若干重大问题的决定》提出：“推广政府购买服务，凡属事务性管理服务，原则上都要引入竞争机制，通过合同、委托等方式向社会购买。”

---

① 唐钧．政府购买社会工作服务进展与前瞻［J］．社会建设，2015（4）．

② 行业概况，http://mzj.sz.gov.cn/sgw/sg_hygk/content/post_6614142.html.

推广政府购买服务成为党中央确定的一项重要改革任务。

2. 政府购买服务的规定

2013 年 9 月，国务院办公厅印发《关于政府向社会力量购买服务的指导意见》（国办发〔2013〕96 号）。2020 年 1 月 3 日，财政部公布了新修订的《政府购买服务管理办法》（财政部令第 102 号），对购买主体和承接主体、购买内容和目录、购买活动的实施、合同及履行、监督管理和法律责任等作了规定。结合以上法规政策，对政府购买服务简要介绍如下①。

（1）购买主体。各级国家机关是政府购买服务的购买主体。党的机关、政协机关、民主党派机关、承担行政职能的事业单位和实行行政编制的群团组织机关使用财政性资金购买服务的，可以参照执行。

（2）承接主体。政府购买服务的承接主体包括依法成立的企业、社会组织（不含由财政拨款保障的群团组织），公益二类和从事生产经营活动的事业单位，农村集体经济组织，基层群众性自治组织，以及具备条件的个人。

（3）购买内容。政府购买服务的内容包括政府向社会公众提供的公共服务，以及政府履职所需辅助性服务。政府购买服务的具体范围和内容实行指导性目录管理，指导性目录依法予以公开。与社会服务密切相关的服务类型包括儿童福利服务、基本养老服务、社会救助服务、扶贫济困服务、优抚安置服务、残疾人服务、法律援助服务、社区治理服务、社会组织建设与管理服务、社会工作服务、人民调解服务和志愿服务活动管理服务，已被纳入了财政部制定的《中央本级政府购买服务指导性目录》。

（4）购买机制。购买工作应按照《中华人民共和国政府采购法》的有关规定，采用公开招标、邀请招标、竞争性谈判、单一来源和询价等方式确定承接主体，严禁转包行为。

（5）合同管理。购买主体应当与确定的承接主体签订书面合同，明确服务的内容、期限、数量、质量、价格以及资金结算方式、各方权利义务

---

① 国务院办公厅关于政府向社会力量购买服务的指导意见（国办发〔2013〕96 号），http：//www. gov. cn/zwgk/2013-09/30/content_ 2498186. htm.

政府购买服务管理办法，http：//www. mof. gov. cn/gp/xxgkml/tfs/202002/t20200217_ 3470373. htm.

财政部关于印发中央本级政府购买服务指导性目录的通知，http：//zhs. mof. gov. cn/zhengcefabu/202101/t20210107_ 3640237. htm.

事项和违约责任等内容。政府购买服务合同履行期限一般不超过1年；在预算保障的前提下，对于购买内容相对固定、连续性强、经费来源稳定、价格变化幅度小的政府购买服务项目，可以签订履行期限不超过3年的政府购买服务合同。

3. *政府购买服务与政府和社会服务机构关系的重构*

政府购买服务是创新政府公共服务提供方式、推动政府职能转变、全面实施绩效管理的一项重要改革举措。改革开放后，随着我国经济社会的发展，人们的需求日益丰富和多元化。但是长期以来，我国的社会福利由国家和集体包办，存在资金不足、福利机构少、服务水平较低等问题，难以满足人民群众对福利服务需求日益增长的需要。基于这种情况，20世纪80年代以来政府开始倡导社会福利社会化，总体要求是投资主体多元化、服务对象公众化、服务方式多样化、服务队伍专业化①。实质上，我国实行的社会福利社会化改革遵循的是双轨制思路，在这种双轨制中，首先把公办社会服务机构作为基础的总体体制存量部分，来保持整体结构的稳定，然后通过社会福利社会办等增量机制来吸纳自由流动的资源，借此增加福利供给。这种二元论的政策精神，改变了国家包办社会福利的局面，培育了一批民办社会服务机构，增加了社会福利的供给。

然而，同时要看到社会福利社会化改革存在的局限性，即对民办机构的资助多采取"民办公助"和"公建民营"的方式，主要对机构提供现金、实物等直接资助和减免税收、水电费等间接资助，侧重于有形的资源和经济的资助，忽略了对专业人员的培育以及专业方法的引入。而且在很多情况下，政府对机构的资助往往不到位，造成了民办机构资源短缺。为了改变这种状况，需要一种新的政策措施，在原来的民办机构和民办公助方式之外增加新的专业机构和新的政社关系举措。

上海、深圳等地推行的政府购买社会服务项目，不仅提供资金，而且引入了专业社会工作服务机构，这是一种新型的社会服务双轨制。在这种双轨制中，社会工作服务机构将公办社会服务机构和社会福利社会化改革中出现的民办社会服务机构都作为存量来看待，并清醒地认识到，公办社会服务机构虽可保持结构的稳定性，但不能提高发展绩效；民办

---

① 国务院办公厅转发民政部等部门关于加快实现社会福利社会化意见的通知，http://www.gov.cn/gongbao/content/2000/content_60033.htm.

社会服务机构虽可提高效率，却无法保证服务的专业性，并且缺少政府和社会资源的持续支持。政府购买社会服务项目有意将自身塑造成一种新双轨制的增量部分，通过社会服务项目外包，选择专业社会工作服务机构承接项目，注重服务的时效性和专业性，增加了服务供应量，提高了服务质量①。

第三节　社会服务机构与其他组织之间的关系

美国社会工作专家 F. 埃伦·内廷（F. Ellen Netting）对社会服务机构之间的关系作了总结，把组织之间的关系分为沟通、合作、协调、协作与合并五种类型②。除此之外，社会服务机构之间还存在着竞争关系。下面结合实际对社会服务机构与其他组织之间的关系进行分析。

一、沟通

社会服务机构与其他组织之间的沟通表现在以下几方面：一是项目申请时沟通。一些社会服务机构要向其他组织尤其是基金会申请项目，要通过提交项目资助申请、打电话、发邮件、汇报等方式进行沟通，争取得到项目资助；之后，社会服务机构要向资助组织汇报战略目标和计划，就终期评估等事项进行商讨。二是社会服务机构与其他组织共享信息和转介服务对象。以上这些都属于正式沟通。三是非正式沟通。如各机构聚在一起讨论社区问题，员工通过邮件交流，或在会议上谈论各自的服务项目。

为了增进沟通，社会服务机构一般使用社交网站、宣传册、传单和媒体来增强沟通效果。需要注意的是，因为社会服务机构与其他组织之间的信息共享过程未得到培育，所以常常出现服务输送系统“掉链子”的情况，这就要求社会服务机构与其他组织之间真正实现信息共享，从而做到良好沟通。

---

① 陈为雷．政府和非营利组织项目运作机制、策略和逻辑——对政府购买社会工作服务项目的社会学分析［J］．公共管理学报，2014（3）．

② ［美］F. 埃伦·内廷，彼得·M. 凯特纳，史蒂文·L. 麦克默特里．宏观社会工作实务（第三版）［M］．刘继同，隋玉杰，等，译．北京：中国人民大学出版社，2006：180-183.

二、合作

社会服务机构与其他组织同意为一个相近的目标而一起工作时，便会有合作。不同性质的社会服务机构之间、社会服务机构同其他组织之间都可以进行合作。这种合作有以下三种方式：

一是公办社会服务机构与民办社会服务机构之间的合作。例如，私立儿童日托中心与一个公共社会服务机构合作为单亲家庭提供帮助。儿童日托中心的社会工作者与社会服务机构的工作人员每月碰一次面，讨论他们共同关心的问题，并让服务对象感到两家机构所提供的服务有延续性。

二是社会服务机构与企业之间的合作。社会服务机构与企业合作能为彼此带来互惠的利益，它们可以成为伙伴甚至建立起“合资公司”，将公益目的及“非利润分配”的属性跟商业活动有机地结合起来①。

三是社会服务机构与志愿服务组织之间的合作。我国上海、深圳等地实施的社会工作者和义工“两工联动”是社会服务机构和志愿服务组织之间的合作。社会工作者根据需要，通过所属机构向市、区、街道和社区四级义工组织申请义工服务。义工组织根据申请进行项目评估，尽可能提供义工服务。

社会服务机构之间的合作能带来许多优势。对于中小型机构来说，合作通常能够弥补资源短缺和经验不足，能够让机构学习到新的管理技术，增强自身的能力。而对于大型的、比较成熟的机构来说，合作能够让它们开展更多符合宗旨的项目。合作不仅有利于整合资源，降低成本，增强推广服务和筹款的能力，还能够促进机构间分享信息，加强彼此与时俱进适应外界变化的能力。

三、协调

协调是指协同努力、一起工作。社会服务机构与其他组织的协调体现在以下三个方面：

一是社会服务机构与其他组织共同起草合作协议，规划协调工作的方式。例如，深圳市在推行“社工+义工”模式时就建立了“社工、义工”

---

① 杨团．中国慈善发展报告（2013）［M］．北京：社会科学文献出版社，2013：323.

联动工作联席会议制度，由市、区两级社会工作行政主管部门和共青团组织牵头，有关社会工作服务机构和义工组织等参加，定期召开联席会议，统筹协调“社工、义工”联动工作。

二是协调各组织之间的工作。例如，在一个致力于满足特殊群体（如老年人、残疾人或艾滋病病毒感染者）需求的照顾系统中，有必要协调各组织之间的工作。当急诊病人离开医院时，专业人士要给病人制订一个护理方案，这个服务方案包括一整套项目，如流动送餐服务、护士入户护理服务和家务服务，还要制订让病人回家疗养或在长期照顾机构中恢复的不同方案。

三是个案管理。当服务对象从多个不同的机构获得服务时，各机构之间所提供的服务因衔接不当常会出现疏漏，为弥补这种疏漏，可以开展个案管理工作。个案管理是一种提供服务的方法，它是由专业社会工作者评估服务对象及其家庭的需求，并安排、协调、监督、评估和倡导一套包含多种项目的服务，以满足特定服务对象的复杂需求。

四、合并

当社区内一个或两个服务机构不能自主运行时，它们很可能会合并在一起。例如，两个精神健康中心合并为一个单一的组织，这称为横向合并。一家医院兼并了一个家庭保健站，这称为纵向合并。社区众多小单位在一个大机构的支持下结成同盟，称为聚集式合并。

五、竞争

竞争关系指的是两个或更多的机构从同一来源争取同样的资源（服务对象、资金、志愿者等）。竞争体现在两方面：一是社会服务机构之间会为获得慈善捐款以及政府和基金会的资助而展开竞争；二是争夺符合政府合约条件的服务对象和付费的服务对象。史蒂文·L. 麦克默特里（Steven L. Mcmurtry）和他的同事发现，社会服务机构遇到的最大竞争对手是其他社会服务机构，而不是营利机构。有些社区的社会服务机构不多，竞争的可能性小。

社会服务机构与其他组织之间的关系见表 4-1。

表 4-1　社会服务机构与其他组织之间的关系

互动层次	关系类型	特点	服务提供者的自主水平
沟通	友好的、真诚的	单位间共享信息或想法，包括提供咨询意见	高
合作	可能是附属单位	一起工作，计划并落实独立的服务项目	高
协调	可能是一种联盟、协会或同盟类型的关系	一起工作，避免服务重复，彼此协助，共享信息，互为宣传、转介服务对象	一般
合并		合并成一个实体	交出自主权
竞争	利益对立	获取同样的资源	相互独立

资料来源：[美] F. 埃伦·内廷，等．宏观社会工作实务（第三版）[M]．刘继同，隋玉杰，等，译．北京：中国人民大学出版社，2006：181. 有改动．

第四节　志愿者与志愿服务

志愿者是一种重要的资源。在社会服务机构服务对象数量多、专业社会工作者工作负荷很重的情况下，社会服务机构需要有效地使用志愿者资源，因此，社会服务机构行政者应该掌握志愿者与志愿服务相关的知识，能够运用志愿者招募和训练的方法与技巧。

一、志愿者与志愿精神

1. 志愿者的形式

志愿者是指以自己的时间、知识、技能、体力等从事志愿服务的自然人。志愿者有两种存在方式：一是作为志愿组织的成员存在，即作为包含在群体中的个体存在；二是不属于组织而作为独立的个体存在。这两种类型的志愿者的特点是不同的。属于组织的志愿者不仅包含了个体性，更多地包含了组织性，他们的服务对象、服务时间以及开展的活动受到组织的影响较大。不属于组织的志愿者相对自由，更多地表现出个体的自主性。当代社会的绝大多数志愿者是组织中的志愿者，也就是以第一种方式存在。据统计，截至 2020 年 6 月 30 日，全国注册志愿者超过 1.72 亿人，发布志愿服务项目超过 390 万个，记录志愿服务时间超过 21.9 亿小时。调查显示，71.3%的受访者参加过志愿服务活动①。

2. 志愿精神

真正意义上的志愿者必须具有志愿精神。志愿精神与志愿服务的特性相对应，是指一种自愿的、不计报酬地参与推动社会进步、促进人类自身全面发展的社会公益事业的精神。不同国家、不同时代的人对于志愿精神的具体含义也存在着不同的理解。但是无论这种精神具有怎样的文化差异，满足以下基本条件是必需的②：

（1）志愿精神在于自觉自愿。自觉意味着在服务中发挥积极作用，主动承担责任；自愿则意味着是自己想要参加志愿服务，而不是他人或某种外力迫使下的产物。

（2）志愿精神在于奉献。志愿者需本着为他人、为社会奉献的动机来提供服务，而不是出于其他的目的，例如为了谋求自身的发展而将服务作为一种手段。

（3）志愿精神主要通过志愿者的信念来体现。精神看不见摸不着，它存在于志愿者的内心信念中。一个好的志愿者是处在信念的不断纯化之中的志愿者。

专栏 4-2 介绍了志愿精神的来源，供读者参考。

---

① 张春贤．全国人民代表大会常务委员会执法检查组关于检查《中华人民共和国慈善法》实施情况的报告，http：//www.npc.gov.cn/npc/c30834/202010/afc0a05adb4242b49920c2251017205e.shtml.

② 田军．志愿服务理论与实践［M］．上海：立信会计出版社，2007：11.

专栏 4-2　志愿精神的来源

对志愿精神或者说第三组织的需求一直以来都很强烈，并且好像还有持续增长的势头。实际上，现在比以往任何时候都更加需要志愿精神。但是，志愿精神的来源情况又如何呢？哪些因素促使人们成为志愿者呢？

姑且先放下这个基本的问题不进行讨论，虽然人们仍然不是很清楚关于志愿精神来源的许多细节方面的内容，但是我们确实也了解到了一些信息，可以在某些方面为我们提供指导。以下列出了一些可能促生志愿精神的主要因素。

为什么人们会从事“志愿者工作”？

· 作为对有效的志愿者招募工作的回应

· 希望给这个能够允许人们满足自身需求的组织以某种回报

· 出于社会或者政治目标的使命感

· 有强烈的服务意识

· 对自身和志愿精神抱有积极态度，例如，一种“我们能够使得事情有所好转”的自信

· 希望获得成功和变得对社会有用

· 希望变得杰出——成为一位能够改变局面的领导

资料来源：[美] 罗伯特·T. 戈伦比威斯基，杰里·G. 史蒂文森. 非营利组织管理案例与应用 [M]. 邓国胜，等，译. 北京：中国人民大学出版社，2004：59-60.

3. 志愿者与社会工作者的关系

志愿者在提供社会服务方面与社会工作者的活动有相似之处，但是志愿者与社会工作者还是有明显区别的①：

（1）活动方式不同。社会服务是社会工作者的职业，而对志愿者来说只是其“业余”活动，志愿者只是在他愿意的时候向他人提供他愿意提供的服务。

（2）专业技术能力不同。社会工作者受过专业教育和专门训练，而志愿者可以不接受任何专门训练。一般情况下，社会工作者的资格一定要由社会服务方面的权威部门认定，认定的基本手段就是考察其专业知识和技术水平。而志愿者身份一般不需要以其专业能力为前提。

（3）处理问题的难易程度不同。社会工作者的服务一般会涉及政策、心理、能力等方面，复杂而深入，一般是比较困难的问题。而志愿者所从事的多是对公众和困难群体的一般性服务，这些服务一般是体力或时间的支出以及简单的物质性的帮助。

① 全国社会工作者职业水平考试教材编写组. 社会工作综合能力（中级）[M]. 北京：中国社会出版社，2007：33-34.

（4）社会约束不同。政府和社会对社会工作者的服务行为及效果有比较严格的要求，而对志愿者的服务要求比较一般，这表现为：社会工作者有专业守则，而志愿者只有一般的行为规范；社会工作者要接受行业组织的考核与监督，志愿者只要履行了服务责任即可。

二、志愿服务

1. 志愿服务的特点

志愿服务是指志愿者、志愿服务组织和其他组织自愿、无偿地向社会或者他人提供的公益服务。志愿服务具有以下几个特点①：

（1）自愿性。志愿服务是非强制的志愿活动，而不是由外在力量迫使志愿者参加。在国外有一种社区服务刑，不属于志愿服务。

（2）非营利性。志愿服务是不以营利为目的的活动，志愿服务提供者不得向志愿服务对象收取或者变相收取报酬，在服务期间也不得接受志愿服务对象的捐赠。志愿服务的经费一般来自政府资助、社会赞助或志愿者本人义务提供。

（3）服务性。志愿服务是一种工作，同样需要关注服务质量。志愿服务提供者必须切实地贡献出自己的知识、劳力、经验、技能、时间等，必要时还要进行培训以完成任务。

（4）公益性。志愿服务以造福他人和社会为目的，如从事扶贫济困、支教助学、环境资源保护、抢险救灾、救死扶伤、治安防范、法律援助、社区服务和大型社会活动等服务活动。

2. 志愿服务的对象与范围

志愿服务的对象包括以人为主的服务对象和以社会事业为主的服务对象两大类②，每一大类各包括不同的服务对象。

（1）以人为主的服务对象。

①企业的困难职工和离退休职工。志愿者要为困难企业排忧解难，努力协助有关部门做好下岗或待业职工的就业咨询和指导、培训、择业介绍等服务，为离退休困难职工提供医疗保健及日常生活等方面的志愿服务。

① 田军．志愿服务理论与实践［M］．上海：立信会计出版社，2007：5.

② 志愿者培训（6）：中国志愿者服务的任务和对象，http：//www. wenming. cn/zyfw_ 298/zsc/201010/t20101028_ 1977. shtml.

②有突出贡献和有特殊困难的老干部、老科技工作者、老教师。志愿者通过上门入户为他们提供医疗保健、整理资料以及生活服务等，为他们解决生活上的困难。

③农村青年文盲。大中学生志愿者利用暑期深入老、少、边、穷地区或国家规定的扫盲重点地区，开展扫盲、科技文化服务、科技扶贫、送医下乡等志愿服务活动。

④见义勇为英雄及家属。志愿者开展志愿服务，承担英雄及其家属的生活料理、医疗保健、子女家教等任务，从而使志愿者行动的服务对象延伸到为帮助别人的人提供志愿服务上来。

⑤孤寡老人、孤残儿童。志愿者把他们作为重点服务对象之一，深入敬老院、福利院、孤儿院，为他们提供生活、文化、教育、医疗保健等方面的志愿服务。

⑥灾区及贫困地区的困难群众。志愿者为灾区困难群众捐款捐物，为贫困地区开展科技开发、培训科技人员、文化扶贫、助耕助收、扫盲支教等服务活动。

⑦民工。志愿者为民工提供教育、培训、咨询、职业介绍、文化娱乐等方面的志愿服务。

（2）以社会事业为主的服务对象。

①社区。志愿者主要以青年志愿服务组织为依托，以“一助一”长期结对、“青年志愿服务广场”为基本形式，为社区成员开展志愿服务以及在社区成员之间开展互助型的志愿服务。

②自然环境。志愿者在植树、治沙、净化风景区、美化环境等方面为重点工程开展志愿服务，以自己的实际行动呼吁人们增强环保意识，共同维护人类的生存和发展环境。

③社会治安。志愿者组织结合党和政府关注的、社会关心的治安问题，开展社会治安综合治理志愿者活动，组建治安联防、反扒队等志愿者服务队，深入社区、街道、农村，协助公安机关维护社会秩序。

④公益事业。志愿者根据社会急需，为抢险救灾、大型社会活动等提供突击性、应急性的志愿服务活动。

总体来看，中国志愿服务的对象和范围相对集中。随着人们对健康生活和生活环境的重视，心理健康、卫生保健、消费维权、早期教育、动物保护、公民人权等领域的志愿服务进一步增长。

三、志愿者和志愿服务的价值

传统上志愿者是社会服务机构中的中流砥柱。从志愿者个人自发的个别行动到众人自觉的共同行动，整个非营利社会服务机构就是从志愿者活动演变而来的。在当代，志愿者和志愿服务在社会服务机构中仍然发挥着重要作用，下面从志愿者和志愿服务对服务对象的价值、对社会服务机构的价值、对志愿者个人的价值和对社会的价值四个方面加以具体分析。

1. 对服务对象的价值

（1）帮助服务对象摆脱困境。志愿者开展志愿服务过程中，为处于困境中的贫困群体、老年人及其他特殊群体提供服务，帮助他们解决困难，重塑生活的信心。

（2）有利于引导服务对象参加志愿服务。志愿者以其无私奉献的精神为服务对象提供服务，服务对象在志愿精神感召下，在战胜困难以后也可能会主动加入志愿者队伍，为他人提供志愿服务。

2. 对社会服务机构的价值

（1）为社会服务机构提供人力支持。当前，中国社会服务机构正处在发展壮大过程中，社会工作者数量不足。志愿者在人数上具有优势，可以提供强大的人力支持，减轻社会工作者的工作负担，协助社会工作者拓展服务空间。

（2）补充社会工作者实践经验的不足。志愿者来自各个不同的职业领域，具有不同的知识背景和实践经验，可以给社会工作者提供丰富的资料和实践经验帮助，对提高社会工作者的专业服务水平有很大的促进作用。

（3）降低社会服务机构的运作成本。社会服务机构在服务中需要做大量工作，这些工作需要大量的人力并支付大量的人工费用。志愿者提供志愿服务，特别是有一定技能和经验的志愿者的加入，能够降低社会服务机构的运作成本，提高服务效率。

（4）有利于提高服务质量。社会服务机构对志愿者的需求是多方面的，不仅需要一般的体力服务，而且需要多种专业化的技能和技术服务。专业化、知识化和技能化的志愿者接触服务对象，了解他们的需求，及时向机构反馈需求，并参与提供服务，能够提高服务质量。

（5）夯实社会工作的社会基础。志愿者群众基础好，社会认同度高。在社会服务中，志愿者的广泛参与可以辅助、支持社会工作者开展工作，加强社会工作的社会参与力量，夯实社会工作的社会基础，推动社会服务机构发展。

3. 对志愿者个人的价值

（1）有利于志愿者发挥特长，丰富实践经验。人的知识和能力需要在实践中加以应用，在应用中不断得到完善和提升。志愿者提供志愿服务，能够开拓知识技能应用的广阔空间，施展才华，丰富实践经验，实现自身价值。

（2）有利于志愿者提升人格品质。志愿者提供志愿服务，不仅使自己掌握的知识和技能得到应用，提升专业技能，而且提升心智和道德水平，发展人格品质。

（3）有利于志愿者发挥健康的人际关系。志愿者来自不同阶层和不同社会背景，在志愿服务中相互配合协作，会形成良性发展的社会关系系统。

4. 对社会的价值

（1）有利于推进社会治理。志愿者广泛提供志愿服务，在服务中发挥自主性、主动性和积极性，进行自我管理，进而实现自我提升和社会治理的目标。

（2）有利于补充和完善社会保障体系。志愿者将社会救助、社会福利作为志愿服务重点开展领域，以困难群体为主要服务对象，针对他们的实际需求，提供政府无法提供又无力提供的服务，有利于促进和完善社会保障体系，实现社会公平正义。

（3）有利于社会资源的开发和合理配置。社会资源是包含着各种要素的广泛体系，志愿服务能够把志愿者的人力资源与各种物质资源和精神文化资源相整合，在整合中实现整体的资源效应，推进社会进步和发展。

（4）有利于推动社会教化。志愿服务所提倡的“奉献、友爱、互助、进步”的志愿精神，体现了人与人之间的相互关爱，人与社会之间的相互融合，人与自然之间的和谐共处，有利于激发全社会的创造力和凝聚力，促进社会的稳定和公平，这些都会促进社会教化，提升人们的精神价值和发展理念。

四、社会服务机构志愿者管理的内容

志愿者是社会服务机构可以利用的重要的人力资源，当前越来越多的社会服务机构招聘和使用志愿者。社会服务机构对志愿者的管理与对正式员工的管理既存在相似之处，也存在诸多差异。下面结合中国社会服务机构的实际，从志愿服务的计划、志愿者招聘、管理和维持四个方面介绍志愿者管理的内容①。

1. 志愿服务的计划

在招聘志愿者之前，机构需要弄清楚是否需要志愿者以及内外部环境是否允许机构招聘志愿者，为志愿者的招聘做好准备。另外，机构要制订详细计划，对经费预算、服务活动的时间、地点、场所、设备、交通工具、联系人、参与者、活动材料的准备、食宿等做好充分准备。

管理者在做志愿服务计划时，要遵循机构使命和战略，关注志愿者的需求和动力机制；明确志愿服务内容、志愿者的职责和技能要求；注意协调志愿者与机构员工之间的关系，让他们可以配合协作；安排志愿者参加相关的培训和交流活动，提升他们的能力；注重对志愿者的服务提供情况进行评估，对志愿者取得的成绩要给予肯定和激励。

2. 志愿者的招聘

志愿者的招聘旨在为机构服务活动挑选到最合适的人员。失败的志愿者招聘可能是机构没有招到服务活动所需要的一定数量的志愿者，也可能是招聘的志愿者在知识、技能、经验等方面与服务活动不匹配。因此，志愿者招聘要尽可能向潜在的对象做足够多的宣传，以招聘到所需要的志愿者。

根据活动性质和内容的差异，机构可以采用不同的志愿者招聘方式。对于那些要求简单、技术含量低的服务活动，机构可以通过向学校、社区等散发招聘传单和海报，联络各种组织来实现，也可以充分利用网络进行招聘。对于那些需要一定的知识和技能的志愿服务活动，机构需要通过目标招聘的方式来挑选。机构要明确志愿服务需要志愿者具备什么样的条件和资格，什么样的人愿意从事这项志愿服务活动，以及通过什么样的途径

---

① 王名．非营利组织管理概论（修订版）［M］．北京：中国人民大学出版社，2010：167-174.

可以招聘到这些人。

与对专职人员的招聘相比，志愿者招聘在信息宣传与沟通上要求更具有号召性和说服力，在招聘范围上更具社会性，在对象的挑选上更强调应征者的道德品质、同情心、志愿精神以及成熟稳定度。

3. 志愿者的工作管理

志愿者的工作管理主要有四种模式：自主管理模式、定期报告模式、监督工作模式和指令工作模式。

（1）自主管理模式。这种模式将工作的主动权交给志愿者，让他们自己决定工作的方法和内容，自行处理工作中的问题。这种模式要求志愿者必须有足够多的知识、技能和经验，能够成熟稳定地处理工作中的问题。在志愿者的日常管理中，自主管理模式不会被轻易使用，因为一旦志愿者作出不准确的决策或者不恰当的行为，后果可能非常严重，而且这种模式极易引起混乱。

（2）定期报告模式。在这种工作模式中，志愿者仍然是工作的主导者，拥有相对自主的工作空间，但需要在规定的时间向机构管理者报告工作的状况和进展，让管理者知道工作是朝着既定的目标迈进的。

（3）监督工作模式。在这种模式中，志愿者具有一定的自主性，可以向管理者提出工作建议，但是志愿者在开展工作之前需要征询管理者的建议并在得到管理者允许的情况下才能开展工作。这种工作模式赋予管理者较大的控制权力，可以及时制止不合理、不可行的志愿行为。当管理者对志愿者不了解时，可以采用监督工作模式，以确保服务工作的成效。

（4）指令工作模式。这种管理模式没有给志愿者任何自主权，志愿者完全按照管理者的指令来行事，不需要对工作提出自己的看法，也不可以自己独自决定工作内容。这种工作模式对管理者的要求较高，管理者需要全面掌控志愿者的工作，处理工作中的各种状况，不仅责任重大，而且工作量也极大。指令工作模式只在一些特定情境下实施，比如服务活动极为重要，不容许志愿者出现任何闪失，这就要求志愿者完全按照管理者的指令来开展工作。

不管采用什么样的管理模式，社会服务机构都要建立和完善包括登记、培训、使用、档案管理、绩效评估各个环节的规章制度，并根据规章制度对志愿者进行日常管理。

4. 志愿者的维持

对社会服务机构来说，如何留住志愿者是一个极为重要的现实问题。下列状况很可能导致志愿者终止志愿服务：志愿服务项目没有充分准备；管理者对志愿者的服务活动缺少尊重和肯定；机构没有给予志愿者必要的激励和回报；机构没有给志愿者进行必要的培训；忽视志愿者的自我发展需求；机构对志愿者提出过高的或者不合理的要求；工作安排不符合志愿者的现实状况；机构没有平等对待志愿者，使志愿者感受到歧视；机构没有兑现在招聘志愿者时所许下的承诺。

在进行志愿者管理时，社会服务机构应当考虑志愿者的兴趣爱好和各方面的需求，尤其是认同需求和自我实现需求，并采用不同的激励方法对其进行激励。可以采用的激励方法包括欢迎仪式、奖励、颁发证书、对志愿者进行培训、让志愿者参与决策等，以此来满足志愿者的需求，肯定他们作出的贡献和成就，维持他们对志愿服务的热情以及对机构的信心，在志愿者与社会服务机构之间建立稳定、密切的关系。

基本概念

社会服务机构　社会团体　民办非企业单位　民办社会工作服务机构　基金会　政府购买服务　志愿者　志愿精神　志愿服务

思考题

1. 社会服务机构的特征是什么？
2. 社会服务机构的构成要素是什么？
3. 社会服务机构有哪些类型？
4. 在社会服务输送中政府的角色是什么？
5. 在社会服务输送中社会服务机构的角色是什么？
6. 社会服务机构与其他组织之间的关系是什么？
7. 志愿者与社会工作者之间有何区别？
8. 志愿者和志愿服务对社会服务机构的价值是什么？
9. 社会服务机构志愿者管理的内容有哪些？
10. 志愿者的工作管理模式有哪些？

第二编

计划

第五章　组织计划与目标管理

计划是一座通向未来的桥梁，它在管理职能中处于首位。社会服务机构的各项工作围绕目标开展。本章第一节和第二节分析计划的含义、特点、重要性以及计划的类型和层次，第三节和第四节分别介绍社会服务机构计划制订和社会服务方案策划，第五节介绍目标管理。

第一节　计划的性质

一、计划的含义

什么是计划？计划（planning）是机构各级行政者所要完成的一项活动，严格地说，计划是一组预测未来、设立目标、决定政策、选择方案的连续程序，其目标是经济地使用现有的资源，有效地把握未来的发展，以获得最大组织成效。由此可见，计划主要与未来有关，目的是力图使机构在将来获得最大的成效。这就需要正确地预测未来。因此也要对过去的信息情报加以科学分析，根据分析的结果和现在的条件设立机构的未来目标，确定达到目标的一系列政策和方法，最后才能形成一个完整的计划①。

值得注意的是，虽然计划应该尽可能地稳定，使计划执行者富有成效地开展工作，但是计划也不是一成不变的，在计划期内与计划有关的一些因素可能发生巨大变化，这足以使计划本身失去效用。因此，要不失时机地对计划进行修订，使计划保持有效性。

---

① 徐国华，张德，赵平．管理学［M］．北京：清华大学出版社，1998：91-92.

二、计划的特点

1. 计划为目标服务

任何组织或个人制订计划都是为了有效地达到某种目标。美国管理学家哈罗德·孔茨（Harold Koontz）和海因茨·韦里克（Heinz Weihrich）说："计划工作是一座桥梁，连接起现在和将来要达到的目标，并使得本来不会发生的事有可能发生。"计划是实现目标的蓝图，具体明确了实现目标所必需的资源组合、时间进度、任务和其他举措。换句话说，目标明确未来要达到的状态，而计划则明确现在的手段①。当然，在计划开始之前，目标可能还不十分明确，计划就是起始于这种不明确的目标。在计划的最初阶段，首要任务是确定具体而明确的目标，其后所有工作都是围绕目标进行的。计划要使今后的行动集中于目标，要预测并确定哪些行动有利于达到目标，哪些行动不利于达到目标或与目标无关，从而指导今后的行动朝着目标的方向前进。

2. 计划的第一性

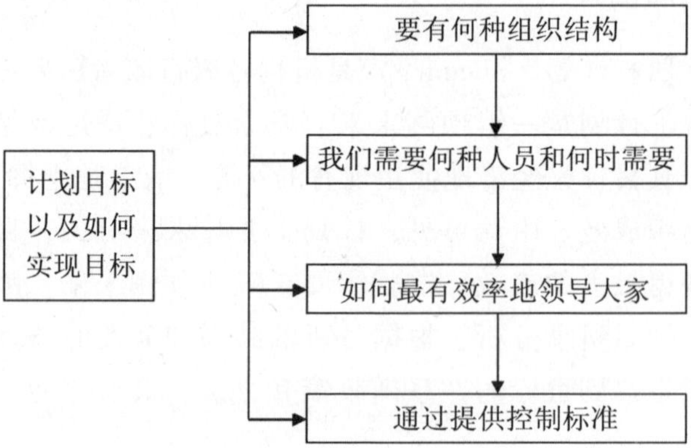

图 5–1 计划作为管理的基础

资料来源：哈罗德·孔茨，海因茨·韦里克．管理学（第十版）［M］．张晓君，等，译．北京：经济科学出版社，1998：75.

计划是组织、领导、控制等管理活动的基础。美国管理学家亨利·L.

① ［美］理查德·L. 达夫特．管理学（第五版）［M］．韩经纶，韦福祥，等，译．北京：机械工业出版社，2003：198.

西斯克（Henry L. Sisk）认为，"计划工作在管理职能中处于首位"[①]，这主要是由于管理过程当中的其他职能都是为了支持、保证目标的实现，这些职能只有在计划确定了目标之后才能进行。计划第一性的另一个原因是，在有些情况下，计划职能是唯一必须完成的管理工作。计划的最终结果可能导致一种结论，即没有必要采取进一步的行动。比如，机构原打算开展一项筹款活动，首先要做的工作是进行可行性分析，如果分析的结果表明不具备筹款的条件，那么所有的工作也就告一段落，无须实行其他的管理职能。计划与其他管理职能的联系见图 5-1。

3. 计划的普遍性

计划是机构全体行政者的一项职能，所有行政者都要制订计划。不同层次的行政者制订不同层次的计划，高层行政者制订战略计划，中层行政者制订战术计划，基层的有关部门、工作团队、个体制订作业计划。对社会工作的从业者来说，不管是总干事、部门主管、督导还是直接从事实务工作的社会工作者，为了提高工作效率或向服务对象提供所需服务，计划是必要的关键因素。好的计划能使工作有清楚的方向与目标，若无计划可能会使工作陷入混乱，造成资源浪费，无法完成机构的目标。

4. 计划讲究效率

衡量一项计划的效率是看该计划对机构目标的贡献。这里的贡献是指扣除制订和实施该计划的费用和其他因素后所能得到的总额。如果计划按合理的代价实现目标，这样的计划就是有效率的。在衡量代价时不仅要用时间、金钱或者生产等来衡量，而且还要衡量个人和集体的满意程度[②]。

三、计划的重要性

斯基德莫尔认为，社会工作中提倡计划的重要性有以下几点[③]。

（1）计划能提高效率。无论是工商业界还是社会服务机构，为了用最少的人力和物力去完成任务，必须事先进行周密计划，所谓"凡事豫则

① ［美］亨利·西斯克．工业管理与组织［M］．段文燕，等，译．北京：中国社会科学出版社，1985：92.

② ［美］哈罗德·孔茨，海因茨·韦里克．管理学（第十版）［M］．张晓君，陶新权，马继华，等，译．北京：经济科学出版社，1998：76.

③ ［美］雷克斯·A. 斯基德莫尔．社会工作行政——动态管理与人际关系（第三版）［M］．张曙，等，译．北京：中国人民大学出版社，2005：46-47.

立，不豫则废”。在社会工作中，人力和物力资源都是有限的，所以尽量提供有效率的服务就显得尤为重要。

（2）计划有助于取得效果。效果是指机构实现目标的程度。如果活动事先没有计划好，那么就有可能无法达成目标。社会工作的主要目标是帮助那些有需要的人。如果员工的努力与机构的资源没有整合好，目标的统一性和行动的完整性也没有计划好，那么效果将是低水平的。

（3）计划为问责提供依据。面对社会各界人士对社会工作有效性的质疑，社会工作行政者必须周密计划社会服务项目、服务的具体目标和评估程序，只有这样才能回应公众质疑和关切，继而取得政府和社会的理解和支持。

（4）计划提升凝聚力。周密的计划有助于提升机构凝聚力。在员工和行政者共同参与制订计划时，员工会产生成就感和荣誉感。当机构能使每位员工都确切地知道要做什么并且怎么做的时候，就营造了人性化的行政氛围，这也有助于提升机构的凝聚力。

黄源协在《社会工作管理》中指出计划的重要性如下①：

（1）计划给机构、行政者和其他员工提供指导，以增进成功的机会。机构有完善的计划，各层级行政者亦有相应的计划，只要机构和行政者按计划执行，一般情况下能够实现机构目标。在员工知道机构目标和发展方向的情况下，他们较易与其他员工配合，并以团队的方式工作。反之，若一个机构没有计划，各部门之间权责不清，也没有明确的工作指引，那么彼此间的工作就可能会相互重叠或冲突，进而使得机构各项工作缺乏效率，降低了成功的机会。

（2）计划可促使机构行政者适应环境的变迁。社会服务领域充满不确定性，计划可使机构行政者关注未来，预测并察觉环境变化及其可能带来的影响，进而能采取适当对策，以减少不稳定性。反之，若不做计划，行政者注意到的很可能仅是例行性事务，忽略环境改变可能带来的冲击，进而严重削弱社会服务机构及行政者应对环境的能力。因而，行政者必须要有计划的能力来应对环境的改变，以降低环境的不确定性和变化所带来的影响和冲击。

（3）计划可使机构成员重视机构的整体目标。计划可以减少机构重复

---

① 黄源协．社会工作管理［M］．台北：扬智文化事业股份有限公司，1999：91-93.

或浪费活动，可以使各部门及成员以机构整体目标为前提，深刻了解自己在机构中的价值和意义，使员工能够信任机构，对机构有信心，在工作中协调配合，实现机构目标。反之，若缺乏计划或计划不当，则可能会摧毁机构成员之间的信任感和信心，进而因缺乏协调配合或各行其是而造成浪费或工作重复等无效率的现象，甚至因相互矛盾或冲突而阻碍机构目标的达成。

（4）计划有助于机构其他管理职能的发挥。如前所述，计划与机构其他管理职能是互相联系的，计划常先于其他职能而存在，若无良好的计划作为基础，机构的其他职能很难发挥其功效。计划与控制的关系尤为密切。若无计划提供绩效评估标准，控制将失去其依据。计划是一个持续的过程，执行若偏离目标或方向，可适时提出修正或再规划，有效的计划可作为评估的依据。

第二节 计划的类型与层次

计划是人类活动的一种形态，人们根据不同的背景和不同的需要编制出各种各样的计划。可以根据几个标准把计划进行大体的分类（见表5-1）。

表5-1 计划分类

分类标准	类型	分类标准	类型
使用频率	1. 单用计划 2. 常用计划	具体性	1. 具体计划 2. 方向性计划
综合性程度	1. 战略计划 2. 战术计划 3. 作业计划	层次	1. 使命 2. 总目标 3. 特定目标 4. 战略 5. 政策 6. 规则 7. 程序 8. 方案 9. 预算
时间跨度	1. 长期计划 2. 中期计划 3. 短期计划		

一、单用计划和常用计划

按使用频率可以把计划划分为单用计划和常用计划两种类型①。

1. 单用计划

单用计划是为实现某一特定目标而制订的，这些目标一般具有特殊性。单用计划一般包括规划与项目计划。规划是比较全面的、长远的发展计划。规划的范围广，可能与几个项目有关联。项目计划是针对组织的特定课题作出决策的计划，项目的范围一般较小，复杂而难以计划，时间范围短。

2. 常用计划

常用计划是一种长期不变的计划，为组织日常遇到的一些常规问题提供解决方案。常用计划通常用来处理如员工病休、缺席、雇用、退休或机构失火、纪律等事件。常用计划包括程序、规则和政策。程序是指相互关联的一系列顺序的步骤，行政者遵循这些步骤对结构化的问题作出响应。例如发放退款程序和处理员工抱怨程序。规则是一种明确的陈述，它告诉人们能做什么和不能做什么，例如关于迟到和缺勤的规则、办公室和会议室禁止吸烟的规则等。政策提供了引导行政者沿着特定方向思考的指南。与规则不同，政策试图为行政者确立一些参数，而不是具体地告诉行政者应该做什么或不应该做什么。政策通常包含一些模糊的术语，它给决策留下了解释的余地。例如，下列一些政策陈述就带有这些特征：①顾客永远是第一位的，并且始终应当被满足。②只要可能，我们总是采取内部晋升的政策。③雇员的工资按照社区的标准将始终具有竞争力。

二、战略计划、战术计划和作业计划

按综合性程度可以把计划分为战略计划、战术计划和作业计划。

1. 战略计划

战略计划是应用于机构整体的计划，其任务在于建立机构的战略目标

---

① ［美］理查德·L. 达夫特. 管理学（第五版）［M］. 韩经纶，韦福祥，等，译. 北京：机械工业出版社，2003：209-210.

［美］斯蒂芬·P. 罗宾斯，玛丽·库尔特. 管理学（第7版）［M］. 孙健敏，黄卫伟，王凤彬，等，译. 北京：中国人民大学出版社，2004：187.

和寻求机构在环境中的定位。战略计划是一个蓝图，它以资金、人员、空间和设施形式界定了为实现战略目标所需的组织行为和资源配置。战略计划通常着眼于长期，规定机构在未来2—5年中所采取的行动步骤。战略计划制订的目的是在规定的时间内把机构的目标变为现实。

2. 战术计划

战术计划规定了主要部门和机构的分支机构为实现机构战略所要完成的工作。战术计划原则上比战略计划时间跨度短，一般跨年度或稍长一点。

3. 作业计划

作业计划由机构基层制订并实施，用来详细说明达到作业目标的具体步骤，支持战术计划的实现。作业计划是基层行政者用来管理每日和每周行动的工具。

三、长期计划、中期计划和短期计划

按计划的时间跨度可以把计划分为长期计划、中期计划和短期计划。

1. 长期计划

长期计划包括战略目标和计划，时间跨度可能是未来5年。长期计划主要解决两方面问题：一是机构的长远目标和发展方向是什么；二是怎样达到机构的长远目标。

2. 中期计划

中期计划包含战术计划，时间范围在1—2年。中期计划来自机构的长期计划，并按照长期计划的执行情况和预测到的具体条件的变化进行编制。长期计划以问题、目标为中心，中期计划则以时间为中心，具体说明各年应达到的目标和应开展的工作。中期计划往往依照机构的各种职能进行编制，并着重各计划的综合平衡，使比较松散的长期计划有比较严密的内容。中期计划赋予长期计划具体内容，又为短期计划指明了方向。

3. 短期计划

短期计划包括具体部门和个人的作业目标和计划，时间为1年或更少。短期计划比中期计划更为详细具体，能够满足具体实施的需要。短期计划由于对各种活动有非常详细的说明或规定，因此在执行当中选择的范围很小，有效地执行计划是最重要的要求。

四、具体计划与方向性计划

按计划的具体性可以把计划分为具体计划和方向性计划。

1. 具体计划

具体计划是清晰定义的、没有任何解释余地的计划，它具体地陈述了目标。具体计划的缺点是有些条件下并不具备它所要求的清晰性和可预见性。

2. 方向性计划

当环境的不确定性很大，必须保持灵活性以响应不可预见的意料之外的变化时，方向性计划就更可取。方向性计划是一种具有灵活性的计划，它设立了一般的指导原则。方向性计划提供了重点，但是并不限定行政者在某个具体的目标上采取某个具体的行动。灵活性是方向性计划的一种内在特性，但是这种灵活性必须与清晰性的丧失进行适当的权衡。

五、权变计划

所谓权变计划，有时也称为应变计划，是指机构在紧急、不顺或未曾预料的情况下所作出的反应。行政者要为各种可能出现的偶发事件预先准备好应对方案，一旦出现特殊情况，就可以使用某一方案。权变计划的目的是有备无患，不至于在事件发生后才仓促地作出反应。权变计划工作分为三个阶段进行：第一阶段，提出正常计划，在制订这些计划的过程中，行政者需要考虑各种偶发事件及其发生的概率。第二阶段，实施正常计划，这时要正式确认那些最重要的偶发事件，将其引入权变计划工作过程并制订出相应的权变计划。第三阶段，若形势有变，就实施权变计划；若形势正常，则仍需采取正常计划①。

六、计划的层次体系

计划可以划分出不同层次，各层次计划的适用性随管理的层级以及情境的变化而有所不同。在某种程度上这些不同类型的计划是一种层次体

① 芮明杰．管理学：现代的观点（第二版）［M］．上海：世纪出版集团，2005：247.

系。下面简要分析各种层次的计划①。

1. 使命

每个社会服务机构都有其存在的使命，它是对“机构为什么存在”的回答，即使命说明了机构存在的理由，是最广泛和最普遍的计划形式。机构内的所有成员皆需了解与认同机构的使命。然而，多数社会工作行政者并没有参与制定机构的使命，而是工作之后因袭已有的使命。机构行政者很可能在考虑新计划或方案时才会参照机构的使命，然后可能会讨论新方案是否符合机构的使命。从某种意义上说，社会服务机构的使命是一种为自己利益而奋斗的“宣言”，它反映了组织的“定位”。

2. 总目标

总目标是组织或其下属单位希望实现的目标的广泛陈述。例如，“为体弱多病的老年人提供有意义的日间项目”就是组织总目标的例子。任何管理决策都应该能够参照组织总目标进行。我们可能会问：“决策是否会产生提高实现总目标的可能性的结果?”“这会比其他决策更有利于实现总目标吗?”总目标不是一成不变的，条件和需求变化了，总目标往往会随之变化。

3. 特定目标

特定目标是指把总目标转换成可观察与可测量的实体，它必须依据使命与总目标而定，明确且易于被监督和评估。换句话说，特定目标是目标的操作化，它可以使我们知道总目标已被完成的程度。特定目标通常包括其完成的时间期限。与上文讨论的总目标相对应的特定目标的例子可能是“在年底之前为参加成人日托项目的体弱老年人设计和实施一项音乐和艺术活动项目”。特定目标是由服务对象、督导、各种规模的工作小组和单位共同设定的。

4. 战略

战略是为了达到机构总目标而采取的行动和利用资源的总计划，其目的是通过一系列的主要目标和政策去决定和传达一个机构期望自己成为什么样的组织。战略是一种极为重要的计划，它与机构总目标有关。在军事上战略用于击败敌人，在社会工作中战略用于解决问题。例如，对于儿童

---

① 黄源协．社会工作管理［M］．台北：扬智文化事业股份有限公司，1999：93-102.
［美］罗伯特·W. 温巴赫，林恩·M. 泰勒．社会工作管理（第七版）［M］．陈为雷，等，译．北京：中国人民大学出版社，2021：105-114.

虐待、贫困和性别歧视等问题，因为解决这些问题的资源往往是有限的，所以在战略上必须要按照轻重缓急排定优先次序。

5. 政策

政策是一种计划，它是指决策时所要遵守的方针，也是制定决策的参考框架及方向。政策具有弹性，它允许对某些事情有酌情处理的自由。例如，有些政策可以让我们思考个别服务对象的福利、专业价值、政治、经济和士气议题，使得专业工作者能依情境的需要作判断，在符合机构的目标与满足服务对象需要的前提下，决定是否要采取某种行动。

6. 程序

程序是依据政策建立一套步骤，以推行未来行动的计划，因而，它可以说是用于影响事件次序的计划。为完成某些特定的工作，程序是一种有用的计划工具，它可以使社会服务机构的活动标准化，这对员工和服务对象都有实质好处。例如，社区照顾中照顾管理的实施，从评估到结案，往往有其可依循的步骤。

7. 规则

规则是一种最简单的计划，是行动所必须遵守的法则，具有明确的要求或命令性质，因而，它用于制止自由裁量权和判断的使用，使行为和决策标准化。在所有的社会服务机构里都有某种规则，例如，公共救助部门会有一些经常探访服务对象的规定，儿童保护部门也会有一些规则，规定调查儿童虐待的事件。

8. 方案

方案是为执行一项计划而提出的特定行动，它是一项完整的计划，综合了目标、政策、程序、规则、任务分派、工作步骤、使用资源以及为完成既定行动方针所需的其他要素。一个方案可能很大，也可能很小。通常情况下，一个主要方案可能需要很多支持计划。在主要计划进行之前，必须把这些支持计划制订出来，并付诸实施。因为方案是为满足需求或解决问题而制定的整套措施，所以方案经常是有时间限制的。

9. 预算

预算可说是最常见的一种计划类型，它是用数字特别是用财务数字的形式来描述机构未来的活动计划。一个机构需要通过预算来估计和协调计划，所以预算是计划的一个重要组成部分。但是预算同时又是常用的控制手段之一。人们根据预算的使用情况来评价工作效果，并且由于有了预算，各项活动都受到控制。在社会工作领域中，因环境与服务对象问题的多变性，太僵化或太详细的预算使得预算项目间不易转换，会有负面作用，所以保持预算的弹性是非常必要的。

第三节　社会服务机构计划制订

一、制订计划的步骤

斯基德莫尔将社会服务机构计划的过程分为七个连贯的步骤①，现作简要介绍。

1. 选择目标

（1）目标分类。简单来说，目标就是组织奋力争取达到所希望的未来状况。目标可以分为总目标和特定目标两类（可参见上节关于计划层次的内容）。总目标关注机构建立的原因和存在的目的。比如，儿童安置机构的目标是帮助特殊儿童重返家园，在那里他们能得到爱和教育。这是远景目标。

特定目标根据总目标制定，是目标的操作化，它们明确、具体，涉及时间范围短。正因为特定目标明确、具体、时间短，所以它们才对机构日常行政管理发挥重要作用。

（2）设立目标的方法。目标的设立可以通过传统的目标设立过程进行，也可采用目标管理方法。传统的目标设立过程是：首先设立机构的最高层目标，然后将其分解为机构每一个层次的子目标，即目标由最高层设立并逐步下达到组织的各个层次，以指导和在某种程度上约束每个员工的工作行为。机构各个层次和各个工作领域的员工的努力，应该指向他们所在领域分派的目标。

目标管理方法与传统的目标设立方法不同。在这种管理体系下，员工及其行政者共同确定具体的绩效目标，然后定期地评审实现目标方面的进展情况。目标管理包括四个要素：确定目标、参与决策、明确期限和绩效

① ［美］雷克斯·A. 斯基德莫尔. 社会工作行政——动态管理与人际关系（第三版）［M］. 张曙，等，译. 北京：中国人民大学出版社，2005：48-55.

反馈。目标管理方法不仅将目标作为一种控制方法，而且将其作为激励员工的方法。目标管理强调员工实现他与其领导共同制定的目标，这会成为对个人努力的一种激励。

（3）设计良好的目标的特征。目标并不都是设计得同样好的，有些目标会比其他目标设计得更为合理。设计良好的目标有如下特征：一是以结果而不是以行为来表述的；二是可量度和定量化的；三是具有清楚的时间框架；四是具有挑战性但是可达到的；五是书面的；六是与组织的有关成员沟通过的①。

目标必须明确，然而，对社会服务机构的行政者来说，目标本身就不是非常清晰明确的。例如，如何评估精神健康中心的战略目标？今年是否做得比去年“更好”？

美国管理学家德鲁克（Peter Drucker）认为，可以设法确定“更好”的含义。他举了一个例子：“我知道一家大型精神健康中心主任在做一项非常独特并且极难取得成果的工作——收治妄想症病人。中心主任是我的好朋友，我劝他：‘诊治妄想症必定是一件令人沮丧的事情，现在我们可以帮助病人治好抑郁症，也可以一定程度地治愈精神分裂症，但要治疗妄想症，效果实在非常有限。’他回答我：‘德鲁克，您错了。我们的目标十分简单：我们知道治不好，对其病理一无所知，但我们还是可以帮助妄想症患者认识到病情，这已经算是向前迈出了一大步。因为可以使患者知道是他们生病了，而非这个世界不正常。虽然治不好，但还是有些帮助。’”②

这是定性化的目标，可以设立这样一种目标：虽然不可以定量测量，但可以评估和判断。

2. 评估机构资源

计划的第二步是要考虑机构的经济情况、硬件资源以及它的员工和人事关系。机构的目标与服务所需的机构设施、预算、可支配资金以及社区支持的关联程度是非常重要的。同样，对在职员工进行评估也非常重要。

---

① ［美］斯蒂芬·P. 罗宾斯，玛丽·库尔特．管理学（第7版）［M］．孙健敏，黄卫伟，王凤彬，等，译．北京：中国人民大学出版社，2004：189.

② ［美］彼得·德鲁克．非营利组织的管理［M］．吴振阳，译．北京：机械工业出版社，2007：51-52.

我们不仅要考虑员工的数量还要考虑他们的素质。员工的竞争力、态度、感受如何？达到预定目标所需的在职员工是否足够？若不够的话机构是否有足够的钱招聘新员工？员工对已设定的目标的态度和感受怎样？如果这些回答基本上是肯定的，那就意味着领导者可以带领大家继续工作；如果答案是否定的，那么还需要获取其他的资源支持。

3. 列出所有可行方案

在设立目标、研究机构设施和员工后，考虑用不同的方法达到预期目标就非常重要了。完成某一项任务总是有许多方法，即每一项行动均有异途存在，这叫作异途原理。有些异途是潜藏着的，只有发掘了各种可行的异途才有可能从中选出最佳方案。一个失败的领导者通常会采取他（她）所想到的第一种方法，而一个好的领导者通常会考虑很多途径，然后逐一仔细描述和预测。在这个过程中，创新起着非常重要的作用。小组讨论和个人发言增加了提出新方法的可能性，也有利于产生有意义的可行方案。

4. 预测每种可行方案的结果

计划过程是一个前瞻性的过程，虽然人们无法确定将来一定会有什么样的事情发生，但可以从不同的角度去观察各种可能的情况。当知道了各种可行方案的可能结果时，就能对比各种方案，然后选择一个最优的方案。

5. 确定最优方案

列举所有的可行计划并加以仔细研究，尤其是要收集与未来发展有关的数据，集思广益，比较不同的方案，经过仔细审核，就能作出一个最明智的决定。

6. 制订具体的行动方案

为达到共同目标需要制订具体的行动方案，在方案中，每步行动计划都应简要介绍并做记录。实现目标的时间表非常重要，优先次序必须安排好。规定完成任务的具体时间时，要将周期性研究和撰写过程报告的时间充分考虑进去。具体时间必须分配好，这样一旦紧急事件出现，也不至于影响大局。

在许多时间管理模式中，最常用的计划和控制技术是企业管理先驱甘特 1910 年提出的甘特图。甘特图有两个维度，图的横轴表示时间，纵轴表示活动和运作管理情况。这种图表已经被广泛应用于社会工作，例如，一项为期一年的社区服务方案的甘特图如图 5-2 所示。

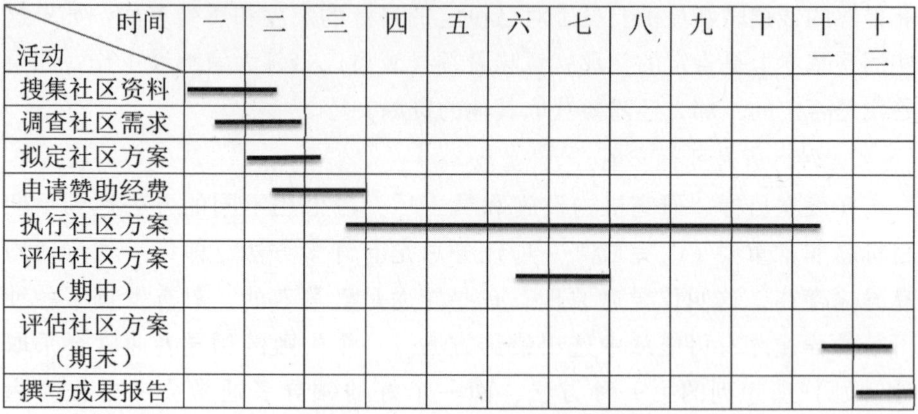

图 5-2　社区服务方案甘特图

7. 修正方案

一般而言，除非情况发生改变或者有更好的推进计划产生，否则，应该严格遵守计划。然而，在制订和实施计划过程中，变化是经常发生的。只要变动能带来更有利的资源和改进，必要时可调整计划。所以弹性地实施计划是相当必要的。

计划的七个基本步骤不一定要按部就班地执行，有时跳跃性地实施反而效果更好。因此，一定的弹性应对计划在计划中是必要的，而僵化的教条是不可接受的。

二、计划的障碍与应对方式

计划是一个过程，计划过程中的各个阶段都可能遭遇阻力或障碍。因此，在执行计划时要审慎地考虑并设法排除这些阻力与障碍，以尽量减少对计划的负面影响。一些计划过程中常见的阻力或障碍如下①。

1. 计划能力不足

行政者个人过去的训练与经验对计划能力影响很大，计划针对未来的活动预先作安排，没有人能保证计划方案一定会成功。同时，社会服务机

① 黄源协．社会工作管理［M］．台北：扬智文化事业股份有限公司，1999：112-114.

构的人员流动率高，要培养一位计划高手并不容易。因而，计划能力不足是计划较难克服的障碍之一。为提高机构成员的计划能力，一方面要尽量减少机构员工的流动，另一方面要通过在职训练弥补。

2. 计划程序不当

有些行政者特别是一些新手很少接触计划程序，甚至根本不了解计划程序，因而往往发生计划程序不当的现象。行政者可通过加强训练或检讨过去计划以克服或避免这个障碍。

3. 行政者推动计划的意志力不足

计划关系到机构未来的发展，计划者没有进行计划的决心或承诺，或行政者缺乏远见，仅依眼前的事情作判断，这是计划的阻力或障碍之一。如何通过计划以把握未来，依赖行政者对计划的投入与承诺。为激励行政者重视计划、投入计划工作，可借由各种机会让行政者了解经由计划而成功的方案，进而激发其对计划的兴趣，并愿意尝试通过执行计划来达成机构的目标。

4. 信息使用不当

适时、最新、正确完整的信息是有效计划不可或缺的要素。若行政者使用不当的信息，将可能严重影响计划的结果，这也是计划过程中经常遇到的障碍。当前，我国社会工作正在蓬勃发展，社会建设和民生议题受到社会各方面的普遍重视，正确掌握相关法律法规的制定或修改、有关群体的需求及可用的人力、物力、财力资源等相关信息，对社会服务机构的计划制订及其成败将有关键影响。

5. 仅重视可控制的变量

计划过程涉及很多变量，许多变量并不是计划者所能控制的，然而这些变量中可能存在许多影响计划的关键因素。有些行政者仅注意某些可控制的事项，或有意选择一些有利的变量，而忽略了外在不利的因素，这种做法是计划过程中的障碍，而且存在相当大的风险。在社会工作领域，影响计划的环境变量相当多，为避免可能的风险，制订计划时应考虑各个阶段对未来可能产生的影响以及未来事情对机构目标的影响。此外，计划的时间跨度越长，计划越需具备相当大的弹性，以应对一些难以控制的变量的出现。

6. 重视短期目标而忽略长期目标

计划的最终目的是实现机构的宗旨和使命，可分长期目标和短期目标。然而，缺乏远见的行政者往往将眼光局限于解决眼前的问题，而忽略了长期目标和组织的使命。社会服务机构往往面对非常复杂的问题，若仅局限于解决眼前问题而忽略长期目标，其效率必将大打折扣。为避免这种计划的阻力或障碍，机构对于行政者或员工的绩效考核不能仅仅注重目前的绩效，而应重视其是否能妥善设计未来。

7. 重视局部而忽略整体

实现机构整体目标需要各部门的配合，然而，专业或部门主义可能会使机构的计划欠缺整体观念，这是计划过程中可能碰到的问题。为避免机构计划缺乏整合的情况，计划过程须强调把整体目标的实现作为其基本方针，涉及相关部门的事项也能经由沟通、协调达成一致的行动。

第四节　社会服务方案策划

一、社会服务方案策划的含义

社会服务方案策划是运用理性的方法，通过清楚了解服务机构的工作理念、政策、资源和发展方向而确立服务目标，并从多个服务方案中选取一个理想方案，然后分配和动员资源，推行服务活动中结合实际修改服务计划的过程。社会服务方案策划一般由评估服务对象的需要，建立具体的服务目标，选择最有效的行动策略，设计资源的筹集与分配方案以及向服务对象提供服务的构想组成。

二、社会服务方案策划的步骤和方法

社会服务方案的策划分为以下四个阶段①。

1. 问题分析与需要评估阶段

问题的认识和需要评估是社会服务方案的首要基础，一个全面的问题的认识和需要评估过程主要包括认识问题、寻求解决问题的资源、根据问题的严重性排列优先次序、开展方案策划与提供服务。

（1）问题的认识和分析。问题认识即要认识需要解决的社会问题。认

① 全国社会工作者职业水平考试教材编写组．社会工作综合能力（中级）［M］．北京：中国社会出版社，2015：249-251.

识方法有两种：一是用“问题认识工作表”。方案策划者应认真考虑以下几个问题：所关注的问题是什么？问题在哪里发生？谁受这个问题影响？这个问题是何时发生的？人们对这个问题的感受程度如何？二是“分支法”。首先确定要解决的全面性问题，如老人被家属虐待问题；其次列明形成这个问题的“明确问题”，如被虐待的老人缺乏亲戚、朋友、邻里和志愿者的帮助和支持，老人高度依赖家属，虐待老人的家属有情绪问题，社区居家养老等支持性服务不足。三是逐一列明造成这些问题的原因。方案策划者可根据机构所拥有的资源情况，建议机构集中处理那些“明确的问题”。

（2）需要评估。方案策划者在确认问题，掌握了问题在社区的分布情况，确定了未来行动的目标对象后，必须进行需要评估工作，即要评估某种需要的人群范围与程度，包括界定处于危机的人口、目标对象人口以及求助者或受影响的人口。

①需要的类型。英国社会工作专家乔纳森·布莱德肖（Jonathan Bradshaw）提出有四种不同的社会需要：一是规范性需要，它由专家或专业人员给予定义。二是感觉性需要，这是服务对象本身感受到的需要，与欲望相同。当评估服务需要时，被访者会被问是否他们感到有此需要。三是表达性需要，它是个人将感觉的需要转化成社会服务需求的一种实际行动。四是比较性需要，它通过研究服务对象的特质来测量。假如那些有类似特质的人没有接受服务，则这些人便有这种需要[①]。

②需要评估方法。需要评估方法主要有三种：一是社会指标方法。这种方法主要利用现存有关社会或健康问题（例如：入院病人数字，犯罪资料等）的病发数字或流行程度的统计资料，或一些非直接的与上述问题发生率有关的统计资料（例如：社会经济状况、成人就业率等），来评估服务需要。二是调查方法。这种方法主要是设计和运用定量方法或工具，从有关社区随机抽样进行调查，以识别出社区问题或不理想的情况。搜集资料的工具有自填问卷法和当面访问法。三是社区印象方法。它是指从社区里挑选一些人，通过社区会议、名义小组或关键人物等方式搜集有关需要的信息[②]。

---

① 梁伟康．社会服务机构行政管理与实践［M］．香港：集贤社，1990：24.

② 同上：25-26。

2. 目标制定阶段

（1）界定总目标和影响性目标。方案策划者首要的工作是从目标对象人口中找出要介入提供服务的“求助者/受影响人口”，并制定要达到的总目标和影响性目标。总目标是机构在社会服务方面希望达到的一些总体状态，如提高社会福利水平，满足社会需求，促进社会参与，消除贫困、犯罪等。此类目标比较抽象，难以测量。

影响性目标是社会工作干预所要达到的目标。为了保证服务目标的实现，除了影响性目标，还应确立服务性目标和确定支持保障目标。

（2）建立目标的优先次序。方案策划者根据已经确定的“明确的问题”，建立目标的优先次序，其重点是考虑可拥有和可动员的资源。资源主要包括：环境因素和情境状态，还有人力、财力、物力配置等。另外，还要考虑以下因素：服务对象的发展阶段与特点、机构的目标、问题的急迫程度、社会正义等。

3. 方案安排阶段

（1）制订各种可以实现目标的可行性方案。方案制订者在这个过程中主要是讨论多种可行的方案，清晰地描述出各种限制，甄别哪些服务是可行的、有效率的，是能有效满足服务对象需要的。这个阶段要尽可能地列出多种可能提供的服务方案，方案的详细内容包括：目标、对象、活动形式、日期、时间、场地、服务程序表、人力分配、预算、所需设备、预期困难和应对方法等。

（2）选择理想的可行方案，策划者可选用“可行性方案模型”来筛选理想方案，这个模型中有6个筛选标准：一是效率，二是效果，三是可行性，四是重要性，五是公平，六是附加结果。该模型的具体内容见表5-2。

表 5-2　可行方案模型

目标：________________________________

方案（一）________________　服务成果：________________

方案（二）________________　服务成果：________________

方案（三）________________　服务成果：________________

准则	评价		
	方案（一）	方案（二）	方案（三）
需要达到的百分比			
方案总成本			
每一服务成果的成本			
效率 一、这个方案的服务成果的成本是 1. 太高，会引起公众质疑 2. 接近平均数 3. 低于平均数 4. 远低于平均数			
效果 二、就有关目标的达成，这个方案将可完成 1. 比其他方案更少的效果 2. 差不多一样 3. 超过 4. 与其他方案比较有更大的效果			
可行性 三、这个方案 1. 不可行 2. 如幸运则或许可行 3. 应可完成目标 4. 差不多可以确定能完成目标			
重要性 四、这个方案说明 1. 巨大的服务重叠（因其他机构亦提供） 2. 属于几个满足某一特殊需要的方案之一 3. 数量很少的现存可行方案之一 4. 唯一可满足某一特殊需要的方案			

续表

准则	评价		
	方案（一）	方案（二）	方案（三）
公平 五、这个方案的服务 1. 明显地不能公平地提供给需要的个人或群体 2. 可能会公平地提供 3. 应可公平地提供 4. 差不多可以确定公平地提供给有需要的人和群体			
附属的结果 六、就有关没有反映目标的社会效益，这个方案 1. 制造问题比解决问题更多 2. 除指定的目标外，对社会没有重要的效益 3. 有重要的效益 4. 有巨大的效益			

资料来源：梁伟康．社会服务机构行政管理与实践［M］．香港：集贤社，1990：72-73.

（3）决定资源需求和争取资源。策划者确定理想、可行的方案后，就可以决定资源的总需求并进行资源的争取工作，那些处于优先的、最可行的方案比较容易获得资源。对社会服务机构高层管理者而言，他们在决定是否采用某服务方案时，一般会考虑效率、社会认可和可行性，具体而言，包括如下一些考虑：这项服务是否符合机构或服务方案的目标和优先次序？机构是否有足够的资源提供这项服务？所提供的服务是否被服务对象和社区成员所接纳？是否可由现在的服务提供者继续进行干预？这项服务是否满足政策的要求？这项服务是否是机构所必须提供的？这项服务的可能效益是否比估计的成本更重要？能否测量这项服务的服务效果？被选择或批准的项目能否发展成行动计划，推行这项服务过程中是否有严重的危机存在。

（4）制订行动计划。当服务计划被批准执行后，必须先将服务方案的目标分解成若干具有可操作性的具体目标，具体目标需有方法及其完成的服务内容，并充分考虑：完成服务方案的重要活动是什么？谁负责完成每项活动或任务？哪些重要的活动应在何时开始、何时完成？要完成每一项活动所需要的基本资源是什么？

4. 考虑服务的评估

方案策划者在设计服务方案的同时也应设计有效的评估方法，用来检验各项行动计划中所要推行的方案活动是否根据原定计划和日期推行和完成，更重要的是看确定的方案是否能实现目标以及达到的程度如何。方案的评估一般采用两种方法：过程评估和效果评估。过程评估关注方案进行过程中服务对象和人数的变化，服务方案中必须完成的主要项目的完成情况、资源使用情况、经费支出情况是否按照预定的日期进行。效果评估主要测量的是方案实施后所产生的效果。

第五节　目标管理

一、目标管理的含义

1. 什么是目标管理

目标管理是德鲁克于1954年提出的，它强调由行政者及其员工共同设定明确的目标，且将这些目标的使用作为激励、评估与控制的主要基础。目标管理代表着一种注重于达到结果的思考方式，其特点在于机构内的每位雇员的工作皆有明确的书面目标，这些目标是可测量的、现实的且具有挑战性，它包括如何以及何时完成某事，对目标达成持续评估，目标应由督导者与员工协商，而不是指定。简言之，目标管理是制定目标、决定方针、安排进度、使其有效达成，同时对成果加以严格评定的一种管理程序，其主旨在于激励个人能力，发挥个人最大潜能①。

目标管理的哲学为：

（1）重视参与感。每一位员工均有亲身参与制定工作目标及达成方法的机会。

（2）授权原则。实施目标管理首重分权原则，并采用成果重点的经营方式，进行自我评估，并为结果负责。

（3）团队合作精神。目标管理是一种团体的行动，只有在共同了解、合作、协调的情况下才能完成。

（4）目标确定性。目标必须清楚明确，使之有助于管理功能的发挥，目标的制定依赖于机构各层级的共同参与。

---

① 黄源协．社会工作管理［M］．台北：扬智文化事业股份有限公司，1999：285.

2. 目标管理与传统绩效管理的区别

目标管理与传统绩效管理不同（见表5-3）。目标管理是一种偏向Y理论的管理模式，强调参与管理，并通过自我控制、自我管理及授权的方式，营造弹性、开放与信任的组织文化，鼓励员工以团队合作、互助分享与自我学习和成长的方式，以同时达成组织目标与个人目标，进而创造组织、个人及其利益相关者多赢的局面。

表5-3　目标管理与传统绩效管理比较

项目	传统绩效管理	目标管理
理论取向	偏向X理论，认为员工好逸恶劳，唯有严格才能达成目标	偏向Y理论，认为员工生性喜好挑战、勇于负责和自我实现
目标设立	目标通常由主管设定	目标是主管与员工共同讨论后的结果
过程焦点	强调目标达成的重要性，忽略过程中沟通、参与与支持的重要性	强调目标设定的沟通与共识，以及目标达成过程中主管对下属的支持、信任与授权
管理方法	强调服从、权威、专注控制员工的方法	强调员工自我控制、自我管理，主管给予员工适当授权
管理类型	命令式管理	参与式管理
组织文化	僵化官僚文化，强调规则、程序和制度，容易产生内部冲突与不满	主张弹性、开放与自主文化，鼓励团队合作、互助分享、员工学习与发展

资料来源：黄源协．社会工作管理［M］．上海：华东理工大学出版社，2018：210.

二、目标的作用

社会服务机构的目标有不同层次和类型，这些目标具有不同的作用①。

1. 合法性

社会服务机构的使命和总目标描述机构的愿景、共享的价值观和信念，以及机构存在的理由。它对机构具有强有力的影响。使命向内部和外部的利益相关者表达了机构存在的合法性，描述了机构的目的，使人们知

① ［美］理查德·L. 达夫特．组织理论与设计（第七版）［M］．王凤彬，张秀萍，等，译．北京：清华大学出版社，2003：67-68.

道这一组织存在的理由，从而承认它的存在。此外，当人们认可机构陈述的目标时，他们也会加入并全身心投入这个组织中。

2. 员工指向和激励

目标给机构员工提供了一种方向感。机构的目标和战略，告诉员工他们正在为什么而工作。因此，目标有助于激励员工，尤其当员工参与制定目标时更是如此。

3. 决策指南

机构的目标也可作为行政者制定决策的指南。目标的制定有助于作出有关组织结构、创新、员工福利及成长等方面的正确决策。

4. 绩效标准

对评估者来说，一个值得考虑的因素是，可采用不同的标准衡量方案的绩效，如服务对象的需求、服务方案的目标、法律要求、过去的绩效、伦理或道德价值等，其中最为常见的标准是那些基于方案目标的标准。以目标作为绩效标准的例子，如：在 30 天以内，使 90%被推荐的人进入项目，完成对 75%的服务对象的服务，在服务对象填写的问卷上有 85%表示“好”或“很优秀”，在这种管理方式下，为每个人提供至少 3 种不同的服务等。

三、目标管理的过程

孔茨和韦里克阐述的目标管理的过程如下①。

1. 高层制定最初目标

已知某些适当的计划前提后，对高层行政者来说，制定目标的第一步是确定在未来特定时期内机构的宗旨或使命及更重要的目标是什么。在大多数情况下，目标可与年度预算或主要项目的完成期限一致。某些目标应该安排在很短的时间内完成，而一些重要目标应安排在长期完成。同样，一般说来，组织层级越低，为完成目标而设置的时间往往越短。

由高层行政者一开始所确定的目标必须看作是初步的，它规定了机构在一定时期内可能完成和应当完成的任务，它是考虑了机构的优势和劣势，根据可以利用的机会在进行分析和判断的基础上确定的。所以，必须

① [美] 哈罗德·孔茨，海因茨·韦里克. 管理学（第十版）[M]. 张晓君，陶新权，马继华，等，译. 北京：经济科学出版社，1998：97-99.

把这些初步确定的目标看作是暂定的，待下属把整套可考核的目标都制订出来之后，还需要对这些目标进行修正。通常强制下属人员订立各种目标是不妥当的，因为强制无法使员工投入。大多数行政者也发现，和下属人员一起制定目标的过程，会使他们发现以前不知道的问题和机会。

2. 明确组织的作用

在达到目标的过程中，所期望的结果和责任之间的关系往往被人忽视。理想的情况是，每个目标和子目标都应是某一个人的明确责任。如果目标责任不清，目标定得再好也难以完成。然而，对一个组织结构的分析，常常发现责任是含混不清的，需要加以澄清或重新组织。因此在初步确定目标之后，往往需要重新审查现有的组织结构，作出若干变动，明确职责分工。尽可能做到某个目标只属于一个主管、一个部门，对需要跨部门配合的目标应明确谁主谁从。

3. 下属人员的目标制定

在确保有关总目标、战略和计划的前提条件等传达给下属管理人员之后，上级领导人就可以着手同他们一起制定他们的目标了。上级领导人询问下属人员可以完成什么目标、在什么期限内完成、需要什么资源，然后讨论对机构或部门来说，什么目标是可行的等一些初步思想。

在这里，上级领导人的作用是极其重要的。他们应该问的问题包括：你能作出什么贡献？我们怎样在改进你的工作的同时改进我的工作？有什么障碍？是什么阻碍你取得更高水平的业绩？我们能做些什么变革？我能怎样来帮助你？上级领导人必须听取下属的想法并同他们一起工作，并在最后对批准的下属人员的目标承担责任。

4. 制定目标的反复循环过程

从最高层开始确定目标，而后将目标分派给下属人员，这可能是难以奏效的。拟定目标也不应从基层开始，而应是有一定程度的反复循环过程。最高层管理人员对他们的下属人员应当确定什么目标先要有个设想，当下属人员的贡献成为焦点时，改变这些预先想定的目标。这样，目标的制定不仅是一个连续的过程，而且也是一个互相作用的过程。

四、目标管理在社会服务机构中的运用

早期企业界普遍使用目标管理，20 世纪 70 年代以来目标管理逐渐被

引进社会服务机构。关于目标管理在社会服务机构中的运用，可以采取以下做法①。

1. 自身研究

采用目标管理必须有机构资源作保证，在目标管理实施初期，为了避免出现机构资源方面的问题，机构必须借助对自身的研究以便发现阻碍成功的障碍。一般而言，导致机构遭遇潜在困难的因素包括机构不稳定、环境不稳定、地位不连续以及未协商的竞争。

2. 实施战略

目标管理的实施对机构的影响并不亚于组织的主要变迁，若实施过程持续很久，则必须仔细地计划战略，包括机构行政者和董事会的支持、谁负责目标管理的实施、鼓励员工的参与热情。目标管理实施最初应被看作是实验性的，规模要适中。此外，参与的员工应接受相关的训练，特别是与目标相关的在职训练。

3. 体系设计

目标管理并没有适用于所有机构的单一模式，可以遵循以下四个基本导引：①建立对机构使命的共识；②以归纳性的过程设立目标；③建立一个可测量且具体的团体目标；④使用接近达成目标的可测量、量化以及具体的转折性事件（milestones），以便充分掌握目标的完成情况。

4. 发展长期的承诺

若一个机构能长远地实施目标管理，那么在执行的过程中必须要考虑几项重要的原则：①弹性。若目标管理能成功实施，则它必须要有高度的弹性，长期适合于每一种情境，其重心要放在执行和使用目标管理的过程上，而非一些僵硬的程序或是一些累赘的格式。②个人的成长。目标管理的实施必须为员工创造发展机会，使个人目标与机构目标相互配合、相辅相成，进而促进个人的自我成长与自我实现。③提供经常性的双向反馈。反馈必须以问题解决为焦点，且目标的评估要以团体为基础，团体评估每位成员对团体的贡献，但必须避免批评。员工也需要确认达成团体目标过程中所遭遇的阻碍，以及如何克服这些阻碍。

专栏 5-1 介绍了授权的困境与目标管理，以供读者参考。

---

① 转引自：黄源协．社会工作管理［M］．台北：扬智文化事业股份有限公司，1999：288-290.

专栏 5-1 授权的困境与目标管理

授权的关键问题在于“信任—控制困境”。这种困境就是：在任何一个管理情境中，信任和控制的总和是恒定的。这里的信任，是下属感觉管理者对自己的信任程度；控制，就是管理者对下属工作的控制。总和恒定意味着：管理者控制程度的任何增加，都会导致下属所感受到的信任减少（控制+X=信任-X）。

管理者如欲提高其对下属的信任，赋予下属更多的责任，势必要伴随着一些控制的放松，否则就无法取信于下属（信任+X=控制-X）。

控制要花费金钱，而信任要冒风险。这又是困境的另一方面。监督、检查或控制下属的工作，要花费上级的时间，还要花费收集数据和记录以及为控制程序服务的人的时间和精力。此外，只要有控制机制存在，下属就会有一种依赖倾向，即只在上级期望值的范围内做事，因为他们觉得如果自己走得太远，可能还要退回来。

而信任的成本则比较低廉。信任可以让上级自由地做自己的事。一方给予信任，一方接受信任，就可以培育责任感，消除控制的需要，而控制在某种程度上就成了自我管理。

真正的授权，有效的授权，是带着信任的授权，仅有最低限度的控制。可是信任是很难的，因为：

①要信任下属，上级就必须相信他有能力把工作做好。

②如果要让下属得到信任，上级就必须给予信任。

③信任是件易碎品，就像玻璃，一旦碎了，就再不能恢复如初。

④信任必须是相互的。

授权的度、信任和控制的度，都取决于实际情境：风险系数、下属的经验、技能和自信心以及他所感受到的来自上面的压力。在以下情况中，授权比较容易实现：

①上级有权挑选自己的关键下属，或至少具有批准权，而下属对这种任命也有一定的发言权。

②对每个下属的信任范围都有明确的界定，在此范围内不被侵犯。下属在这个范围内具有完全的控制权。信任界限不清会造成误解，如“我原以为自己有权自行决定”。

③控制结果，而不是控制方法。控制结果，即事后控制，不会破坏信任；控制方法，即在事件进行中施加控制，可能会破坏信任。这就是说，要确定工作的成效，要让下属和上级一样知晓工作成效。

根据上述对于信任和控制的讨论，我们就可以理解，为什么本应能够发挥作用的目标管理，却常常令人失望。最好的目标管理应该具有：

①上下级对信任范围的界定一致。

②上下级对期望达到的成果的认定一致。

③行动方案由下属提出。

在对信任和控制的思考之上，还要加上我们对动机计算以及目标和绩效关系的了解，即：

①只要员工认为目标可以实现，那么目标定得越高，动力就越大。

②在目标的设定过程中，员工参与得越多，就越能融入，越能全情投入。

③如果奖励与达成目标过程中的绩效相挂钩，那么员工就会压低等级标准，以保证获得奖金。

> ④为确定自己的计算是否正确，员工就需要知道结果，即反馈。
> 如果目标管理计划能够符合所有这些要求，那它就能成为一个授权并提高绩效的有效机制。但如果它被当作：把目标强加给员工的一种方式，控制方法而不是控制结果的方式（如工作时间、与员工的关系、进行工作的方法），奖励绩效提升的方式，那么，它就会被视为一种控制机制，表示上级不信任大家，结果可能导致绩效降低，至少达不到最佳绩效。

资料来源：查尔斯·汉迪．组织的概念［M］．方海萍，等，译．北京：中国人民大学出版社，2006：284-287.

基本概念

计划　单用计划　常用计划　战略计划　战术计划　作业计划　长期计划　中期计划　短期计划　具体计划　方向性计划　权变计划　使命　战略　政策　程序　规则　方案　预算　目标管理

思考题

1. 计划的特点是什么？
2. 计划的类型有哪些？
3. 计划可分为哪几个层次？
4. 社会服务机构制订计划的步骤有哪些？
5. 社会服务方案策划的步骤有哪些？
6. 计划的障碍是什么？
7. 目标有哪些作用？
8. 目标管理的过程有哪几个步骤？
9. 如何在社会服务机构中实施目标管理？

第六章　战略管理

战略管理将社会服务机构所处的外部环境和机构内部管理结合起来，在机构中具有重要地位和作用。本章第一节介绍战略管理的概念、战略管理的过程、社会服务机构战略管理的必要性和意义，第二节介绍战略管理的过程，第三节介绍社会服务机构的常用战略。

第一节　战略管理概述

一、战略管理的含义

有关战略的概念主要来源于军事。从军事学的角度分析，战略是指对战争全局的策划和指挥。战略的概念被成功地应用于企业管理，渐渐地发展成了一门学科，即战略管理。那么，什么是战略管理呢？《战略管理》的作者大卫认为，战略管理就是制定、实施和评价能保证组织实现目标且超越不同职能的决策方案的艺术与科学①。罗宾斯和库尔特认为，战略管理是一组管理决策和行动，它决定了机构的长期绩效。战略管理包括几乎所有的基本管理职能，也就是说，组织的战略必须被计划、组织、实施和控制②。曾群认为，将战略计划与组织的管理整合在一起就是战略管理，它消除了战略与具体行政管理活动之间的壁垒，将战略制定和实施融合在一起③。

本书认为，所谓战略管理是指为实现机构目标，使机构和其所处的环

---

① ［美］弗雷德·R. 大卫. 战略管理：概念部分（上）（第十一版）［M］. 李东红，陈宝明，徐玉德，等，译. 北京：清华大学出版社，2003：13.

② ［美］斯蒂芬·P. 罗宾斯，玛丽·库尔特. 管理学（第7版）［M］. 孙健敏，黄卫伟，王凤彬，等，译. 北京：中国人民大学出版社，2004：204.

③ 曾群. 社会工作行政［M］. 上海：世纪出版集团，2007：47.

境之间高度协调，而在制定和实施战略的过程中所采取的一系列决策和行动的总和。战略管理是一个过程，在这个过程中，机构的战略必须被计划、组织、实施和控制。

要理解战略管理，有必要明确以下几个概念的区别：

（1）战略与策略、行动方案。战略是机构发展的全局性方针政策，关注如何定位以面对不确定的未来。战略是一个决策体系，这些决策包括：确定或反映了机构的目标、意图等的决策；规定机构从事的业务或服务范围的决策；确定机构将要或想要成为何种经济或人力机构的决策；关于机构将要为其股东或托管人、员工、顾客和社会所作的经济或非经济贡献的决策①。而策略或行动方案则是为了实现战略目标而采取的具体行动，注重于当前效果和眼前利益。

（2）战略管理与战略计划。战略计划是战略管理的主要组成部分，即通过对机构内外环境的分析，制订出切实可行的机构发展计划。战略管理则不仅包括战略计划的制订，还包括战略计划的实施及战略评价等活动。所以说战略管理包括战略计划，其范围要比战略计划宽泛得多。

（3）战略管理与功能管理。战略管理强调的是机构整体目标的实现，注重外部因素对机构的影响；而功能管理强调的是管理的具体内容，主张从内部加强机构的管理，改善内部环境②。

二、战略管理的过程

战略管理过程包括战略制定、战略实施和战略评价三个阶段。

战略制定包括拟定机构的远景和使命，确认机构的外部机会与威胁，认定机构内部优势与劣势，建立长期目标，提出供选择的战略及选择具体的战略方案。

战略实施要求机构确定年度目标、制定政策、激励员工和配置资源，以保证制定的战略能够得到有效贯彻。战略实施意味着动员员工及行政者将业已制定的战略付诸行动。成功的战略实施依赖行政者激励员工的能力。已经制定的战略无论多么好，如未能实施，便不会有任何实际

---

① ［美］保罗·C. 纳特，罗伯特·W. 巴可夫. 公共和第三部门组织的战略管理：领导手册［M］. 陈振明，等，译校，北京：中国人民大学出版社，2001：47.

② 张霞，张智河，李恒光. 非营利组织管理［M］. 济南：山东人民出版社，2005：92.

作用。

战略评价是战略管理的最后阶段。战略评价是获得战略实施信息的主要方法。由于外部及内部因素处于不断变化之中，所有战略都需要进一步修正。战略评价包括：检查作为当前战略基础的外部和内部条件；衡量战略实施的业绩；采取纠正措施[①]。本章第二节将详细介绍战略管理的过程。

三、社会服务机构战略管理的必要性

美国管理学家保罗·C. 纳特（Paul C. Nutt）和罗伯特·W. 巴可夫（Robert W. Backoff）对公共和第三部门组织采用战略管理的必要性进行了讨论[②]。借鉴他们的观点，结合中国社会服务机构的实际，本书认为以下一种或几种情况使得社会服务机构战略管理成为必要。

1. 机构因素

（1）新成立或成长中的机构需要思考未来，进行战略定位。当前，社会服务机构纷纷涌现，其中一些机构在短时间内就取得了一定程度的成功。许多机构希望组织不断壮大，但对未来的发展方向和侧重点不甚清楚。它们若不能在短时间内决定将要做的事情，就会遭到批评和质疑。对这些机构来说，要获得稳定和长期的资助，就必须先确定自己将来要扮演的角色并制定新的使命。

（2）机构进行扩张，需要向监管部门和资助者作出解释。当前，一些社会服务机构试图在服务领域或地域上进行扩张，这需要制订一个战略计划，呈报给有关监管部门和资助机构，说明扩张的必要性和机构实施这一行为的依据。

（3）清晰界定机构需要，以更换或聘用领导。机构需要借助机构战略发展，清楚地界定机构的使命和价值观，并以此为指导，对更换或聘用领导作出决策。只有清楚、详细地界定需要，才能决定到底是需要一个有创意的人，还是一个有办事技巧的人。

---

① ［美］弗雷德·R. 大卫. 战略管理：概念部分（上）（第十一版）［M］. 李东红，陈宝明，徐玉德，等，译. 北京：清华大学出版社，2003：14.

② ［美］保罗·C. 纳特，罗伯特·W. 巴可夫. 公共和第三部门组织的战略管理：领导手册［M］. 陈振明，等，译校. 北京：中国人民大学出版社，2001：9-16.

（4）机构存在惰性，需要进行变革。许多机构墨守成规，长期以来对相同的事作出相同的反应。机构毫无生气，充满了惰性。这类机构的领导者知道，他们的机构需要变革，必须找出一条新的途径，以重新给机构注入活力，给厌倦工作和无所事事的员工以新的挑战契机。

2. 环境因素

（1）稳定资助的需要。社会服务机构不以营利为目的，尽管可以向服务对象收取一定的费用，但这种收入在所有资金来源中所占的比重不大。社会服务机构的资金来源主要依赖政府资助和社会捐赠。社会服务机构在发展过程中难免遇到资助减少、员工流失以及没有能力向有需求的服务对象提供服务等困境。在这种情况下，社会服务机构就必须借助战略管理重新确定机构的方向和目标，以获得政府和社会的支持。

（2）意外事件对机构的威胁。某些事态的发展会带来威胁，当外界压力足够大时，机构就不得不作出反应，这时便可能形成防御性战略。一般来说，外界压力对各种机构的影响可能不一样，但它通常都会引起战略变革。

四、社会服务机构战略管理的意义

社会服务机构推行战略管理的意义有如下几点[①]：

（1）通过战略管理，明确机构的使命，使所有成员都能深刻理解并达成共识，使之成为组织行动的纲领。在战略管理的过程中，最重要的步骤是认真研讨机构的使命，务求机构对其长远发展方向和使命有非常深刻的认同，将其作为所有计划和行动的最高指导原则。

（2）通过战略管理，界定机构的任务，使所有成员明确要干什么和为什么人服务，使机构明确实现其使命的任务定位。

（3）通过战略管理，树立机构的愿景，使所有成员共同拥有并分享，唤起成员的奉献精神，并充分调动其参与活动的积极性和创造力，使整个机构充满活力。

（4）通过战略管理，明确机构发展的优先目标，分清轻重缓急，舍弃那些无效或无关紧要的工作，将有限的资源用于机构发展最紧迫的事

---

① 王名．非营利组织管理概论［M］．北京：中国人民大学出版社，2002：83-85.

情上。

（5）通过战略管理，分析和诊断机构发展中存在的问题，有序地推动制度创新。

（6）通过战略管理，密切注意外部环境的变化，把握各种有利于机构发展的机会。

第二节　战略管理的过程

一、战略制定

1. 社会服务机构的使命陈述

对于一个社会服务机构来说，使命是非常重要的，它反映了机构存在的理由、奋斗的目标和梦想。使命陈述则是对社会服务机构“存在理由”的阐述，是社会服务机构在服务对象、服务、市场、技术和观念等方面的体现。具体来看，社会服务机构使命陈述的内容包括以下几点①：

（1）服务对象：机构的服务对象是谁？

（2）服务：机构的主要服务是什么？

（3）市场：从地域或服务领域看，机构在哪个地区或哪些领域具有竞争力？

（4）技术：机构拥有哪些方面的专业技术？

（5）关注生存和发展：机构能获得稳定的、长期的资助并实现社会目的吗？

（6）经营哲学：机构的基本信念、价值观、伦理道德是什么？

（7）自我意识：机构的特别能力和主要竞争优势是什么？

（8）关注公众形象：机构对社会、社区和环境承担责任吗？

（9）关注员工：员工是机构有价值的财产吗？

表6-1是从不同机构的使命陈述中摘录的句段，借以说明使命陈述的主要要素。

---

① ［美］弗雷德·R. 大卫. 战略管理：概念部分（上）（第十一版）［M］. 李东红，陈宝明，徐玉德，等，译. 北京：清华大学出版社，2003：67-69.

表 6-1 使命陈述要素实例

1. 服务对象 我们的使命：以专业技术支持为核心，帮助孤独症（自闭症）谱系障碍群体及其家庭平等融入社会，促进社会服务健康发展（北京星星雨教育研究所） 我们的愿景：让孤独症人拥有平等的发展机会，享受正常化的生活（北京星星雨教育研究所）
2. 服务 机构愿景与使命是本着“以人为本，助人自助”的服务宗旨，运用社会工作技巧，为社区矫正人员和五年内刑释解教人员本人及其家属提供专业化帮教服务，使该类对象的法治意识和道德观念有所增强，心理状态和行为习惯得到改善，实际困难得到解决，社会环境得到改变，从而实现其顺利融入社会，减少其重新违法犯罪（上海市新航社区服务总站）
3. 技术 机构宗旨：运用助人自助的理念和社会工作的专业方法为上海社区药物滥用人员提供以康复辅导服务为主的社会服务，同时提供以预防滥药为主的多元社会服务（上海市自强社会服务总社）
4. 经营哲学 我们的使命：促进社会进步，焕发生命光彩 我们的愿景：成为最具专业性的社会服务机构 我们的价值观：尊重、接纳、客观、中立、平等、公义（上海乐群社工服务社）
5. 关注员工 机构的使命（mission）：集东西方之力 培育高素质社工人才 倾心服务有需人士 共创幸福生活（深圳市东西方社工服务社）

不同机构的使命陈述所包含的要素有多有少，数量不尽相同。在九个要素中，服务对象、服务、技术、哲学等出现较多，市场、关注生存和发展、关注公众形象以及关注员工相对出现较少。需要明确的是，对特定机构而言，不存在最佳使命陈述，机构要做的是用恰当的方式尽可能将使命陈述的主要要素包括在其中。

2. 外部环境分析

分析外部环境是战略管理的重要工作，行政者要了解和把握经济、政治、文化、社会、生态环境及技术的变化等外部环境因素。例如，行政者应当了解组织的竞争者是谁？竞争者在做什么？机构身处哪些有利或不利的环境中？外部环境分析通过环境扫描与竞争性情报来获得大量组织外部的信息。外部环境分析可以协助管理者评估组织潜在的机会有哪些、面临的威胁又有哪些，只有客观分析外在变动的环境，其所制定的战略才能使组织在竞争环境中生存和发展。

3. 内部环境分析

内部环境分析的重点是检视组织的资源与能力。组织的资源包括财力、物力、人员及其他无形资产；而组织的能力则是指工作执行时所需要的知识与技能，组织的能力是组织竞争力的重要元素。内部环境分析应厘清组织的优势与劣势，以推行内部改进机制。

4. 拟定主要战略

环境分析通常采用SWOT分析方法对影响机构绩效的优势（strengths）、劣势（weaknesses）、机会（opportunities）和威胁（threats）进行研究。SWOT分析方法的基本原则是：每一个社会服务机构的战略制定均“以己之长，攻敌之短”，利用机会，避免威胁。通常来讲，在进行SWOT分析的过程中，社会服务机构的战略制定者应该考虑各方面的问题。

（1）优势和劣势分析。对机构优势和劣势的分析主要包括：机构的业务范围、资金来源情况、筹资能力和资金运营状况、收入和支出情况、竞争力和技术、服务对象满意度、活动与目标一致性、研究和开发能力、内部管理和信息处理能力、人力资源状况、社会公信力、机构与企业及政府的关系、宣传和鼓动能力等。

（2）机会和威胁分析。对机构机会和威胁的分析主要包括：服务需求增加情况、新的服务对象、新的服务空间、新的服务类型、有利于机构发展的重大事件或变化、有利于或不利于机构的法规和政策、经济环境变化、与其他组织的纵向和横向联合、机构之间的竞争程度、类似机构的成立或解散、其他组织的重大失误、与国际机构和国外机构的合作情况等。

纳特和巴可夫认为，社会服务机构在进行SWOT分析时，要注意与企业的SWOT分析的区别。SWOT分析的重点因组织所属的部门不同而有显著差异。差异体现在以下两个方面：其一，企业有界限清晰的市场，与政治的关联较薄弱。公共和第三部门组织的情况则与此相反，它们的市场界限较松散，权威网络给它们施加了各种制约。其二，企业由机遇拉动，而公共和第三部门组织则由威胁推动。人们常要求政府和第三部门组织尽量多做事、少花钱、对税收精打细算，且要避免会使企业丧失获利机会的行为，在这样的环境下，制定战略成为一件很困难的事情。对企业而言，战略管理面临的挑战是找出无数机会之中隐藏的威胁；而对公共和第三部门组织而言，其挑战则是在各种威胁的怒涛中发现机遇①。

应用以上 SWOT 组合分析方法对组织的外部环境和内部环境进行分析之后，可以确定四种战略，它们是：SO 战略、WO 战略、ST 战略和 WT 战略。SO 战略是发挥机构内部优势和利用外部机会的战略，WO 战略是利用外部机会来克服内部劣势的战略，ST 战略是利用机构的优势去规避外在威胁打击的战略，WT 战略是克服机构的内部劣势且避免外部威胁影响的战略。SWOT 分析方法和社会服务机构战略见表 6-2。

表 6-2 SWOT 分析方法和社会服务机构战略

	优势 S 列出优势： 1. 2. ……	劣势 W 列出劣势： 1. 2. ……
机会 O 列出机会： 1. 2. ……	SO 战略 利用优势和抓住机会： 1. 2. ……	WO 战略 利用机会去克服不足： 1. 2. ……
威胁 T 列出威胁： 1. 2. ……	ST 战略 利用优势规避威胁： 1. 2. ……	WT 战略 将劣势和威胁最小化： 1. 2. ……

资料来源：黄浩明．非营利组织战略管理［M］．北京：中国人民大学出版社，2003：69.

比如，某机构初创，需要考虑自己的发展战略，进行了 SWOT 分析：

（1）外部机会：政府和社会对社会工作专业人才需求增大。

（2）外部威胁：其他组织（尤其是提供直接的服务的机构）的先发优势。

---

① ［美］保罗·C. 纳特，罗伯特·W. 巴可夫．公共和第三部门组织的战略管理：领导手册［M］．陈振明，等，译校，北京：中国人民大学出版社，2001：150.

（3）内部优势：社会工作者专业化程度高，尤其擅长宏观或间接的社会工作。

（4）内部劣势：拥有的资源与发展需求有较大差距。

机构选取了SO战略，提出了自己的战略：充分利用社会工作者的专业优势，重点突破，错位发展，将核心业务定位于提供政府急需的社会工作评估、社会项目设计以及社会工作督导咨询等宏观或间接实务①。

此外，还可以采用雷蒙德·迈尔斯（Raymond Miles）和查尔斯·斯诺（Charles Snow）的战略分类模型或迈克尔·波特（Michael Porter）的竞争战略模型确定社会服务机构战略，具体见本章第三节。

二、战略实施

战略管理的实施阶段是其行动阶段。大卫在《战略管理》中详细罗列了战略实施的步骤，下面进行简要介绍②。

1. 战略实施的性质

战略实施要求机构确定年度目标、制定政策、激励员工和配置资源，以保证制定的战略能够得到有效贯彻。成功的战略制定不一定能保证成功的战略实施，战略实施比战略制定更加艰难。虽然两者之间有密切的联系，但战略实施与战略制定有着根本的不同（见表6-3）。

表6-3 战略制定与战略实施比较

战略制定	战略实施
在行动之前安排力量	在行动中控制力量
侧重于效果	侧重于效率
主要是思维过程	主要是行动过程
需要有良好的直觉和分析技能	需要有特别的激励和领导才能
需要对少数人进行协调	对许多人进行协调

资料来源：［美］弗雷德·R. 大卫. 战略管理：概念部分（上）（第十一版）［M］. 李东红，等，译. 北京：清华大学出版社，2003：228.

① 曾群. 社会工作行政［M］. 上海：世纪出版集团，2007：46.

② ［美］弗雷德·R. 大卫. 战略管理：概念部分（上）（第十一版）［M］. 李东红，陈宝明，徐玉德，等，译. 北京：清华大学出版社，2003：227-241.

2. 确立年度目标

年度目标是战略实施的必要条件，这是因为：它是合理有效分配资源的基础；是评价行政者的主要标准；是监测实现长期目标的主要工具；突出了机构各层级和部门工作的优先次序。确立年度目标需要机构所有成员直接或间接参与。

3. 制定政策

实施机构战略，需要具体政策来指导日常工作。这里的政策是广义上的政策，是指为支持和鼓励实现既定目标的各项工作而制定的具体指导方针、方法、程序、规则、形式及管理规范。政策使员工和行政者都明白机构对他们的期望是什么，进而提高战略成功实施的可能性；政策为行政者控制提供了基础，有利于协调机构各单位之间的关系，并可减少行政者的决策时间；政策明确了每个人应该做的工作；政策将决策下放到容易出现问题的各个相应环节。许多机构都编写了政策手册，以规范和指导员工的行为。

4. 资源配置

战略实施需要充足的资源保障。有一个经典的例子说明资源的重要性：拿破仑手下能干的元帅向他汇报攻打普鲁士、西班牙或者其他国家的作战计划时，拿破仑都会静静地听他们说完，然后问："我们需要多少战马？"通常他们都没有考虑到，现有的战马数量无法满足作战计划的需要。

社会服务机构需要什么资源？德鲁克认为，人、资金、时间是社会服务机构需要的资源。他认为，人总是第一要素，但这并不是指如何让人更加努力地工作，而是指如何更机智地工作，即把人放到合适的岗位上充分发挥他的潜能。第二个普遍的要素是资金。资金总是稀缺的，如何从有限资金中获取更高的回报，应是社会服务机构考虑的重点。第三个要素是时间[①]。

专栏 6-1 是战略实施过程中的障碍及其改变原则，仅供读者参考。

---

① ［美］彼得·德鲁克．非营利组织的管理［M］．吴振阳，译．北京：机械工业出版社，2007：50-51.

专栏 6-1　向六个战略实施的障碍发起进攻

沉默杀手	改变“沉默杀手”的一些原则
过于严密或者放任自流的高层管理模式	机构的总干事或负责人应该创造一种根植于机构发展方向的伙伴关系。这种关系能够让机构凝聚起来，并且以授权的形式给予个人和团队清晰的权力和责任。
不清晰的战略和互相冲突的目标	最高管理层应该作为一个整体，对机构战略进行明确表述。并且把机构大多数人支持的目标作为优先目标。
无能的高级管理团队	最高管理层应该作为一个群体，应该完全介入变革的进程当中，这样，高级管理团队的效率就能够被检验并且得到发展。
垂直交流的严重缺乏	机构的底层和高层人员应该经常在新战略和战略实施的障碍方面进行坦诚真实的对话。
不同部门之间缺乏协作	明确新方式和新的权力与责任，要求这样实施战略：合适的人们以正确的方式在一起做正确的事情。
一线管理技能的缺乏	底层管理人员通过领导变革和实施新业务的新机会来开发新的管理技能。可以通过及时指导、培训和有目的的招募来支持他们。那些不能做出成绩的底层管理人员一定要被撤职。

资料来源：［美］托马斯·S. 贝特曼，斯考特·A. 斯耐尔 . 管理学：竞争新格局（第六版）［M］. 北京：北京大学出版社，2007：86-87.

三、战略评价

社会服务机构在动态的环境中生存，外部和内部因素经常处于剧烈变化中，这要求机构及时对战略进行评价。此外，尽管员工和行政者作出了很大的努力，但是不一定能保证战略的成功，也需要对战略进行评价。战略评价过程包括以下三个步骤①。

1. 检查战略基础

检查战略基础包括：建立外部、内部因素评估方案，检查机构战略的内在基础，审视社会服务机构外部因素和内部因素变化的情况。有许多外部和内部因素会阻碍机构实现长期目标和年度目标。阻碍机构实现目标的外部因素包括：竞争者的行动、需求变化、经济条件变化及政治法律变动

① ［美］弗雷德·R. 大卫 . 战略管理：概念部分（上）（第十一版）［M］. 李东红，陈宝明，徐玉德，等，译 . 北京：清华大学出版社，2003：228，286-294.

等。阻碍机构实现目标的内部因素可能是机构选择无效的战略或战略实施不佳，也可能过于乐观。

2. 衡量机构绩效

衡量机构绩效包括：将实际结果与预期结果进行比较，研究实际进度对计划的偏离，评价个人绩效，检查已取得的成绩。战略评价的标准应当是可衡量和易于证实的。

3. 采取纠正措施

机构在实现长期或年度目标工作方面没有取得预期进展，意味着需要采取纠正措施。采取纠正措施是通过组织变革为机构进行重新定位，以增强竞争力。变革包括：调整组织结构，对某一个或某一些关键人员进行更换，修改机构使命陈述，建立或修改目标，制定新政策，重新配置资源，或者采取新的绩效激励办法等。采取纠正措施不一定意味着放弃现行战略或必须制定新战略。

表 6-4 概括了战略评价应当考虑的关键问题、对这些问题的不同回答和机构应采取的相应措施。

表 6-4 战略评价矩阵

内部战略条件是否已经发生重大变化	外部战略地位是否已经发生重大变化	机构是否已经令人满意地朝着实现既定目标前进了	结果
否	否	否	采取纠正措施
是	是	是	采取纠正措施
是	是	否	采取纠正措施
是	否	是	采取纠正措施
是	否	否	采取纠正措施
否	是	是	采取纠正措施
否	是	否	采取纠正措施
否	否	是	继续推动当前战略

第三节　社会服务机构的常用战略

本节介绍两个常用的战略分析模型，一个是美国管理学家迈尔斯和斯诺的战略分类模型，另一个是美国管理学家波特的竞争战略模型，两者都为确定竞争行动提供了分析框架①。由于社会服务机构内部和外部环境是复杂且不断变化的，机构使用何种战略也是难以确定的，关键取决于每一个机构的实际情况。本节以这两个战略分类模型为基础，结合我国的实际情况，对社会服务机构的常用战略进行介绍和分析。

一、迈尔斯和斯诺的战略分类模型

迈尔斯和斯诺的战略分类模型建立在这样的认识基础上，即行政者都试图制定与外部环境相匹配的战略。社会服务机构要设法保持内部组织特征、战略和外部环境的适应，可采用的四种战略是：探索型战略、防御型战略、分析型战略和反应型战略。

1. 探索型战略

探索型战略着眼于创新、冒险、寻求新的机会以及成长。当前，政府不断出台有利于社会服务机构发展的社会政策，例如政府购买服务的政策、社区公益招投标政策等，这给社会服务机构的发展提供了机会。一些成立较早并取得一定成绩的社会服务机构能及时发现并充分利用这种机会，在地区和服务范围上进行拓展。可以说，这样的战略是不会错的，即当取得成功的时候就对机构进行重新定位和调整。此外，一些具有创新精神的机构会在其内部和外部寻求创新机会。探索型战略适合于动态的、成长中的环境，因为这时创新比效率更加重要。

2. 防御型战略

防御型战略近乎与探索型战略相反。采用防御型战略的机构更关注稳定甚至收缩，而不是冒风险和寻求新的机会。它们力求保持并稳定原有的服务对象，而不是在地域和服务范围上进行拓展。防御型战略主要关心内部控制和效率，以便为原有的服务对象提供高质量的服务。处于衰退的行

① ［美］理查德·L. 达夫特．组织理论与设计（第七版）［M］．王凤彬，张秀萍，等，译．北京：清华大学出版社，2003：69-73.

业或稳定环境中的机构，采用防御型战略能取得成功。

3. 分析型战略

这种战略介于探索型战略与防御型战略之间。采用分析型战略的机构试图维持机构的稳定，同时在周边领域创新。机构有固定的服务对象，可以采用提高效率和服务质量的战略，以便保持住现有的服务对象。机构其他类型的服务则处于新的、更为动态的、具有成长空间的环境中。因此，分析型战略采用者试图在向现有服务对象提供高效率和高质量的服务与扩展服务范围之间取得平衡。

4. 反应型战略

反应型战略实际上并不能称作战略，因为它只是以一种随机的方式对环境的威胁和机会作出被动的反应。采取这一战略时，高层行政者既没有制订长期的计划，也不明确指出机构的使命和目标，因而机构所采取的行动似乎是为了满足眼前的需要。因此，采用反应型战略不太有效，虽然有时也能成功，但更多的是失败。

纳特和巴可夫认为，企业可以采取财产剥离、横向或纵向整合、并购等主动性战略，而公共和第三部门组织则趋向于采取防御型战略。最典型的是，公共和第三部门的战略以努力平衡机会和威胁的渐进方式出现。例如，太过主动可能会招致反对，从而妨碍将来的努力，太趋于防御则会迫使组织处于四处扑火的状态①。

当前，我国社会服务机构面临着不同的环境，不同的机构采取不同的战略来适应环境。深圳的一些社会服务机构采用探索型战略，到异地开办机构并承接项目。例如，深圳市社联社工服务中心从2009年开始调整战略，在立足深圳的基础上走出去发展，2009年在广州开办了具有独立法人地位的广州市明镜社工服务中心，发展的势头不错，截至2012年12月在广州一共承办过6个街道家庭综合服务中心，获得了充足的资源。也有一些成立较早的社会服务机构在发展中反思自己的发展战略，削减一些服务项目，实施防御型战略。这些机构认识到，机构所做的大多数项目是短期性、非持续性的项目，不利于实现其战略目标。在这种情况下机构对项目运作进行检讨，立足于组织战略，致力于发展长期性的项目，注重项目的

---

① ［美］保罗·C. 纳特，罗伯特·W. 巴可夫. 公共和第三部门组织的战略管理：领导手册［M］. 陈振明，等，译校. 北京：中国人民大学出版社，2001：35.

持续性，非常必要。例如，2011 年上海乐群社工服务社召开了第二次战略会议，削减了一些非持续性的项目，集中精力发展一些持续性的项目或服务。调整之后，2011 年底该机构持续性的项目在所有项目中所占比重超过 80%。

二、波特的竞争战略模型

波特通过对大量企业的研究提出了描述三种竞争战略的分析框架，这三种战略是成本领先战略、差异化战略和集中化战略。

1. 成本领先战略

成本领先战略也称低成本战略，就是试图通过依赖比竞争对手更低的成本来增加市场份额。采取成本领先战略的机构，竭力通过高效的设施、低廉的成本以及严密控制的方法，使提供服务的效率高于竞争对手。成本领先战略主要关注稳定性，而不是冒险或寻求创新和成长的机会。成本低的优势使机构能够以低于竞争对手的价格提供高质量的服务。成本领先战略有助于机构抵御当前的竞争者。另外，如果有潜在的新竞争对手加入竞争行列中，低成本的机构也有较强的实力跟它们进行竞争。

2. 差异化战略

在差异化战略中，机构试图使其提供的服务与同行业中其他组织的服务相区别。机构可以利用宣传、服务的特色、附加的服务或者新的技术，使它的服务在服务对象看来具有特性。由于服务对象对机构产生了信任，差异化战略能够降低行业内对手的竞争，并抵御其他组织的威胁。追求差异化战略的机构需要有较强的营销能力，还要求有创造力的员工用一定时间和资源去寻求创新。

3. 集中化战略

波特提出的第三种战略是集中化战略，采用集中化战略的机构仅仅将目标集中在一个特定的区域或一种服务对象身上。在较窄的区域或服务对象上，机构可努力地取得低成本优势或者差异化优势。例如，利基市场就是一种非常适合社会服务机构的集中化营销战略。所谓利基市场是更窄地确定某些群体，这是一个小市场，然而它的需要没有被满足，或者说“有获益的基础”。营销者通常确定利基市场的方法是把市场细分再细分，或确定一组有区别的、为特定利益组合在一起的少数人。例如，一家非常成功的非营利医疗机构没有去发展普通的社区医院，而是去调查每个社区需要什么，在此基础上，计划在这一社区可以开设一家精神病院，在另一社区则可以开设一家一流的老年疗养中心，每一家都是专科医院。利基市场即是这样一种战略：如果你有专长，就要有所取舍，不要什么事情都做[①]。

波特提出的竞争战略模型是否适用于我国的社会服务机构呢？这需要具体情况具体分析。社会服务机构是具有一定公共性的组织类型，这使得一些适用于企业的战略管理方法不能照搬到社会服务机构中去。纳特和巴可夫认为："竞争性战略管理模式在具有很高程度公共性的组织中没有多少用处，相反，这类组织寻求那些能够加强合作的战略。"[②]社会服务机构不便为获得服务对象而进行竞争，有时这类竞争甚至是被禁止的。如《社会团体登记管理条例》第 13 条第 2 项、《民办非企业单位登记管理暂行条例》第 11 条第 2 款第 3 项都规定，在同一行政区域内已有业务范围相同或者类似的社会团体/民办非企业单位，没有必要成立的，对于社会团体/民办非企业单位的成立申请不予批准。不仅如此，有关机关还主动将其认为业务上有重复或者没有必要存在的社团，予以撤销或者合并。这些政策的初衷就是防止社会团体/民办非企业单位之间出现竞争[③]。人们希望它们能与其他提供类似服务的机构合作而不是竞争。否则，就会被人们认为是提供重复服务。社会服务机构通常只对规定好的服务对象提供服务（如上海司法社会工作服务机构），或者相互默认各自只为一定的区域提供服务（如上海浦东新区的上海中致社区服务社），当有新竞争者要进入时，管理机构便会以提供重复服务为由质疑增加资源的合理性，并以此阻止它们的进入。当然，有关部门也意识到竞争的优点，有意识地培养新机构，如上海中致社区服务社把项目二部独立出去成立了中和社区矫正事务所，这使得在浦东新区有两家司法社会工作服务机构，理论上存在着竞争关系。

当前，随着我国社会工作人才队伍建设的推进，社会工作服务机构如雨后春笋般涌现，同类机构必然面临竞争，尤其是这种竞争会涉及资源的

---

① ［美］彼得·德鲁克．非营利组织的管理［M］．吴振阳，译．北京：机械工业出版社，2007：57.

② ［美］保罗·C. 纳特，罗伯特·W. 巴可夫．公共和第三部门组织的战略管理：领导手册［M］．陈振明，等，译校．北京：中国人民大学出版社，2001：26.

③ 苏力，葛云松，张守文，等．规制与发展——第三部门的法律环境［M］．杭州：浙江人民出版社，1999：180-181.

获取甚至机构的存亡。未雨绸缪，社会服务机构也应该考虑竞争战略问题。比如，当老年人服务机构逐渐增多的时候，某机构如何竞争从而获取外界的资源和支持来发展自身？如果采用集中化战略的话，它就应该聚焦于特定老年人群（例如老年痴呆症的老人），为他们提供专门服务（例如长期养老院舍服务），以此来与同行竞争，发展自身①。

基本概念

战略管理　使命陈述　SWOT 分析方法　探索型战略　防御型战略　分析型战略　成本领先战略　差异化战略　集中化战略

思考题

1. 战略管理和战略计划有何区别和联系？
2. 战略管理的过程包括哪几个阶段？
3. 社会服务机构战略管理的意义是什么？
4. 社会服务机构使命陈述包括哪些内容？
5. 如何应用 SWOT 分析方法拟定机构的主要战略？
6. 迈尔斯和斯诺的战略分类模型包括哪几种战略？
7. 波特的竞争战略模型包括哪几种战略？

讨论题

表 6-5 是五个社会服务机构的使命陈述，请根据表 6-6 提出的九个要素对此进行评价。

表 6-5　五个机构的使命陈述

上海市浦东新区社会工作协会 我们的宗旨：团结社工　服务社会　发展专业
山东省慈善总会 本会宗旨：遵守国家宪法、法律法规和有关政策，发扬人道主义精神，弘扬中华民族传统美德，宣传慈善文化，传播慈善理念，扶助困难群众，促进社会和谐与文明

① 曾群．社会工作行政［M］．上海：世纪出版集团，2007：47.

续表

中国青少年发展基金会 本会的使命是：通过资助服务、利益表达和社会倡导，帮助青少年提高能力，改善青少年成长环境
深圳市龙岗区龙祥社工服务中心 价值观：兼爱 和谐 助人自助 愿景：希望每个人拥有平等发展的机会，人与人之间互助友爱，社会祥和共融 理念：赋能于人 严谨务实 团结协作 勇于担当 使命：提供优质服务 培育专业人才 塑造品牌机构 引领行业发展 增进民生福祉
广州阳光社会工作事务中心 使命：秉承社工专业理念向社群提供优质及多元化服务，为社会注入“爱”与“阳光” 价值观：助人自助 开拓创新 倡导公义 共筑幸福 愿景：不断追求卓越 矢志成为中国社工服务机构最佳典范

利用表 6-6 对表 6-5 作出评价。在表 6-6 的方框中填“是”或“否”，填“是”代表使命陈述包含了评价矩阵中的要素，填“否”则表明使命陈述没有涉及这一要素。

表 6-6 使命陈述评价矩阵

使命要素 社会服务机构	服务对象	服务	市场	技术	关注生存和发展	经营哲学	自我意识	关注公众形象	关注员工
上海市浦东社会工作协会									
山东省慈善总会									
中国青少年发展基金会									
深圳龙岗区龙祥社工服务中心									
广州阳光社会工作事务中心									

第七章　筹资和预算

筹资是社会服务机构的一项重要工作。预算是以货币符号表示的机构计划，决定了机构的资源分配，提供了控制工具。本章第一节介绍社会服务机构的收入来源与筹资方法，第二节和第三节介绍预算，包括预算的类型、功能、预算过程和预算方法。

第一节　社会服务机构的收入来源与筹资方法

一、社会服务机构的收入来源

了解收入来源是管理社会服务机构应当具备的基础知识，它便于机构根据所处的环境选择收入来源渠道、开辟收入信息渠道，还能够帮助机构针对不同的对象选择正确的筹资方法，提升机构的筹资能力。

收入是指社会服务机构开展业务活动取得的、导致本期净资产增加的经济利益或者服务潜力的流入。美国社会工作专家罗杰·A. 罗曼（Roger A. Lohmann）和南希·L. 罗曼（Nancy L. Lohmann）认为，社会服务机构的资金来源有六种：合同、礼品和赠款、方案服务、会员费、销售无关宗旨的物品收入、投资收入①。王思斌认为社会服务机构的资金来源包括：向政府有关部门申请资源、向服务消费者收取费用、向慈善基金会申请、恳请公众作出捐献、企业捐赠、国际资助等②。

本书将收入分为现金收入和非现金收入，参照有关研究和我国《民间非营利组织会计制度》的规定，将社会服务机构的现金收入分为以下几种。

---

① ［美］Roger A. Lohmann, Nancy L. Lohmann. Social Administration. New York: Columbia University Press, 2001: 408.

② 王思斌. 社会行政（第二版）［M］. 北京：高等教育出版社，2006：141-145.

1. 政府补助收入

政府补助收入是指社会服务机构接受政府拨款或者政府给予的补助而取得的收入。政府补助收入来源有以下几种：

（1）政府拨款。政府向由其直接组建的社会服务机构进行拨款，如对社会福利院、社会救助站的拨款，由这些机构向应该获得服务的人群提供相关服务。

（2）政府购买服务。政府购买服务是将社会服务通过订立合同的方式委托给民间营利或非营利机构，由它们来提供社会服务。研究发现，我国政府购买服务收入是社会工作服务机构的主要收入来源，每个机构平均每年可从政府购买中获得 207.52 万元。不同区域政府投入有所不同，珠三角地区政府投入最大，均值达 859.17 万元，是长三角地区政府投入的 7 倍。此外，群团组织也具备一定的购买力，珠三角地区、长三角地区和其他大城市的每个机构平均每年可从中获得的收入依次是 21.7 万元、5.91 万元和 5.58 万元[①]。（政府购买服务的有关规定详见第三章有关内容）

（3）财政补贴。政府对社会服务机构的财政补贴是政府作为主体，通过对社会服务机构的资助而使其得到补偿和支持。财政补贴包括开办费补贴、日常经费补贴、专项补贴等。也有按服务对象的数量定额进行补贴[②]。《广州市政府资金支持社会工作发展实施办法》中明确规定了财政补贴，具体包括一次性资助、以奖代补、专项资助等形式[③]。

（4）行政奖励。行政奖励是指政府为实现行政目标，通过赋予物质、精神及其他权益，引导、激励和支持社会服务机构实施一定的符合政府施政意图行为的非强制行政行为。行政奖励包括表彰和奖励，其中奖励一般是给予一定的资金、经费等。

（5）税收优惠。税收优惠即向为社会服务机构捐赠的个人和企业提供免税待遇，并给予社会服务机构收入免税的待遇。在美国，符合美国《国内税收法典》501（c）（3）项规定的社会服务机构就其收益免缴联邦所得税和州所得税。在我国，社会服务机构的税收优惠主要包括企业所得税、

---

① 刘畅，袁易卿，孙中伟，等．中国社会工作动态调查（CSWLS2019）：设计、实施与样本描述［J］．华东理工大学学报（社会科学版），2020（1）．

② 金锦萍．社会组织财税制度［M］．北京：中国社会出版社，2011：22-27.

③ 广州市民政局．广州市财政局关于印发广州市政府资金支持社会工作发展实施办法的通知（穗民规字〔2018〕5 号）．广州市人民政府公报，2018（17）．

增值税、营业税、契税、房产税、进口关税和进口环节增值税，对捐赠人的税收优惠涉及所得税、印花税、增值税、营业税等方面，受益人接受捐赠也依法享受税收优惠。

以上政府补助收入可以分为直接资助和间接资助两大类，政府拨款、政府购买服务、财政补贴和行政奖励属于直接资助，税收优惠属于间接资助。

2. 捐赠收入

捐赠收入是指社会服务机构接受其他单位或者个人捐赠所取得的收入。按照来源，捐赠收入有三种：

（1）个人捐赠。个人捐赠有以下两种方式：一是捐赠财产，包括货币、实物、房屋、有价证券、股权、知识产权等有形和无形财产；二是捐赠演出、比赛、销售、拍卖等经营性活动的所得。在美国，个人捐赠约占慈善捐赠的80%，占社会服务总收入的两成。在我国，个人捐赠也是社会服务机构重要的收入来源。例如，2011年北京慧灵机构的个人捐赠收入占其总收入的21%。

（2）基金会捐赠。基金会是主要给其他社会服务机构提供资金的自愿性的资助实体。在许多国家和地区，基金会捐赠是社会服务机构重要的资金来源之一。2011年，美国共有私人基金会73764家，总资产5400多亿美元，每年为社会福利、科学和文化活动提供赞助340多亿美元①。在我国，一些社会服务机构也得到了基金会的资助。例如，上海乐群社工服务社接受过南都公益基金会、上海慈善基金会和上海安济医疗救助基金会等基金会的项目资助；北京慧灵机构开展的“NGO支持社工实习和持续就业”项目得到中国香港乐施会的资助，其“育盟”项目得到嘉道理基金会资助。

（3）企业捐赠。当代社会中，企业作为市场主体，在追求盈利的同时也追求社会公益，企业的社会责任意识逐渐增强。在这种情况下，资助社会服务机构成为企业回赠社会的一种有效方法，在这种合作模式中，企业盈利的优势和社会服务机构的服务专长有机地结合起来。上海市浦东新区社会工作协会承担的美国辉瑞制药公司上海分公司资助的“关爱生命——青少年健康教育”项目，就是一个企业资助社会服务机构的例子。

---

① 参见美国基金会中心网，http：//data.foundationcenter.org/#/foundations/all/nationwide/total/list/2011.

3. 提供服务收入

提供服务收入是指社会服务机构根据章程等的规定向其服务对象提供服务取得的收入，包括学费收入、医疗费收入、培训收入等。这种收入可由服务对象直接支付或由第三方（如保险公司）支付。在美国，社会服务机构会制定一个服务收费表，有些收费是象征性的，每次 1 元、5 元或 10 元不等，有些收费则按家庭收入而定①。有些机构（如心理卫生中心、精神健康辅导会、保健中心、公共卫生服务处和医疗服务社等）会接受联邦医疗保险卡，个人在接受服务后出示该卡即可。在我国，提供服务收入在纯民间社会服务机构中占有重要地位。例如，2011 年北京慧灵机构的提供服务收入占其总收入的比例接近 1/3。

4. 投资收益

投资收益是指社会服务机构因对外投资取得的投资净损益。研究发现，2009—2013 年，参与投资理财的基金会数量占当年基金会总数的比例稳定地维持在 32%上下，即平均每年有 1/3 的基金会有投资理财行为②。

5. 会费收入

会费收入是指社会团体根据章程等的规定向会员收取的会费。中华慈善总会对其会员收取会费，会费标准为：省级会员单位每年 2000 元，地级会员单位每年 1500 元，县级会员单位每年 800 元，企事业会员单位每年 3000 元③。2019 年中华慈善总会的会费收入为 27 万元④。会费成为社会团体收入来源的重要组成部分。

6. 商品销售收入

商品销售收入是指社会服务机构销售商品（如出版物、药品等）所形成的收入。

7. 国际资助

国际资助来源于联合国体系、国际金融组织、海外政府开发援助和国际非政府组织。

① ［美］黎帼华．美国社会服务［M］．合肥：中国科学技术大学出版社，2002：9.

② 基金会中心网，中央民族大学基金会研究中心．中国基金会发展独立研究报告（2015）［M］．北京：社会科学文献出版社，2015.

③ 中华慈善总会会费收支管理规定，http：//www. chinacharityfederation. org/index. html.

④ 中华慈善总会第五届会员代表大会第二次会议财务工作报告，http：//www. chinacharityfederation. org/nv. html？nid=f572ff8d-f4c1-489e-926d-5ccd849ac3dd&URLparamName.

（1）联合国体系。联合国体系包括联合国开发计划署、联合国儿童基金会、国际劳工组织、联合国粮农组织、联合国儿童基金会、联合国教科文组织、世界卫生组织等。20 世纪 80 年代以来，联合国开始积极吸收社会服务机构参与联合国体系的各种活动，并通过各国政府为一些社会服务机构提供资金方面的援助。

（2）国际金融组织。世界银行、亚洲开发银行等国际金融组织也是社会服务机构的资金来源之一。

（3）海外政府开发援助。近年来，发达国家海外政府开发援助开始直接资助发展中国家的社会服务机构，并鼓励社会服务机构申请项目。

（4）国际非政府组织。20 世纪 90 年代以来，发达国家有 3000 余个国际非政府组织从事对发展中国家的援助工作，它们每年直接掌握的资金在 100 亿美元左右①。

国际资助的方式通常有项目支持、资金支持、低息或无息贷款等。

8. 其他收入

其他收入是指除上述收入以外的其他收入，如固定资产处置净收入、无形资产处置净收入、利息收入等。

社会服务机构的以上各项收入按是否存在限定区分为非限定性收入和限定性收入。一般情况下，提供服务收入、投资收益、会费收入和商品销售收入均为非限定性收入，除非相关资产提供者对资产的使用设置了限制。政府补助收入和捐赠收入，应当视相关资产提供者对资产的使用是否设置了限制，而分为限定性收入和非限定性收入。

除了以上几种现金收入来源外，一些社会服务机构还有非现金收入，例如实物捐赠。实物捐赠包括食品、衣物、设施、不动产、交通工具、家具和办公用品等。捐赠人捐赠这些实物，有时是直接给机构使用；有时是让机构出售以兑换成现金；有时则是让机构作为中介把东西派送给服务对象。无论在什么情况下，这些资源对社会服务机构都有实实在在的价值。2007 年美国差不多有超过 2400 万个记录在案的人声明有非现金慈善捐赠，

---

① 彭建梅，刘佑平．2012 年度中国慈善捐助报告［M］．北京：中国社会出版社，2013：100.

价值超过580亿美元[①]。中国一些社会服务机构也接受实物捐赠。例如，北京星星雨教育研究所在其网站“帮助我们”栏目列出了一些机构需要的物品，包括学生用小木椅、学生用书包、液晶电视、培训椅、办公室用纸等，捐赠人可按照机构需求进行捐赠。

专栏7-1介绍了2015年度我国百强社会工作服务机构收入来源与特征，供读者参考。

专栏7-1 2015年度百强社会工作服务机构收入来源与特征

一、收入来源

可将社会工作服务机构的收入来源分为政府购买服务收入、捐赠收入、市场化项目收入和其他收入，统计发现，这四类收入占总收入的百分比分别是92.13%、3.82%、4.25%和0.39%。

1. 政府购买服务收入

政府购买服务是百强社会工作服务机构的主要收入来源，占总收入的比例为92.13%。百强社会工作服务机构中有93个机构的政府购买服务收入占总收入的比例超过50%，61个机构的政府购买服务收入占总收入的比例超过92.13%，其中14个机构的收入全部来自政府购买服务。

2. 捐赠收入

据统计，百强社会工作服务机构的捐赠收入占总收入的比例为3.82%。百强社会工作服务机构中有54个机构拓宽了捐赠收入渠道，其中8个机构的捐赠收入占总收入的比例超过10%。在这8个机构中，有2个机构的捐赠收入占总收入的比例分别为96.9%和68.1%。其他46个机构的捐赠收入占总收入的比例小于10%，平均仅占2.6%。

3. 市场化项目收入

百强社会工作服务机构中有63个机构开展市场化项目，有7个机构市场化项目占总收入的比例超过20%。百强社会工作服务机构的市场化项目收入占全部收入的比例为4.25%。43个机构的市场化项目收入占总收入的比例小于10%。

4. 其他收入

其他方面的收入主要是指政府以补助办公和人员经费的方式为机构提供资助等，百强社会工作服务机构这方面的收入占总收入比重的平均值为0.39%。百强社会工作服务机构中仅有24个机构有这一渠道的资金来源，其中7个机构的其他收入占总收入的比例超过10%，比例最大的为33.3%。

---

① ［美］F. 埃伦·内廷，彼得·M. 凯特纳，史蒂文·L. 麦克默特里，等. 宏观社会工作实务（第五版）［M］. 隋玉杰，等，译. 北京：中国人民大学出版社，2020：248.

二、特征

1. 收入水平呈现地域性

广东省和上海市作为全国社会工作发展领先地区，其入选的百强社会工作服务机构成立以来的总收入占所有百强社会工作服务机构总收入的90%以上，年均收入额也远高于平均值565.86万元。这充分说明了经济社会发展状况和政府政策支持有利于社会工作服务机构的发展，也为其他地区开展社会工作服务提供了良好的借鉴。

2. 收入来源以政府购买服务为主

在四类收入来源中，政府购买服务占总收入的比例最大，政府对社会工作行业的支持有利于服务开展，促进了专业发展，扩大了社会影响力。

3. 逐步开拓收入来源渠道

在百强社会工作服务机构中，有86个机构有除政府购买服务之外的收入来源，不少机构在市场化项目、捐赠收入及其他收入来源方面成为行业典范，形成机构自身特色，有利于提升生存能力，拓宽发展空间。

资料来源：刘京．社会工作服务机构发展报告：以百强社会工作服务机构为例（2015）［M］．北京：中国社会出版社，2016：18-20，36-41.

二、社会服务机构的筹资方法与策略

1. 社会服务机构的筹资方法

社会服务机构可以运用的筹资方法很多，以下简单介绍几种：

（1）争取列入财政预算计划。在我国，社会公益类事业单位的财政拨款一般是列入政府财政计划内的，拨款数额固定，社会公益类事业单位需要积极争取拨款被列入财政计划，不需要特别申请。还可以根据工作创新，通过工作汇报和任务要求，根据政府在该领域的工作重心情况争取财政计划外资金补助。

（2）申请和承接政府购买服务项目。政府购买服务是我国社会服务机构的重要收入来源，社会服务机构一般都重视申请和承接政府购买服务项目。符合条件的机构可按照政府购买服务的规定和要求准备材料，撰写项目申请书进行申请。社会服务机构可以运用以下策略来申请项目：根据组织战略进行项目运作、把服务打包成项目、动员员工参与项目开发和设计、经营滚动项目、到异地开办机构并承接项目等①。

（3）申请慈善组织资助。慈善法第35条规定，捐赠人可以通过慈善

① 陈为雷．政府和非营利组织项目运作机制、策略和逻辑——对政府购买社会工作服务项目的社会学分析［J］．公共管理学报，2014（3）．

组织捐赠，也可以直接向受益人捐赠。在这里，基金会等慈善组织成为捐赠的中介，它们接受来自捐赠人的捐赠，然后再对社会服务机构实施资助。慈善组织资助往往以项目的形式实施，社会服务机构也要撰写项目申请书进行申请。

（4）慈善募捐。慈善募捐是指慈善组织基于慈善宗旨募集财产的活动。按照慈善法的规定，慈善募捐是针对慈善组织而言的，个人和非慈善组织不能进行慈善募捐，而且只有具有公开募捐资格的慈善组织才可以进行公开募捐。不具有公开募捐资格的组织或者个人基于慈善目的，可以与具有公开募捐资格的慈善组织合作，由该慈善组织开展公开募捐并管理募得款物。这就给没有公开募捐资格的慈善组织提供了合作募捐的出路。

慈善法还规定，慈善组织自登记之日起可以开展定向募捐。慈善组织开展定向募捐，应当在发起人、理事会成员和会员等特定对象的范围内进行，并向募捐对象说明募捐目的、募得款物用途等事项。

（5）服务收费。提供服务收入是社会服务机构收入的一个来源，社会服务机构可按照章程规定的宗旨和业务范围从事经营活动，收取一定的费用，增加机构的收入。

（6）投资。慈善法规定，慈善组织可以进行投资，并对其投资提出了具体的要求。慈善组织的投资活动主要包括下列情形：①直接购买银行、信托、证券、基金、期货、保险资产管理机构、金融资产投资公司等金融机构发行的资产管理产品；②通过发起设立、并购、参股等方式直接进行股权投资；③将财产委托给受金融监督管理部门监管的机构进行投资[①]。

（7）收取会费。社会团体的会员有缴纳会费的义务，社会团体可以向其会员收取会费。《关于取消社会团体会费标准备案规范会费管理的通知》（民发〔2014〕166号）规定：经社会团体登记管理机关批准成立的社会团体，可以向个人会员和单位会员收取会费。会费标准的额度应当明确，不得具有浮动性；不得采用除会员大会或者会员代表大会以外任何其他形式制定或修改会费标准；除会费以外，其他收入不得使用社会团体会费收据。

（8）设立专项基金。设立专项基金是我国慈善组织普遍采用且行之有

① 慈善组织保值增值投资活动管理暂行办法，http：//www.mca.gov.cn/article/gk/fg/shflhcssy/201811/20181100012651.shtml.

效的公益合作模式和筹款模式，捐赠人捐赠一定额度的资金，在慈善组织设立独立财务记账科目，组建由捐赠人、慈善组织共同参与的管委会，共同制定专项基金管理规则及资助双方认可的公益项目，约定实施项目的管理成本，每年度进行基金财务审计等。企业专项基金有中国青少年发展基金会设立的“国家电网爱心基金”、中国红十字基金会设立的“央企援助基金”等。个人尤其是名人专项基金较多，如中国青少年发展基金会由姚明设立的“姚基金”等。

2. 社会服务机构的筹资策略

高鉴国在《中国慈善捐赠机制研究》一书中提到四种募捐策略[①]，可供社会服务机构筹资参考。

（1）正确的心理定位。募捐的目的不是筹款本身，而是加强和提高社会服务机构的社会服务能力。募捐是合作和交流的途径，是给予捐赠人或者社会上的公众参与社会服务事业的机会。积极正确的心理定位会在募捐过程中体现出来，也是募捐工作宣传的基本理念。

（2）不可或缺的情感因素。社会服务机构在募捐的过程中传达简单的、感情上能够引起共鸣的信息，就是利用情感募捐。培养与捐赠人长期可持续的感情关系，通过定期电话或邮件联系，或通知参加组织活动，保持与捐赠人的不间断联系，让捐赠人有受重视的感觉，是情感募捐的常用方法。

（3）人际沟通。有效的沟通是募捐成功的基础，一对一的口口相传是最有效的传播方式，让现有的捐赠人进行慈善捐赠是相当重要的工作，也是产生扩大效应最好的途径。

（4）适当的补偿回馈。回馈的方式可以是给予经济上的回报或者荣誉，如冠名权、荣誉名册等；也可通过对捐赠人情感需求的了解，有针对性地设计捐赠仪式、项目挂牌仪式、捐赠项目冠名、刻立碑记、授予荣誉、颁授奖项、媒体报道、捐赠人与受助方见面互动等形式，满足捐赠人的情感需求，不断发展和巩固与捐赠人的合作伙伴关系。

需要特别指出的是，社会服务机构筹资时不管运用什么方法和策略都要符合慈善法以及其他法律制度的规定。

---

① 高鉴国．中国慈善捐赠机制研究［M］．北京：社会科学文献出版社，2015：210-211.

专栏7-2是筹资工作的10个要点，供参考。

专栏7-2 筹资工作的10个要点

1. 如果组织需要捐款，那么必须主动要求。
2. 在存入善款之前要先答谢。
3. 捐赠人不是自动提款机。
4. 大多数的钱来自大众，而他们中的大多数人并不富裕。
5. 人们有拒绝的权利。
6. 一个优秀的筹资员应具备的三个特性：坚定信念、心态平和、相信人性本善。
7. 筹集资金不能与追逐资金、紧缩资金及囤积资金混淆。
8. 筹集资金是一种交换——人们会雇用你去完成不能够独自完成的工作。
9. 人们对筹资的忧虑来自对金钱的忧虑。
10. 筹资的四个步骤——计划、计划、计划、实施计划。

资料来源：朱丽亚等编．温洛克民间组织能力开发项目参考资料系列之六：非营利组织筹资策略．温洛克民间组织能力开发项目，2005.

第二节 预算的类型与功能

一、预算的含义

预算的英文单词是budget，该词源于古代法语词汇bougette，意指小袋子、袋子或口袋。英语中用该词来描述英国财政大臣向议会提交年度财务报告时所从事的活动。马尔文·J. 格罗斯（Malvern J. Gross）指出，预算是行动的一个计划，预算呈现了用货币术语表达的、组织未来数月或数年的蓝图①。孔茨和韦里克认为，预算就是用数字术语来制订未来一定时期的计划②。王思斌认为，财务预算是以货币形式表现的机构计划。它决定资源的分配，并由此反映出与预算相关的需求者对预算项目的偏好③。

本书认为，预算本质上是以货币形式表现的机构计划。它是计划的成果，既是决策的具体化，又是控制机构各项服务活动的依据。因此，预算

① 转引自［美］雷克斯·A. 斯基德莫尔．社会工作行政——动态管理与人际关系（第三版）［M］．张曙，等，译．北京：中国人民大学出版社，2005：75.

② ［美］哈罗德·孔茨，海因茨·韦里克．管理学精要（第六版）［M］．韦福祥，等，译．北京：机械工业出版社，2005：239.

③ 王思斌．社会行政（第二版）［M］．北京：高等教育出版社，2013：149.

既是一种计划类型，又是一种控制手段。

二、预算的类型

1. 收入预算

在收入预算中，列出机构预期收入和实际收入。如果收入低于预算额，则有必要分析问题所在，看是否能够改善收入状况。相反，如果收入高于预算额，则有必要分析机构能否获得必要的资源来满足对其服务的过度需求。

2. 费用预算

费用预算包括每一责任中心和整个组织预期的和实际的费用支出。在费用预算中，可能列出所有类型的费用，或者仅集中在某一特定类别，如电话费或场地租用费用。如果实际费用超过预算费用，则行政者有必要分析服务提供和项目开展中是否存在问题。实际费用较高可能来源于效率低下，也可能是因为开展过多的服务项目。相反，实际费用低于预算可能预示着效率提高，或者某些方面不符合标准。如服务项目和服务质量并不令人满意。

3. 现金预算

现金预算用于预估每天或每周现金的收支状况，以确保机构有充足的现金用于各种支出。现金预算反映了流入和流出机构的资金水平以及现金支付状况。如果现金预算表明机构拥有的现金超过短期所需，机构应该考虑把多余的现金存入银行，赚取利息收入。相反，如果现金预算表明本周末会支出 20 万元的工资，但是银行账户上仅剩 10 万元，那么机构就必须筹集资金。

三、预算的功能

预算是以货币用语对组织未来一段时间的行动计划的说明。做预算的主要原因在于，预算可协助计划和连接来年的相关活动，以便能够与行政者沟通计划，并激励他们努力达成组织的目标。同时，预算也可控制并评估活动的进行。预算的功能如下①。

---

① 黄源协．社会工作管理［M］．台北：扬智文化事业股份有限公司，1999：307-308.

1. 计划

预算是计划的一部分，可使行政者思考来年情境可能的变化，进而事先采取应变措施；同样，预算也能使行政者确认其所期望的改变，进而在预算架构下事先安排。

2. 协调

为了使机构各个部门向着共同的组织目标前进，它们的活动必须密切配合，相互协调，统筹兼顾，搞好综合平衡。各部门预算过程可促使部门行政者清楚地了解本部门在全局中的地位和作用，尽可能地做好部门之间的协调工作。此外，机构的各层级、各部门因其职责不同，往往会出现相互冲突的现象。全面预算经过综合平衡后可以提供解决冲突的最佳办法，使各级各部门的工作在此基础上协调地进行，最大限度地实现机构的整体目标。

3. 沟通

通过预算过程，机构中的每位成员应该知道自己在完成年度预算的过程中被期待扮演的角色，机构也可确定是否安排适当的人员负责预算执行。

4. 激励

预算是一种影响和激励行政者的有效设计，行政者若能让员工共同参与预算制定过程，将可发挥参与管理的功能。

5. 监督

预算可协助行政者管理和控制其所负责的活动，通过比较实际结果与预算，行政者可以发现哪些成本偏离原先的计划，进而找出导致无效率的原因。

6. 绩效评估

在某些机构，可通过测量结果是否符合预算来评估行政者的绩效。

第三节 预算编制过程与方法

一、预算编制过程

预算编制是一个工作过程。斯基德莫尔指出，做预算的过程包括下列主要步骤：①制定与机构需要有关的具体目标；②弄清楚有关机构运作的资料；③考虑与机构运作有关的其他财务替代方案；④为机构决定要优先考虑的问题；⑤确定有关的预算的最终决策；⑥提供适当的解释和公共关系[①]。郑国安等在《国外非营利组织的经营战略及相关财务管理》一书中提出了预算编制程序的五个步骤[②]，下面介绍这几个步骤。

1. 预算准备

预算主管在预算过程中发挥了重要的作用，他的职责在于确保制定一个全面的、高瞻远瞩的预算体系，其中必须包括下列内容：确保参与预算程序制定的每个人都能得到其所需的信息，制定和维护适当的计划体系，制定和检查模型的运用，确保业绩资料的收集。预算主管可承担上述 4 项责任中的任何一项。实际上，在较小的机构中，预算主管一人即可完成上述的全部任务。

2. 制定预算政策

（1）任何机构都必须有一个预算政策阐明预算的目的、预算的用途、发展预算的指导原则、修订办法以及预算报告的频率和性质。

（2）预算准备的宗旨和原则。在修订和报送与预算相关的资料时，要用到与预算的宗旨和原则相关的几个概念，如预算宗旨涉及采用何种方法、哪一级的单位，以及“底线”目标。

（3）预算修订政策。机构应以政策形式规定在什么情况下可以对预算进行修订。修订预算时应结算余额，不要使修订的方案轻易通过，轻易通过修订案容易失去对预算支出的控制，但一定要认识到，环境的变化可能使原定预算不再合理。

（4）预算报告的频率和性质。必须设计一个报告，比较实际收入和成本与预算规模之间的差异，并设定报告的频率。

3. 收集重要资料

在制定预算过程中需要收集一系列的资料，其中基本资料包括：战略计划和长期财务计划、营运报表、以前的预算及财务活动报表、财务状况报表（也称为资产负债表）、现金流量表、抵押及其他的借款资料、捐款及其他延期给付资料、以前完成的方案、收入和自主收入、慈善赠予、预

---

① ［美］雷克斯·A. 斯基德莫尔. 社会工作行政——动态管理与人际关系（第三版）［M］. 张曙，等，译. 北京：中国人民大学出版社，2005：80-81.

② 郑国安，赵路，吴波尔，等. 国外非营利组织的经营战略及相关财务管理［M］. 北京：机械工业出版社，2001：71-79.

定年度筹资活动收入等。

4. 确定预算规模

（1）收入。社会服务机构从各种渠道获得财源，既有公共的也有私人的。收入应当按照其来源分为捐赠收入、会费收入、提供服务收入、政府补助收入、投资收益、商品销售收入等主要业务活动收入和其他收入。（关于收入来源见本章第一节）

（2）费用。费用是指社会服务机构为开展业务活动所发生的、导致本期净资产减少的经济利益或者服务潜力的流出。费用按照其功能可分为业务活动成本、管理费用、筹资费用、其他费用。《中央财政支持社会组织参与社会服务项目2020年财务管理指引》规定，社会服务机构承接社会服务项目发生的有关费用包括：①社会服务支出，包括培训费、劳务费、专业社会工作服务人员工资、交通费、发放款物支出。②固定资产购置支出。③项目执行费用，包括执行项目所必需的交通、会议、印刷宣传等费用。

5. 预算批准

预算草案准备好之后，董事会的财务委员会将组织一次预算会议，会议的内容就是详尽地解释分析预算草案，如果理由充分，可以对预算项目和规模作出修正。会议结束时，会议成员每人均得到一份预算草案，为在董事会审议通过做准备。预算草案还应分发给其他董事会成员。董事会一般应在财务委员会会议之后尽快地审议预算草案。

二、预算方法

1. 单项预算法

单项预算法是一种传统的预算方法，也称为开支对象预算法，它是指根据每项开支对象的成本来分配资源。开支对象实际上就是上文罗列的各种费用，体现在预算表上，预算表每行的左边为每一项费用的名称，右边为价格。在表7-1中，机构某项目共有人员和非人员两大类费用，其中人员费用包括4小类开支项目，非人员费用包括11小类开支项目，每类开支项目支出一定数额的资金，例如，项目主管费用为60000美元，项目用品费用为1000美元，租金为14400美元，项目费用总计447590美元。

表 7-1 用单项预算法编制的项目预算

单项项目	数额（美元）
人员	
项目主管（1 名正式员工）	60000
注册治疗师（4 名正式员工，人均年薪 $55000）	220000
办公室主任（1 名正式员工）	30000
人员费用小计	310000
附加福利（占人员费用的 20%）	62000
人员费用总计	372000
非人员	
项目用品	1000
办公室用品	560
办公室家具	3880
话费	1600
打印费	60
邮费	1000
软件费	2000
电脑以及其他设备	6000
租金 $1200/月	14400
评估顾问	2000
当地差旅费 $0.50/英里×400 英里/月	2400
非人员费用总计	34900
总计（人员和非人员）	406900
间接代理费（占项目总支出的 10%）	40690
项目费用总计	447590

资料来源：Judith A. Lewis, Thomas R. Packard, Michael D. Lewis. Management of Human Service Programs（Fifth Edition）[M]. Brooks/Cole, 2011: 167.

单项预算法的目标非常有限，注重每项物资的具体定义，主要目的是控制。单项预算法强调财会能力及管理一个机构或方案的物资和成本，它并没有考虑机构的宗旨和目标，也没有描绘机构将提供什么类型的服务。换句话说，预算的发展只是用来测量开支项目的数额而不关注服务方案的成果或服务需要①。单项预算法只涉及投入，也就是说它只管能够使某个项目持续下去的东西，如员工工资、移动硬盘、电脑、水电费等。以机构关于移动硬盘的预算为例，在单项预算法中，预算部门提出的唯一与决策有关的问题是：我们需要多少个移动硬盘？这些移动硬盘要花多少钱？

单项预算法缺乏抽象性，过于简单，不适用于复杂的目的，在较低层的机构中最能发挥其长处。

2. 方案预算法

方案预算法是按照机构的服务方案将开支和资源分类，把资金分配在诸如青年辅导方案、老人外展服务、家庭辅导方案等不同方案上。这种预算方法用不同方案替代单项预算法中的各项明细支出。方案预算法将计划和评估紧密联结在一起，要求资源控制者评估方案的效率和效果。通过评估目标达成、活动可行性和费用开支来对方案进行优先顺序排序。方案预算法有两个作用：一是强调按照具体方案编制预算，二是强调机构的绩效和考核。在表7-2中，某家庭服务机构有三个方案：收养，预算为186400美元；孤儿家庭寄养，预算为116300美元；咨询，预算为384100美元。方案服务的总金额为686800美元。

方案预算是一种管理策略，是和有效地监督财政资源和人力资源的目标紧紧联系在一起的，因为这些资源是为了实现方案的目标。与单项预算法相比，方案预算法涵盖的管理活动更多。预算制定者的任务不只是精确的财会控制，还有对各种活动进行分类，对机构方案及绩效进行描述，以及研究各种工作/成本考核标准。方案预算法更强调行政技能，部门的活动优先于所需物资的购买，管理责任变得集中了②。

方案预算法不仅考虑输入，也考虑输出。方案预算本质上是以产出为中心，将所有开支明细重新组合到它们各自的方案区域来构建。以机构关

---

① 梁伟康．社会服务机构行政管理与实践［M］．香港：集贤社，1990：108.

② ［美］尼古拉斯·亨利．公共行政学（第七版）［M］．项龙，译．北京：华夏出版社，2002：209.

于移动硬盘的预算为例，在单项预算法中，行政者问的只是与输入有关的问题：为了保证第二年办公有足够的移动硬盘，要花多少钱？在方案预算法中，行政者要提出的不只是有关输入的问题，还要提出与输出有关的问题：有多少文档需要用移动硬盘存储？每一个移动硬盘平均能存储多少文件？简言之，移动硬盘的绩效如何？

方案预算法在制定衡量机构效率的标准方面作出了很大的贡献，但方案预算法也存在问题：①哪一个方案是最重要的？只有在解决了这个问题后，我们才能着手对方案的绩效作出评估。②主观性问题。方案预算法倾向于逐步扩大本机构各种方案的范围和成本。这种多多益善的态度不利于计划工作的核心问题：我们为什么需要这个或那个方案？方案预算法不去问这个问题，只是说：我们得到了这个方案，那就让我们以高效率来完成它吧①。

表 7-2 用方案预算法编制的预算表 （单元：美元）

方案 开支类别	方案服务			
	收养	孤儿家庭寄养	咨询	总计
工资	33600	25100	126900	185600
员工福利	1800	1400	6400	9600
所得税等	3000	2300	12400	17700
工资总额及费用	38400	28800	145700	212900
专业人员	63000	300	61200	124500
消耗品	3900	21300	1300	26500
电话费	9500	1000	1100	11600
邮寄费	2900	1300	8900	13100
租赁费	2550	21100	11250	34900
设备租用及维修费	3550	1100	1250	5900
差旅及交通费	12500	2000	2200	16700
保险费	10450	10100	5100	25650
其他支出	1250	500	400	2150
业务费用总额	186400	116300	384100	686800

资料来源：摘自［美］雷克斯·A. 斯基德莫尔《社会工作行政——动态管理与人际关系》（第三版）［M］. 张曙，等，译. 北京：中国人民大学出版社，2005：76-77.

① ［美］尼古拉斯·亨利. 公共行政学（第七版）［M］. 项龙，译. 北京：华夏出版社，2002：210.

3. 计划规划预算法

计划规划预算法是一种方案导向的长期规划技术。从基本构成来说，计划是指确定和选择组织的运作目标、方法和手段，以便在一定的时间内完成这些目标。规划是指安排完成某具体项目，旨在以最有效的方式实现组织目标。预算是对每一个目标、计划、方案和项目做费用计算①。计划规划预算法的基本做法是：规划机构的社会服务发展目标，把目标分解成方案，把方案分解成几个工作计划，为每一个工作计划规定具体的工作量指标。根据所拟订的计划和具体的工作量编制预算②。在表 7-3 中，某老年社区服务中心有一项家务助理服务，其目标是为有需要的老弱、伤残人士或家庭提供临时性的家务助理服务，使他们能在家中得到妥当的照顾。机构制订了服务方案，并对该项服务方案中的开支项目给予了预算。例如，在三个年度中，员工薪酬开支分别是 500000 美元、600000 美元和 700000 美元；员工的交通开支分别是 12000 美元、13000 美元和 14000 美元；三个年度的总开支分别是 567100 美元、675200 美元和 783700 美元。

计划规划预算法要求预算制定者不仅具有财会和行政能力，还要有经济分析的技能。它考虑的首要问题不再是开支对象或行动，而是各种方案的宗旨。机构决策的增量色彩减少了，决策变得更加系统化。管理责任的监督性质更强，而计划责任更加集中统一。

还以机构移动硬盘预算为例，以前只从输入的角度提问：一年所需的移动硬盘要花多少钱？现在，必须从输出的角度提问：移动硬盘能够存储多少文档？为了确定移动硬盘的效果，必须要问：移动硬盘会对机构及使命产生什么效果？使用移动硬盘有助于实现机构的目标吗？这一步骤能对工作有所促进吗？或者应该把它从预算中消除掉？应该如何衡量移动硬盘对机构目标的影响？决定了这一点之后，还必须提出备选方案的问题：是不是应该选择其他存储设备来代替移动硬盘？两者同时使用会不会效果最佳？是不是还有其他的办法？

---

① ［美］尼古拉斯·亨利．公共行政学（第七版）［M］．项龙，译．北京：华夏出版社，2002：210-211.

② 张曙．社会工作行政［M］．北京：社会科学文献出版社，2002：222.

表 7-3 用计划规划预算法制订的服务方案预算

<u>××老年社区服务中心</u>

方案名称：家务助理服务

目　　标：提供短暂性的家务助理服务，例如膳食服务、个人照顾、护送服务、家居清洁、照顾幼儿和洗衣服务等，给予有需要的老弱、伤残人士或家庭，使他们在家中获得适当的照顾。

方案描述：这个服务方案主要涉及安排上述短暂性家务助理服务给予有需要的人士。申请服务的个案绝大多数是由老年中心、家庭服务中心及医务社会工作部推介，经由本中心的社工进行家访及评审申请个案的需要后才安排提供服务。每位受过在职训练的家务助理员负责 7—10 个个案，社工或家务助理员主管至少在两个月内对每位受助人进行一次家访，以了解受助人的需要和保证服务的提供能符合他们的需要。

成本单位：

项目	1988 / 1989 财政年度	1989 / 1990 财政年度	1990 / 1991 财政年度
1. 薪酬	$ 500000	$ 600000	$ 700000
2. 员工福利	$ 30000	$ 35000	$ 40000
3. 办公室物品供应	$ 3600	$ 4000	$ 4500
4. 交通	$ 12000	$ 13000	$ 14000
5. 行政开支	$ 13200	$ 14000	$ 15000
6. 燃料费	$ 4500	$ 5000	$ 5500
7. 维修及保养	$ 1800	$ 2000	$ 2200
8. 设备	$ 2000	$ 2200	$ 2500
总计	$ 567100	$ 675200	$ 783700

资料来源：梁伟康．社会服务机构行政管理与实践［M］．香港：集贤社，1990：114.

4. 零基预算法

零基预算法，全称为“以零为基础编制预算”的方法，是对所有业务都进行详尽的审查、分析和考核，从而据以编制预算的方法。换句话说，零基预算法是机构以自上而下的方式从假定的零起点开始重新评估该机构在做什么。这一过程意味着一些拨款被缩减、一些机构或方案被取消。对多数机构而言，这意味着对钱花在哪里、为什么花，要进行更仔细认真的检查，特别是对有关目前和将来的具体需求要更为关注。

实践中，零基预算法分两个步骤进行：第一步是让每一个机构完成决策包，每个决策包都是机构内某个方案的总结分析。这些决策包由机构负责人根据其对机构总目标的理解进行排序。第二步要求高层行政者对向这些决策包进一步提供资金是否合理作出评价。没有效果或已经失去效果的方案被取消、修订或是合并到其他组织中。简言之，零基预算法关注的是：如果资金还未分配，应该怎样使用机构的资金。为此，零基预算法的实践者要辨识每一个决策单元，对决策包中每一个决策单元作出分析，评价和排列所有的决策包以确定拨款申请，最后根据为预算拨款所批准的决策包，制定出详细的运作预算①。

零基预算法对某机构使用移动硬盘的情况有什么影响呢？一方面，在决策过程中，参与讨论的行政者数目会大大增加。零基预算法提高了各级机构的参与程度，且通常会产生积极的效果。但有关移动硬盘的输入、输出和效果的讨论都是次要的，决策者主要关注各种备选方案。例如，负责文档存储的办公室领导将在移动硬盘和其他存储设备之间作出选择，这些决策将被纳入决策包，根据各机构的整体方案或宗旨加以考虑。最终，移动硬盘问题根据其在机构总目标中的位置和作用加以排序。

基本概念

收入　财政补贴　行政奖励　捐赠收入　提供服务收入　投资收益　会费收入　商品销售收入　预算　单项预算法　方案预算法　计划规划预算法　零基预算法

思考题

1. 社会服务机构的现金收入来源有哪些？
2. 政府补助收入来源有哪几种？
3. 社会服务机构筹资的方法有哪些？
4. 社会服务机构筹资策略有哪些？
5. 预算有哪几种类型？
6. 预算的功能是什么？
7. 预算编制过程包括哪几个阶段？
8. 方案预算法有哪些优点和不足？

---

① ［美］尼古拉斯·亨利．公共行政学（第七版）［M］．项龙，译．北京：华夏出版社，2002：214.

第八章　行政决策

决策在管理中占有重要位置，是管理的核心。行政决策是决策者在行政管理中的决策活动，是发现问题和解决问题的过程。本章第一节介绍决策的含义、类型、条件和重要性，第二节介绍决策模式，第三节探讨决策制定过程的步骤和影响因素，第四节介绍群体决策的优缺点和群体决策方法。

第一节　决策概述

一、决策的含义

美国管理学家切斯特·L. 巴纳德（Chester Irving Barnard）最早在组织的研究中正式提出决策的概念："个人的行为从原则上可以分为有意识的、经过计算和思考的行为，以及无意识的、自动的、反应的、由现在或过去的内外情况产生的行为。一般来讲，前面一类行为的先导过程，不管是什么过程，最后都可以归结为'决策'。同决策有关的显然有两点：要达到的目的和采用的方法。"① 西蒙指出，决策的特征是："在任何时候，都存在着大量（实际）可能的备选行动方案；一个人可能选取其中任何一个方案；通过某种过程，这些大量的备选方案，被缩减为实际采用的一个方案。"②

本书认为，所谓决策，就是为了实现一定的目标，提出解决问题和实

① ［美］C. I. 巴纳德. 经理人员的职能［M］. 孙耀君，等，译. 北京：中国社会科学出版社，1997：146.

② ［美］H·西蒙. 管理行为：管理组织决策过程的研究［M］. 杨砺，韩春立，译. 北京：北京经济学院出版社，1988：5.

现目标的各种备选方案，依据一定的标准，分析比较多种备选方案，选择一个方案并付诸实施的管理过程。简单地说，决策就是针对问题和目标，分析问题，解决问题。决策的概念中包含了以下内容①：

（1）决策针对明确的目标。决策前必须明确所要达到的目标，并仔细辨清整体目标体系中的多个具体目标。

（2）决策有多个可行方案。决策必须要在两个以上的备选方案中进行选择。备选方案应该是平行的或互补的，能解决设想的问题或预定的目标，并且可以加以定量或定性分析。

（3）决策是对方案的分析、判断。决策面临若干个可行方案，每个方案都具有独特的优点，也隐含着缺陷，有的方案还带有很大的风险。决策过程就是对每个可行方案进行分析、评判，从中选出较好的方案实施。

（4）决策是一个整体性过程。决定采用哪个方案的决策过程，不是一个短暂的时段，而是一个连续统一的整体性过程。从初期收集信息到分析、判断，再到实施、反馈活动，没有一个完整的过程，就很难有合理的决策。经过执行活动的反馈又进入了下一轮的决策，因此，决策是一个循环过程，贯穿整个管理活动的始终。

二、决策的类型

根据不同的分类标准，可以将决策分为不同的类型。较为常见的分类方法有以下几种。

1. 程序化决策和非程序化决策

美国管理学家斯蒂芬·P. 罗宾斯（Stephen P. Robbins）和玛丽·库尔特（Mary Coulter）根据问题的性质将决策分为程序化决策和非程序化决策②。

（1）程序化决策。程序化决策是可以用例行性方式处理的一种重复性的决策。程序化决策中所面临的问题是结构良好的问题，每当这种问题出现时，可以照此办理，不必再作新的决策，也就是这种决策可以程序化、

① 芮明杰. 管理学：现代的观点（第二版）[M]. 上海：世纪出版集团，2005：220.

② [美] 斯蒂芬·P. 罗宾斯，玛丽·库尔特. 管理学（第7版）[M]. 孙健敏，黄卫伟，王凤彬，等，译. 北京：中国人民大学出版社，2004：165-167.

定型化。例如，一名人事主管确定一名新招聘的员工的工资时，可以按照机构的工资政策和规定作出决策。在程序化决策中，行政者通常依据系统化的程序、规则或政策来制定这类决策。

（2）非程序化决策。非程序化决策是具有唯一性的、不可重复性的决策。当行政者面临结构不良或者独特的问题时，没有现成的解决方案，它要求采用非程序化决策方法，根据问题制订解决方案。一般来说，这类决策具有高度的创新性，很难完全预料，而且没有一定的结构，因而高层行政者所扮演的决策角色更显重要。

表 8-1 列出了程序化决策与非程序化决策在任务类型、决策依据以及组织层次方面的差异情况。

表 8-1 程序化决策与非程序化决策

	决策类型	
	程序化决策	非程序化决策
任务类型	简单、常规	复杂、创造性
决策依据	能够从过去决策中得到相当多的引导	无法从过去决策中得到引导
典型决策者	底层员工，通常单独决策	高层行政者，通常群体决策

资料来源：陈兴琳．组织行为学［M］．北京：清华大学出版社，2006：246.

在决策过程中，较低层次的行政者面对的通常是熟悉的、重复性的问题，也就是结构良好的问题，在大多数情况下进行程序化决策，即依靠诸如程序、规则或者机构的政策决策。随着行政者所处的组织层次上升，他们面对的问题通常具有更多的结构不良的特征，需要采用非程序化的决策方法作决策。

需要注意的是，现实世界中，很少有哪个管理决策是完全程序化的或完全非程序化的，这是两种极端情况，绝大多数决策是两者的有机结合。恰当的方式是将决策问题看作是以程序化决策为主或以非程序化决策为主的，而不是将它们看作完全程序化的或完全非程序化的。

2. 直觉决策、判断决策和问题解决式决策

根据理性的程度，可以将决策分为直觉决策、判断决策和问题解决式

决策[①]。

(1) 直觉决策。直觉决策和情感而不是和理性相联系，即行动的决定与个人感觉什么是正确的或最佳的以及“预感”或“勇气情感”有关。在行政管理中，对其他人的印象、他们正在做什么，在聘用和解雇员工时，在为机构的福利作决策时，它都起到关键的作用。

(2) 判断决策。判断决策建立在知识和经验的基础上。当一个人熟悉了机构的环境和运作后，曾经是新的决策变得常规化。一个督导对工作单位的运作变得如此熟悉以至于他可以准确预测，在进行活动的某个特定阶段会发生什么情况。由督导作出的决策中，至少有95%属于判断决策。

(3) 问题解决式决策。在这种决策中，迅速的判断是不恰当的。这种决策通常需要有更多的信息和时间去研究、分析和反馈。这种理性的方法一般具有一个客观或科学的理论模式，用于解决涉及几种选择的复杂难题。

3. 个体决策和群体决策

依据决策参与的人数，可以将决策分为个体决策和群体决策[②]。

(1) 个体决策。个体决策是由行政者个人所作出的决策。社会服务机构的总干事在经授权后可对一般事务作决策，这是个体决策的惯例。

(2) 群体决策。群体决策是由一个小组、团体或团队所作出的决策。机构的重大决策一般由理事会决定，这是群体决策的惯例。需要指出的是，群体决策并不等于多个决策者共同决策，群体成员参与决策但最后决策者只有一人，这种情况也可称为群体决策。因此，群体决策可以更准确地称为“多人参与的决策”。

三、决策的条件

行政者在作决策的时候可能面对四种情形：确定性、风险性、不确定性和模糊。这四种决策制定条件的特征如下[③]。

---

① ［美］雷克斯·A. 斯基德莫尔．社会工作行政——动态管理与人际关系（第三版）［M］．张曙，等，译．北京：中国人民大学出版社，2005：61-62.

② 曾群．社会工作行政［M］．上海：世纪出版集团，2007：64.

③ ［美］理查德·L. 达夫特．管理学（第五版）［M］．韩经纶，韦福祥，等，译．北京：机械工业出版社，2003：261-263.

1. 确定性条件

在确定性条件下，决策者对未来的情况有比较准确的了解，掌握决策所需要的信息，而且能够准确地了解决策的必然结果。如果方案已定，则此方案的后果发生的概率为100%。例如，机构按年息4%将10000元存入银行，一年所获利息必然是400元。

2. 风险性条件

在风险条件下，决策者对未来的确切情况和决策可能产生的后果均无法肯定，决策执行后将面临几种情况、后果、可能，但是决策者可以判断未来情况发生的概率。概率的判断既可以根据比较可靠的信息，也可以根据决策者的经验和直觉，但不管怎样总是存在一定的风险。

3. 不确定性条件

在不确定性条件下，决策者不但无法估计未来事件在各种情况下的确定后果，而且无法确定未来事件在各种情况下发生的结果的概率。这类决策缺乏选择最佳战略的标准，决策者只能凭主观判断和经验甚至直觉来作决策。

4. 模糊条件

在模糊条件下，决策者不清楚决策的目标或想要解决的问题，找到选择方案非常困难，与结果相关的信息也无法获取。例如，一个督导将个案工作者进行了分组，告诉每组必须完成一个项目，但却不给小组具体题目，也没有具体的说明或者指导，此时个案工作者面临的就是模糊情形。模糊条件是“险恶”的决策条件，行政者在这种条件下作决策常常会面临巨大的困难。

四、决策的重要性

在社会服务机构中决策的重要性体现以下几方面①。

1. 决策是社会服务机构行政管理的重要部分

西蒙认为管理就是决策。管理本身即是一种决策以及执行的过程，而决策可以说是管理中相当重要的一部分，管理的四大职能都离不开决策（见表8-2）。

① 黄源协．社会工作管理［M］．台北：扬智文化事业股份有限公司，1999：201.

表 8-2　管理职能与决策

管理职能	相关决策
计划	· 组织的长期目标是什么？ · 实现这些目标的最佳战略是什么？ · 组织的短期目标是什么？ · 每个单位或部门的目标是什么？ · 如何建立个人的目标？
组织	· 多少员工需直接由我负责？ · 组织应该划分为多少个层级或部门？ · 如何设计工作？ · 组织应于何时实施不同的结构？
领导	· 如何处理组织员工士气低落的问题？ · 某种特定情境下什么样的领导风格是最有效的？ · 某项特定的改变将对员工生产量造成什么样的影响？ · 何时是鼓励冲突或抑制冲突的最佳时机？
控制	· 对员工该采取什么程度的控制？ · 何时应对绩效进行评估？ · 绩效不佳时采取什么样的措施？ · 组织应有哪些类型的管理信息系统？

资料来源：黄源协．社会工作管理［M］．上海：华东理工大学出版社，2018：147.

2. 社会服务机构各层级行政者都要作决策

所有的行政者都有作决策的职责，因而可以把行政者称为决策者。高层行政者需确定有关机构宗旨和达成宗旨的战略决策，中层行政者处理有关战略执行、预算及资源分配的决策，基层行政者作执行日常业务实施的决策。

3. 社会服务机构决策的影响范围广

对社会服务机构来说，决策影响机构采取的方案、战略和员工士气。对服务对象来说，决策影响社会工作者与服务对象的关系和服务对象问题的解决。决策还影响员工和社区，行政者可以结合机构环境和领导形态而让机构成员和社区居民参与决策。

第二节 决策的模式

一、理性决策模式

1. 理性决策模式的假设

理性决策模式建立在经济学的假设基础之上，管理学之所以将其作为一种基本的模式对待，是因为行政者希望自己作出的决策在经济上是有意义的，而且符合机构经济利益最大化的原则。理性决策模式的假设包括①：

（1）要解决的问题可以精确地计算和界定。

（2）要达到的目标是已知的且具有共识。

（3）信息充分，所有的方案和结果都可以计算出来。

（4）评估方案的准则是已知的，即要选择能够使机构经济收益最大化的方案。

（5）决策者是理性的和富有逻辑性的，所作决策能够最大限度地实现机构目标。

理性决策模式是一种规范或标准的模式，它说明决策者应该怎样作决策，而不是行政者如何实际作决策。该模式的价值在于它能够使决策者在决策中更加理性。近年来，由于利用计算机进行定量决策的方法发展很快，理性决策模式得到了广泛的应用。

2. 理性决策模式的假设与现实对比

从许多方面看，理性决策模式是一个“理想型”的理论模式，它教导人们“应该”如何理性地作出决策。但是，由于理性决策模式有关人们决策行为的前提假设不现实，使得这一模式与人们在现实生活中的实际决策行为常常相去甚远。因此，理性决策模式在解释和指导人们决策行为时有明显的局限性。理性决策模式的假设和现实的对比见表8-3。

---

① ［美］理查德·L. 达夫特．管理学（第五版）［M］．韩经纶，韦福祥，等，译．北京：机械工业出版社，2003：264.

表 8-3　理性决策模式的假设和现实对比

理性决策模式的假设	现实
所有的备选方案都考虑到了	1. 由于方案太多，几乎不可能考虑所有的备选方案 2. 一些备选方案并不会得到决策者的考虑 3. 考虑所有的结果是不现实的
每种备选方案实施的结构都考虑到了	1. 评估许多方案实施的结果是不现实的 2. 评估过程需要花费时间和精力
获得备选方案的精确信息不需要成本	1. 可使用的信息很少是精确的，很多是过期的，而且通常存在问题 2. 获取或者购买信息是有成本的 3. 决策不得不根据不充分的、不完全的而且不精确的信息作出
决策者是理性人	1. 个人缺少足够的能力储存信息并加工与决策有关的所有信息 2. 决策者经常缺少进行深思熟虑的能力

资料来源：［美］戴维·布坎南，安德杰·赫钦斯盖．组织行为学（第五版）［M］．李丽，等，译．北京：经济管理出版社，2005：760.

二、行政决策模式

1. 有限理性和满意原则

行政决策模式描述的是在困难的情形下，如非程序化、不确定性和模糊的条件下，行政者如何实际作出决策。西蒙提出了有限理性和满意原则两个概念，这对行政决策模式的形成具有积极影响。

（1）有限理性。人们的理性是有限度的。组织是极其复杂的，而行政者处理与决策相关信息的时间和能力是有限的。

（2）满意原则。决策者在筛选决策方案时，会选择第一个能够满足最低决策准则的方案，而不是对所有的方案进行筛选直到寻找到能够使组织经济利益最大化的方案。满意原则与理性决策模式中的最优化标准之间的区别就好像从海底捞一根足够锋利的针和从海底捞一根最锋利的针之间的差别一样。

2. 行政决策模式的假设

行政决策模式所依据的假设与理性决策模式不同，其关注的焦点是可以影响个人决策的组织因素。行政决策模式基于以下假设①：

（1）决策目标通常是模糊的、相互冲突的，而且难以找到一致性的意见。

（2）由于人力、信息和资源约束，行政者对方案的搜寻受到限制。

（3）大多数行政者寻求满意而不是最优方案。

（4）理性程序有时会被搁置不用，即使决策者启动理性程序，他们也会将视野局限在所要解决的问题上，而不是整个复杂的现实组织事务上。

行政决策模式被认为具有描述性的特征，它说明的是行政者在复杂条件下实际是怎样作决策的，而不是根据理论上的理想状态作决策。行政决策模式认识到人力和环境对决策的约束，这些约束决定了行政者追求理性决策过程的程度。

三、隐含偏好模式

在隐含偏好模式中，决策者在开始决策时就已经隐含地选择了一个偏好的方案，他在后续的决策过程中将要证实这个偏好的方案就是恰当的选择。隐含偏好模式与行政决策模式类似的地方，是这两个模式都认为决策者在作决策之前首先要把复杂的问题情境进行简化，但隐含偏好模式是一种更倾向于非理性、非客观的模式。

事实上，人们实际作决策往往并不是自始至终只使用一种决策模式，而是可能将多种决策模式混合使用。例如，有时决策者可能会在决策过程开始时使用直觉模式，自由发挥直觉，试图产生不同寻常的备选方案，然后在对备选方案进行分析评估时则采用理性决策模式，进行数量化的分析。再如，有时决策者也可能在决策过程起始阶段的一系列步骤上采取理性的方法，设定决策标准和权重，形成备选方案，而在最后对备选方案进行选择时则凭借直觉②。

---

① ［美］理查德·L. 达夫特．管理学（第五版）［M］．韩经纶，韦福祥，等，译．北京：机械工业出版社，2003：266.

② 陈兴琳．组织行为学［M］．北京：清华大学出版社，2006：244-245.

第三节　决策制定过程

一、制定决策的步骤

如前所述，理性决策模式用于解决较复杂的问题，需要以客观和科学的方法进行分析研究。理性决策模式强调“程序的理性”，即决策过程包含收集与决策相关的信息，分析信息之后才能作选择。黄源协等学者对行政者制定决策的步骤进行了梳理，下面进行介绍①。

1. 诊断和确定问题

决策制定过程开始于一个存在的问题，具体地说是开始于现状与希望状态之间的差异。存在的问题应具有三个基本特性：差距的存在、行动的压力以及有解决问题的资源。

（1）差距的存在。行政者需要比较现状与希望状态的差异。如果事情的进展没有像他所希望的那样，那么显然存在问题。行政者可能需要根据以下四种迹象中的某一种来发现问题：对以往业绩的背离、对计划的背离、外界的批评和竞争威胁②。

（2）行动的压力。问题必须是行政者感受到有加以解决的压力，这些压力可能包括机构的政策、期限、财务危机、行政者的期待或是即将到来的绩效评估。

（3）有解决问题的资源。资源包括权力、预算、信息和其他必要的资源，有资源才能解决问题。若一位行政者感受到有问题且有解决的压力，但没有足够的资源，也不能解决问题。

诊断和确定问题对后面所提的各种解决方案有重要影响。作为一位决策者，必须在决策前小心地研究问题，抓住问题的核心，然后进行精确的诊断分析。此外，一个有效的决策是建立在对环境限制的认知和理解的基础上的。因此，决策者待真正了解问题后，也要能掌握问题解决可能遇到的限制，然后才能进行制定决策的下一个步骤。

---

① 黄源协．社会工作管理［M］．台北：扬智文化事业股份有限公司，1999：202-205.

② ［美］安德鲁·J. 杜柏林．管理学精要（第六版）［M］．胡左浩，陈莹，袁媛，译．北京：电子工业出版社，2003：127.

2. 寻求解决问题的各种途径

当决策者大致确定问题后，就应开始构思有何方法解决问题，决策者应尽可能列出各种可能解决问题的方法。例如，考虑一下如何面对那些不称职的员工。主管或行政者可能会考虑以下一个或多个选择方案：①立即解雇他们；②和他们谈话，鼓励他们做得更好；③和他们谈话，试图训练他们做得更好；④邀请他们的同事和他们一起工作，帮助他们做得更好；⑤将他们调到能更有效地发挥他们的作用的位置；⑥改变机构的组织类型来适应他们的能力和兴趣。尽管也许还存在其他可能性，但以上这些在解决问题中是最常见的。

这个阶段应仅止于列出方案，尚无须对方案加以评估。机构若能采用头脑风暴法，要求机构内的成员尽量提出各种解决方法，将可能会有一些创新、独特的构想，从而提供更多可供选择的参考方案。

3. 分析比较各种途径或方案

一旦确认了各种可能的方案，决策者必须对各个方案进行详细分析。决策者可设定分析的标准，并在此基础上分析各种方案的优缺点。

（1）设定标准。分析前，决策者可以设定一些标准、指标或关键因素，以作为比较和选择的基础。这些指标要尽可能具体，并可依其对问题解决或目标达成的重要性予以加权。

（2）分析优缺点及可行性。每一种方案皆有其优缺点，在决策者最后作决策之前，应比较每一个可能方案，认识到任何好的决策都可能有其固有的限制。例如，若决定要将现有的社会工作者安排服务某一特定群体，这意味着其他人所获得的服务可能会减少。若过度比较各种方案，可能会导致没办法作决定，其结果可能比选择一个仅次于完美的方案还要不利。

4. 选择一个最佳的方案

经过上述分析后，接着即是选择一个解决问题或达成目标的最佳方案。经过比较后，可能得到最后的答案，但有时仅靠比较分析仍无法选定哪一个方案，必须进一步考虑其他相关因素，例如士气、服务对象或消费者是否接纳、社会大众的反应。作为一位决策者，在经过前述的客观分析与比较判断后，即可选择一项最佳的行动方案。一般来说，决策者所选择的方案应是一个经过权衡轻重后的令人满意的方案，但这个方案并不一定是一个可以完全解决问题的方案。

5. 选择方案的执行

若选择了方案，但该方案未被执行，则该方案可能会失败，因而，方案的执行关系到决策是否能够成功。执行即将决策付诸实行，以达到所设定的目标。机构的团体或团队可以协助行政者履行承诺，若成员在前述的过程中能参与，则更可能会热心执行和支持其所参与的决策。因而，方案的成败并非单独执行阶段的事，其结果是整个决策过程的反映。

6. 决策效果的评估

决策过程的最后步骤是评估决策的结果是否解决了问题或达到目标，换句话说，即所选择的方案是否实现了想要的结果。若发现问题尚未获得解决，行政者便需要仔细地剖析问题出在哪里：是问题没有被正确地界定，或是在评估方案时出了差错，抑或是虽然所选择的方案是正确的，但在执行时出了问题？这些问题皆可能使行政者必须再回到前述的步骤，甚至可能需要全部重新再来。

二、决策偏差与克服方法

1. 决策偏差

20世纪70年代，美国心理学家丹尼尔·卡尼曼（Daniel Kahneman）和阿莫斯·特韦尔斯基（Amos Tversky）指出，由于所有的决策者都会受到有限理性的制约，他们倾向于使用直觉，也就是能够简化决策过程的经验法则。他们认为，经验法则在大多数情况下是有用的，因为它能够帮助决策者正确地对复杂、不确定或者模糊的信息进行理解和判断。但是，这种方法有时候也会导致系统偏差。所谓系统偏差是指人们对信息的理解和判断总是会发生的一些偏差，这将导致决策者作出错误的决策。决策中的系统偏差主要有四种：前提假设偏差、代表性偏差、控制错觉和升级承诺①。

（1）前提假设偏差。若决策者对于两个变量之间的关系有着强烈的先期认识，他们往往倾向于在先入为主的认识基础上作决策，即便有证据证明他们的这种认识是错误的，他们也不会改变决定。一旦他们这样做了，

① ［美］加雷斯·琼斯，妮弗·乔治．当代管理学（第三版）［M］．郑风田，赵淑芳，译．北京：人民邮电出版社，2005：170-172.

就会陷入一种前提假设偏差。此外，决策者还倾向于收集和使用与他们的先期认识相一致的信息，而忽略与这些认识不一致的信息。

（2）代表性偏差。很多决策者都不恰当地从一个小样本甚至从一个典型的案例中归纳出某种结论，并将其推广到普遍的情况中，这就是代表性偏差。

（3）控制错觉。控制错觉是决策者过高估计自己对各种活动和事件的控制能力，高层行政者往往特别容易形成这种偏见。控制错觉通常会导致行政者作出不恰当的决策。

（4）升级承诺。决策者发现已作出的决策导致了负面结果，但他们不去停止或改变行为，反而继续合理化自己的决策和行为，从而使负面结果不断升级，这种行为就是升级承诺。决策者决定增加对一项行动计划的资金投入和时间投入，而不顾这样的做法明显是不经济的或者不实用的。在这种情况下，更适宜的决策应该是减少对这种方案的投入，或者干脆停止实施。

2. 意识到自己的偏差

行政者怎样才能避免认知偏差产生的负面影响，从而提高他们的决策能力和解决问题的能力呢？答案是必须认识到存在于自身的认知偏差及其负面影响，明确自己的个人决策风格。一种方法是，回顾自己最近所作的两个决策——一个好的决策，一个糟糕的决策。行政者首先应该确定自己要在各个步骤上花费多少时间，以确保每一个步骤是在时间充足的情况下完成的。另一种方法是，让行政者列出他们用来评价或者评估备选方案的常用标准，然后严格地评价这些不同的因素，看它们是否适合作为决策标准使用。

多数行政者可能很难认识到自身存在的认知偏差。要解决这个问题，行政者就需要和其同事共同努力，一起对自己的设想进行仔细分析，以便找出自己决策方式存在的弱点。在这种情况下，群体决策就变得很重要了。

第四节　群体决策

一、群体决策的优势和问题

行政者有时发现，召集一群人为某个目标作一项重要决策是必要的。行政者必须了解群体是如何运作的，以及如何利用它们来改进决策。如果时间充裕，群体决策会比个体决策质量更高。然而，群体决策相对于最优秀的个体而言常常处于劣势，其好坏依赖于如何有效地发挥成员潜在的能力优势以及使潜在的问题最小化，表 8-4 对这些观点进行了总结。

表 8-4　群体决策的优势与劣势

潜在优势	潜在劣势
1. 大量的信息 2. 更多的观点和方法 3. 激发智力 4. 理解决策 5. 对决策的认同	1. 个体主导 2. 满意 3. 群体思维 4. 目标置换

资料来源：［美］托马斯·S. 贝特曼，斯考特·A. 斯耐尔. 管理学：竞争新格局（第六版）［M］. 北京：北京大学出版社，2007：82.

1. 群体决策的潜在优势

如果他人可以有所贡献，使用群体决策至少具有以下 5 个潜在优势：

（1）当几个人共同作决策时可获得更多的信息。当某个成员不具备完全的信息或相关的专业知识时，其他人可能具备。

（2）可获得对某个问题的大量观点或解决问题的不同途径。问题对于某个成员来说可能是全新的，但是对于其他人可能是熟悉的，群体可能会考虑其他诸如财务、法律、市场营销、人力资源等方面的因素来形成最终解决方案。

（3）群体讨论为激发智力提供了机会，能促使人们思考并产生比个体决策更大的创造性。

（4）参与讨论的人更能理解为什么要作该项决策。他们应该听到赞成方案和反对方案的相关争论。

（5）群体讨论的典型结果是达到对决策的高度认同。通过参与方案可以带来对方案成功实施的信心和激励。

以上群体决策的前三个潜在优势，产生的结果是更充分的信息和更高质量的决策。因此，行政者应该让那些具有不同背景、观点、信息渠道的人们参与决策。后两个优势有利于方案的成功实施。因此，行政者应该让那些负责方案实施的人尽可能且尽早地参与决策。

2. 群体决策的潜在问题

群体决策也可能出现错误，因为群体成员相互作用的协调过程中可能存在许多潜在的问题：

（1）有时群体成员中的某个人在讨论中处于主导地位。一旦发生这种情况，例如当一个强势领导者明显地表现出偏好时，其结果就是他在单独作决策。个体主导有两个缺点：第一，主导者不一定有最有效的观点，反而可能有最不可靠的想法；第二，即使主导者的偏好能够带来好的决策方案，召集人们组成团队作决策也是在浪费其他人的时间。

（2）群体更多以满意为主。许多人不喜欢开会，希望尽自己所能使其早点结束，因此可能会批评那些想继续阐述更新、更好的方案的成员，结果产生的不是最佳或最大化的方案，而只是一个比较满意的方案。

（3）避免不同意见的压力导致群体思维现象。由于人们不愿打破既有的团队气氛，因此当他们选择避免争论和异议时就产生了群体思维。有些群体希望成为只有一种思想、没有争议、努力保持热诚的群体，这样的群体往往过于自信和自满，且不愿冒风险。群体压力往往会遏制创造力，扼杀能够进行审慎决策的其他行为。

（4）群体中经常出现目标置换。群体目标本来是寻求解决问题的最佳方案，但是，当目标置换发生后，新的目标就会取代原有目标。在两个或更多个群体成员有不同的观点并提出了冲突的方案时，理性的说服变成了激烈的争论，在争论中获胜成为新的目标，保住面子、推翻别人的方案变得比解决问题更加重要。

二、群体决策方法

为了激发创造性，社会服务机构可以运用能够激发、促进创造性思维和创新性解决方案的群体问题解决方法。这些方法还有助于抵制群体思维，帮助行政者克服认知偏差。在这里，介绍三种群体决策方法：头脑风暴法、名义群体法和德尔菲法①。

1. 头脑风暴法

头脑风暴法是一种群体解决问题的方法。运用这种方法时，行政者聚在一起，提出各种各样的备选方案并对这些方案进行讨论，最终从中确定一种方案。一般来说，这种方法需要 5—15 名行政者组成一个非公开的会议小组，然后按下列程序进行：

（1）由一位行政者对小组要讨论的问题进行大致描述。

（2）群体成员分享各自的想法，提出各种备选方案。

（3）在全部备选方案被介绍完之前，每一个人都得保留自己对某个方案的评判。群体中的一名成员负责在活动挂图上记录各个备选方案的要点。

（4）鼓励小组成员尽可能提出大胆创新和激进的想法，并且提出的想法数量越多越好。此外，还要鼓励小组成员对彼此的意见进行深入思考。

（5）当所有备选方案都被提出来以后，小组成员需要对每一种方案的优缺点进行讨论，最后形成一个最佳备选方案清单。

2. 名义群体法

名义群体法提供了一种以书面方式提出备选方案的更为结构化的途径，并给予行政者更多的时间和机会来构思解决方案。当问题存在争议的时候，或者希望行政者提出各不相同的方案时，名义群体法是相当有用的。一般来说，在运用这种方法时，要求行政者小组举行一个非公开的组内会议，会议遵照下列程序进行：

（1）由一位行政者对将要讨论的问题进行简要介绍，然后给出 30—40 分钟的时间，让每一个小组成员独立写下各自的想法和解决方案。鼓励小组成员尽可能地有所创新。

（2）行政者轮流向大家说明自己的想法，由一名行政者在旁边的活动挂图上记录这些备选方案。在所有备选方案被介绍完之前，不允许对任何一个方案进行评价。

（3）按照首次提出的先后顺序，对这些备选方案依次进行讨论。小组

① ［美］加雷斯·琼斯，妮弗·乔治．当代管理学（第三版）［M］．郑风田，赵淑芳，译．北京：人民邮电出版社，2005：175-176.

成员可以要求了解备选方案的详细信息，并对每一个方案进行批评式考察，以便明确它的优点和缺陷。

（4）在讨论完所有备选方案之后，每一位群体成员都要按照自己的偏好程度对这些方案进行排序，最后选择出综合排序最高的方案。

3. 德尔菲法

德尔菲法是一种创造性地解决问题的书面方法，其应用程序是这样的：

（1）群体领导者把需要解决的问题以及参与的行政者将要回答的一系列疑问用书面形式列举出来，制成问题调查表。

（2）把这份问卷发送到对这方面问题最为了解的行政者和专家手中，要求他们提出解决方案，并将问卷返回给群体领导者。

（3）高层行政者团队对这些反馈回来的问卷进行记录和总结，然后把相关结果以及需要回答的附加问题再次发送给上述行政者和专家。

（4）重复进行上述过程，直到参与者基本达成一致意见，并且最适宜的行动方案已经能够清楚地显现出来。

基本概念

决策　程序化决策　非程序化决策　群体决策　个体决策　有限理性　满意原则　头脑风暴法

思考题

1. 程序化决策和非程序化决策的区别是什么？
2. 理性决策模式的假设是什么？
3. 行政决策模式的假设是什么？
4. 决策制定过程包括哪几个步骤？
5. 决策中的系统偏差有哪些？
6. 群体决策有哪些优势和劣势？
7. 应用头脑风暴法的程序是什么？

第三编

组织

第九章　组织结构与设计

组织是管理职能之一，是创设组织结构的过程。本章在介绍组织结构的定义、组织结构设计方案以及影响因素的基础上，从横向角度介绍部门化，再从纵向角度探讨组织的层级结构和职权行使问题，做完以上工作，一个完整的组织架构就成型了。本章最后介绍几种常见的组织结构设计。

第一节　组织结构与设计概述

一、组织结构的定义

在社会服务机构中行政者面临的一个挑战是，如何设计出一个组织结构，使员工能卓有成效地开展工作。那么，什么是组织结构呢？所谓组织结构是指组织成员为完成规定的工作任务和实现组织既定的目标而在职责、职权等方面的分工和协作体系。

这个组织结构的定义包含了以下 3 个方面的关键要素①：

（1）组织结构决定了组织中的正式报告关系，包括职权层级的数目和主管人员的管理跨度。

（2）组织结构确定了由个体组合成部门，部门再组合成整个组织的方式。

（3）组织结构包含了确保跨部门沟通、协作与力量整合的制度设计。

上述 3 个要素涉及组织纵横两个方向。具体地说，前两个要素规定了组织的结构框架，也即纵向的层级，第三个要素则是关于组织成员之间的相互作用关系。一个理想的组织结构应该鼓励成员在必要的时间和地点通

---

① ［美］理查德·L. 达夫特．组织理论与设计（第七版）［M］．王凤彬，张秀萍，等，译．北京：清华大学出版社，2003：103.

过横向联系提供共享的信息并进行协作。

可以借助组织结构图来认识组织结构。组织结构图是对组织的一整套基本活动和过程的形象化的表现，对我们了解一个组织如何运作有很大的帮助。组织结构图标明了组织中的职位及其安排，给我们展示了组织的汇报结构（谁向谁汇报）以及不同个体的不同任务。

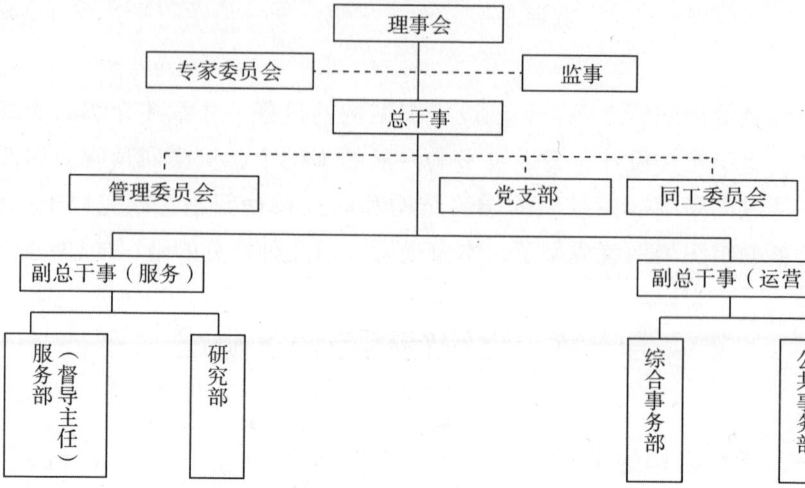

图 9-1 深圳市阳光家庭综合服务中心行政架构图

图 9-1 是一幅组织结构图，请注意这种简单的表达方式中蕴含的各种信息：

（1）方框代表不同的工作。

（2）方框中的名称表明每个部门负责的工作。

（3）纵向实线注明了汇报与职权的关系。

（4）水平排列的方框代表着管理层次，所有同一级别并向同一人报告的个人或部门都在同一个等级水平上。

二、组织结构设计方案

行政者在发展或变革一个组织的结构时，就会开展组织结构设计。为了能最终设计出组织结构图所显示的组织结构，需要分别设计组织的横向结构和纵向结构。横向结构设计要素包括分工和部门化，纵向结构设计主要是划分层次以及分配职权，包括指挥链、管理层次、管理跨度、集权与分权等要素。组织结构设计方案具体包括如下内容。

1. 分工与部门化

（1）分工。分工是组织结构设计的一项重要工作，它是将实现计划的各类活动按照专业化的原则加以分类，以使活动更具效率。在组织中，分工的主要结果是形成不同的部门。

（2）部门化。部门化是将相关的活动汇成一个部门。部门可以根据以内部为中心还是以外部为中心来划分。如果是以内部的运作、员工完成的职能或为完成某个特定的工作所需要的资源进行划分，这种部门化称为职能部门化。外部部门化的基础是具体的活动，这些活动关注的焦点是组织外部的因素。外部部门化包括地区部门化、服务部门化和服务对象部门化等。

2. 纵向结构设计

（1）报告关系。报告关系，通常也称作指挥链，在组织结构图中是用垂直线来表示的。指挥链应该是一条连续的权力线，它将组织中所有的成员都连接起来，并显示谁应该向哪位主管报告工作。报告关系与两项原则相联系：①统一指挥原则，它意味着每名员工只向一位上司负责；②层级原则，指在组织中清晰定义的包括所有人员的权力链。组织中的每个人都应该清楚自己应该向谁报告，以及逐级上报的连续管理层次。

（2）管理跨度。管理跨度指的是向同一位上司报告工作的员工数目，有时又称为控制幅度。这一结构要素决定了一位上司控制下属的紧密程度。

（3）集权与分权。集权或分权与制定决策的层级结构相联系。集权意味着决策由组织高层作出，分权则意味着决策权存在于较低的组织层次。组织必须进行试验以找出制定决策的最佳层次。

三、组织结构设计的权变因素

并不是所有社会服务机构的组织结构都是一样的，对一个机构有效的组织结构不见得对另一机构也有效。那么，行政者如何决定要采用什么样的组织结构设计方案？在进行组织结构设计时除了考虑以上横向结构设计和纵向结构设计的因素外，还需要考虑以下一些权变因素。

1. 战略

组织结构应该有利于实现组织战略，战略应该与组织结构紧密配合，特别是组织结构应当服从战略。如果行政者对组织的战略作了重大调整，那么就需要修改组织结构以适应和支持这一调整变革。

2. 组织规模

组织规模影响组织结构。大型组织的专门化、部门化和集权化的程度比小型组织更高，规章制度也更多。这种关系不是线性的，随着组织的扩大，组织规模的影响越来越不重要。

3. 技术

任何组织都需要采取某种技术，并将技术转换为产出。组织应根据技术调整组织结构。一般来说，技术越是常规化，组织结构就越能显示出机械式特征。组织越是采用非常规化的技术，就越可能实行有机式的组织结构。

4. 环境

环境的不确定性影响组织绩效。行政者若要减少这种不确定性，组织结构的调整就是减少环境不确定性的一种措施。环境不确定性程度越高，越需要有机式设计所提供的灵活性。反之，在稳定、简单的环境中，一般机械式建设最有效。

专栏 9-1 介绍了组织工作和结构设计不当可能导致的问题，供读者参考。

专栏 9-1　组织工作和组织结构设计应注意的问题

蔡尔德编写了一份组织工作和结构设计不当可能导致的问题列表，尽管令人沮丧，但却给人留下了深刻印象。部分内容如下：

1. 以下原因导致动机减弱，士气低迷：

（1）决策显得缺乏连贯性，比较随意，没有一定之规。

（2）由于授权力度太小，员工认为自己的职责很少，也没有什么机会做出成绩和体现自己的价值。

（3）对员工的期望和绩效评估方法不明晰。

2. 以下原因导致决策延误、质量低下：

（1）必要的信息没有及时传达给相应人员。

（2）缺乏恰当的程序评估过去类似决策的效果。

3. 以下原因导致冲突和合作缺失：

（1）项目目标或各部门的目标之间存在冲突。

（2）缺乏联络机制。

（3）执行者不参与计划的制订。

4. 以下原因导致成本的迅速增加：

（1）组织中的等级森严，级别太多。

（2）程序和文案工作过多。

资料来源：［英］查尔斯·汉迪．组织的概念［M］．方海萍，等，译．北京：中国人民大学出版社，2006：255.

第二节 部门化

组织结构设计的首要步骤即是划分工作与活动，使其成为可以控制的单位，并让组织结构系统趋于完整。部门化是指组织基于分工合作的需要，将各层级的业务与权责划分为水平或横向的单位。社会服务机构常见的部门化有多种形式①，它们可以为行政者提供各种用于细分和组织员工的可行的选择。部门化的形式见表 9-1。

表 9-1 部门化的形式

1. 人数部门化——部门由相等数目的员工组成，所有成员都具有类似的知识和技能，并且都执行相同的功能或服务于类似的服务对象。 2. 工作时间部门化——由来自不同专业学科的员工组成部门，部门中的员工有共同的工作时间（轮班）。 3. 学科部门化——在一个包含不同专业类型的组织中，依据员工的专业学科背景部门化。 4. 职能部门化——部门包括从事同类主要活动的所有人员，不论其学科如何。对服务对象的服务通常只是这些企业的职能之一。 5. 服务地区部门化——部门由服务于同一地理区域的所有员工组成。 6. 服务部门化——每个部门所有员工都向提出各种问题的服务对象提供同样类型的专门服务。 7. 服务对象部门化——不同的部门由专门提供不同服务的员工组成，向属于同一诊断类别或存在同一问题的服务对象提供服务。 8. 跨学科团队部门化——在为不同类型问题的服务对象提供服务的组织中，部门由来自不同专业背景的员工组成，他们提供各种不同的服务。

资料来源：[美] 罗伯特·W. 温巴赫，林恩·M. 泰勒. 社会工作管理（第七版）[M]. 陈为雷，等，译. 北京：中国人民大学出版社，2021：149. 有改动。

一、人数部门化

人数部门化是单纯地将完成同一件工作的人集结在一位行政者领导之下，每个部门的人数近乎相等，部门内的成员具有类似的知识和技巧，且

① [美] 罗伯特·W. 温巴赫，林恩·M. 泰勒. 社会工作管理（第七版）[M]. 陈为雷，等，译. 北京：中国人民大学出版社，2021：149-158.

黄源协. 社会工作管理 [M]. 台北：扬智文化事业股份有限公司，1999：138-148.

黄源协. 社会工作管理 [M]. 上海：华东理工大学出版社，2018：93-99.

都能进行类似的工作或服务类似的服务对象。例如，4 名社会工作硕士可能被指派每人监督 6 名志愿者，或由 4 名监管人员分别监督 5 名后勤人员。通过给每个员工分配相等数量的工作，等量原则可能会得到进一步应用。例如，保管员监管的每个成员可负责清洁和维护 8 个办公室。

人数部门化简单易行，最适合组建半熟练或不熟练且工作相对简单和标准化的员工工作小组。它的主要缺点在于，行政者对员工的个人能力缺乏认知，从而无法充分利用员工的独特性。

二、工作时间部门化

一些社会服务机构需在晚上或节假日工作，它们也许会以工作时间作为部门化的依据。例如，青少年服务机构开展夜间外展服务，就需要在晚上安排社会工作者工作；处理婚姻暴力或儿童性虐待问题的社会服务机构的工作时间也往往没有白天和晚上或者工作日和节假日之分，需要全天候地处理可能出现的突发事件，为服务对象提供紧急服务或庇护。这些机构往往需要按工作时间划分部门，实行轮班。

这种形式的部门化有利于全面覆盖服务对象，增加了服务的利用率。它也有潜在的缺点：①轮班可能会导致缺乏合作和沟通的问题；②工作本身的性质（例如，很多紧急情况、较少的“后备”援助），甚至是其他人如何看待这种工作，这些都可能会造成家庭和人际关系问题；③夜班工作可能被视为地位较低或不那么重要、不那么吸引人，雇用和留住上夜班的员工可能很困难。

三、学科部门化

有些社会服务机构会雇用不同学科的专业工作者，机构内各部门可能由具有相同学科背景的人构成。例如，一个大型社区心理健康中心可能有一个或多个部门由社会工作者构成，一个或多个部门由护士构成，等等。学科部门化促进职业认同，并确保专业人员的督导由能理解他们工作并分享他们的知识、价值观和能力的人担任，这些督导者能和他们密切合作。它的缺点是，各部门的专业工作者对不同情况可能有不同的看法，这使得他们无法与其他学科的员工开展互动或相互学习。

四、职能部门化

职能部门化是指将相同或类似的工作项目予以集结并组织员工，从而形成不同的部门。在企业内，生产部门、销售部门和财务部门是常见的职能部门。在社会服务机构内，同样存在以上三种职能部门。只不过，相对于企业生产、销售和财务部门，社会服务机构的生产是对不同类型（例如个人、家庭、团体、社区等）的服务对象的服务输送；销售则等同于社会服务机构对外界有关组织开展的公共关系工作；财务对所有社会服务机构都是必要的，每个机构都可能会任用从事筹资和财政资源分配方面的专家，其中包括编制和监督预算。

对行政者来说，职能部门化有助于任务的执行，也有助于专业技术的实践和督导。具体来说，职能部门化的优点如下：①符合专业分工原则，各部门各司其职；②个别主管较熟悉该领域的相关技巧，督导较为便利；③能够在每个部门的员工中创造团队精神；④各部门任务没有重叠，不会造成无谓的浪费。职能部门化的缺点是，功能部门化的组织可能出现部门主义现象，即各部门可能会因过度固守自身领域，或专注于单位内的成就，而不利于组织整体目标的达成。

五、服务地区部门化

服务地区部门化是指将组织划分为几个地区部门，每一个部门独自形成一个服务中心，这是一种将责任授权给各分区主管的分权的组织结构，每个地区或许又会有自己的生产/服务、营销、财务或人力资源等功能活动。有些大型的社会服务机构有时会依据服务地区细分组织，以便能将其缩小至易于经营的次单位。

服务地区部门化的优点主要包括：①各负责区的管理者的职权相当明确，较易于确认工作成果，并为服务的结果负责。②如果服务对象上门访问，可以降低服务成本，提高效率，交通费用也可以保持相对较低的水平。③员工较易于熟悉社区的资源，并善用该社区的资源，不但可以增进服务的可近性，而且可以提高社区居民的参与度。④工作者的工作重心放在相对较小的地区，能更好地了解社区的问题。⑤易于让社会服务机构与社区领导者和其他关键人物建立较好的关系，对组织任务的达成有所助益。

服务地区部门化的问题在于：①划定地区边界可能很困难。地区并不总是与地图上的街道、小区或其他地理边界相一致。即使一个地区容易界定，但该地区可能太大或太小，不能用于划分，因而成立一个具有相同边界的地区可能是不切实际的做法。②员工之间的分工不均衡。无论社会服务机构在创建地区方面作了多少规划，都很难使员工的工作量在较长一段时间内保持平衡，难免出现有些地区的员工超负荷工作或工作很少的现象。③不利于员工士气。员工会因某地区的距离、治安、对服务的支持等觉得自己的情况不如别人，但是又必须在那里工作，这可能会影响员工的士气。④纯粹按地理边界划分地区，可能会被指责僵化，也可能会完全违背服务对象的最大利益，并造成效率低下。⑤服务地区部门化并没有给提供服务的员工留出足够的空间，使他们成为一种或多种干预类型或者处理特定服务对象问题的专家。

六、服务部门化

在企业里服务部门化是指以生产线作为划分部门的基础，在社会服务领域服务部门化则是以所提供的服务作为划分部门的基础。这种部门化建立在干预类型分类的专业化效益的理念上，由于社会工作者及其他辅助专业人员向不同的服务对象系统提供的服务种类繁多，因此，我们可以依赖某些子类来描述提供的主要服务类别。例如，一个家庭服务机构的管理者选择将服务分为个人治疗、小组治疗、家庭咨询和个案管理。

服务部门化的优点在于，每位专业工作者所负责的活动范围较小，因而他们比较熟悉服务所需的知识和技巧。服务部门化的缺点如下：①员工任务的狭窄性是服务部门化的最大缺点。当员工的工作彼此之间几乎没有重叠时，员工对他人活动的了解和兴趣就会减少，可能无法轻易共享所需信息，团队意识可能难以形成。②对员工来说，他们的工作会因缺乏多样性变得单调乏味，并可能导致倦怠。③服务也可能受到影响。如果服务对象需要多种服务，他们就需要咨询多个治疗专家，这就要求他们建立一种以上的治疗关系，那么谁对服务对象负有主要责任也可能成为一个问题。④服务部门化也可能导致组织内专业员工的使用效率低下。例如，只提供小组治疗服务的员工可能有一批需要专门治疗的服务对象在等候名单中排号等待，而家庭治疗专家却可能没有服务对象来寻求服务，反之亦然。

七、服务对象部门化

服务对象部门化是指部门的所有工作者都服务某种特定类型的服务对象。这种部门化的优点在于：服务对象能够从一批专业知识渊博、经验丰富的专家那里获得帮助。举例来说，社会服务机构也许存在一个老年人服务部门、一个成人服务部门、一个儿童服务部门、一个精神障碍者服务部门和一个由慢性精神疾病病人组成的服务部门①。在现实中，服务对象部门化可能并不总是有效的。即使可以根据服务对象的主要问题对其进行精确分类，为他们提供服务的专业人员也可能会发现，提供范围较窄的专门服务来解决他们的问题的想法是不现实的。

八、跨学科团队部门化

处理复杂问题的社会服务机构开始采用团队方式提供服务，并逐步取代以学科为基础而形成的部门。这种部门化的方式有两种：一是跨专业模式，即来自不同学科部门的专业工作者直接贡献其学科专业知识和技巧，他们维持本身的专业认同，且有各自不同的工作职责，共同处理服务对象的需求和问题。二是个案管理模式，即以个案为中心，在个案管理者或主管的管理下，具有不同专业背景的工作者完全平等地组成一个团队。跨学科团队部门化的优势在于员工能定期接触其他学科的知识和技能，可以增强跨学科学习和理解。但是，多学科团队也会削弱员工的专业认同，督导的界限可能模糊不清。

以上所列的八种部门化方式并没有一种方式是绝对的好或不好，没有哪一种方式仅适用于哪一类型的社会服务机构，而是要根据自身所处的情境采取适当的方式，甚或一个机构会有两种以上部门化方式。

---

① ［美］ Roger A. Lohmann, Nancy L. Lohmann. Social Administration ［M］. New York: Columbia University Press, 2001: 84.

第三节　层级结构与职权行使

任何组织都存在一种包括职权、决策和分派责任的自上而下的层级结构，这是组织结构设计需要考虑的纵向结构设计要素。

一、组织中的职权

1. 权力与职权

作为政治学、社会学、领导科学等多学科研究的共同课题，权力通常被描述为组织中的人与人之间的一种关系，是指处在某个管理岗位上的人对整个组织或所辖单位与人员的一种影响力，或简称管理者影响别人的能力。

职权与权力有关，但其涵盖范围要比权力窄。职权也是实现预期结果的一种力量，但它仅仅是由正规的层级链和报告关系规定的实现预期结果的一种力量。职权有如下三个特征：①职权存在于组织职位中。人们拥有某种职权是因为他们处在这一职位上，不是因为他们拥有的个人特质或资源。②职权根植于下属的接受。下属是因为他们认为居于该职位的人拥有运用职权的合法权才依从这个领导人的。③职权是顺着组织纵向层级向下流动的。职权存在于正式的权力链中，高层职位比低层职位拥有更大的职权①。

2. 职权结构

下面将自上而下地讨论社会服务机构的职权结构。

（1）理事会。《中华人民共和国民法典》第 93 条第 2 款规定："捐助法人应当设理事会、民主管理组织等决策机构，并设执行机构。理事长等负责人按照法人章程的规定担任法定代表人。"② 在基金会和民办非企业类型的社会服务机构中，理事会是决策机构，理事会的决策权体现在对组织章程、组织机构、人事任免、业务活动计划、财务预算、内部管理、组织

① ［美］理查德·L. 达夫特．组织理论与设计（第七版）［M］．王凤彬，张秀萍，等，译．北京：清华大学出版社，2003：514-516.

② 中华人民共和国民法典，http：//www. npc. gov. cn/npc/c30834/202006/75ba6483b8344591abd07917e1d25cc8. shtml.

分立合并终止以及其他重要事项的决定权。在我国，社会团体的理事会一般是执行机构，但有的社会团体的理事会也是决策机构。例如，晋江市慈善总会的理事会就是组织的领导和决策机构，负责制定和修改总会章程，选举会长、常务副会长、副会长、秘书长、常务理事；讨论和确定总会发展规则和年度预算；听取和审议总会年度工作报告及资金使用情况报告；讨论和决定总会重大事项等。

(2) 高层行政者。在基金会中，最高层行政者是秘书长，在民办非企业单位中，最高层行政者是院长（或校长、所长、主任等），他们负责管理运行整个组织。

一般来说，在组织的治理结构中，理事会处于权力的中心，对秘书长、院长（或校长、所长、主任等）等高层行政者起着支配作用。理事会负责聘任、评估和解聘最高层行政者，最高层行政者受理事会委托负责组织的日常运营，对理事会负责，具体执行理事会的有关政策。

(3) 中层行政者。中层行政者的职位多由富有经验的专业工作者担任，主要职责是在专业方面督导其下属的员工。督导主任可能是从在职群体中选出来的，也可能是从外部聘用的人才。

(4) 基层员工。基层员工是直接与服务对象接触的社会工作者。原则上这些人应该在专业上有较深刻的认识和经验，因为他们是代表社会服务机构提供服务的。基层员工在职位图中虽占最低的地位，但他们的功能绝不逊于高层行政者，他们最能观察行政计划实施时的得失，且最有机会把服务对象的情况报告给机构。

综上，理事会及其领导下的高层行政者占据了组织层级最上面的位置，构成社会服务机构的最高管理层。第二层级是中层行政者，在这一层级，行政者主管业务或部门。最底一层由基层员工组成，他们直接与服务对象打交道。通常在更高层级的人有权作出决策并告诉低一层级的人该做什么。在机构中，职权结构就是把这些层级组合到一起的黏合剂。

二、层级水平

如前所述，一般来说，社会服务机构存在三大层次，通常称之为层级。纵向层级的设置，为最高层行政者提供了通过职权层级逐级直接监督来控制和协调机构活动的有力手段。根据组织层次的多少，组织可以区分为高耸型和扁平型两种形态①。

1. 高耸型组织

高耸型组织，又叫作“高架式结构”，是在最高层与基层之间具有为数众多的管理层次，每个层次的管理跨度较窄。这样在基层员工数量一定的情况下，需要增加许多层次的行政者。高耸型组织的结构特征表现为高而瘦，所以也有人称它为“宝塔式”结构。

（1）高耸型组织的优点：①组织结构十分严谨、周密，便于行政者对下属实施严密控制；②组织成员职责分明，分工明确；③上下级之间等级森严，领导的权威性程度高，垂直的纵向关系十分清晰，有利于统一指挥；④组织的稳定性程度很高，纪律严明。

（2）高耸型组织的弊端：①层级间和部门间的协调任务重，计划和控制较为复杂；②管理费用升高，降低了管理工作的经济性；③信息交流不畅且易失真；④整个组织的决策民主化程度不够；⑤管理工作的效率也会降低。

2. 扁平型组织

扁平型组织与高耸型组织相反，其结构特征是扁平，管理跨度大，管理层次少，其组织结构叫作扁平结构，或者叫作“横式结构”。

（1）扁平型组织的优点：①节省管理费用开支；②高层领导可以较容易了解基层情况；③有利于促进基层行政者的成长；④有利于提高决策的民主化程度；⑤纵向沟通联系媒介缩短，可以加快信息传递速度并减少信息失真。

（2）扁平型组织的弊端：①各级行政者工作负荷重，精力分散；②对各级行政者的素质要求相对较高；③下属人员需要自动、自发、自律，否则容易出现失控；④扁平型结构虽然有利于上下级之间的沟通与联络，但管理跨度的加大会使同级间的沟通联络产生新的困难。

专栏 9-2 介绍了 NGO（非政府组织）中层级制使用的实证研究情况，供读者参考。

---

① 芮明杰．管理学：现代的观点（第二版）［M］．上海：世纪出版集团，2005：151-152.

专栏 9-2 层级制的采用

大部分的 NGO 都是采用层级制的。对于层级制的采用，一个很重要的问题是组织的层级有多少：层级越多，管理的金字塔就越倾斜。如大多数关于商业管理的著作一样，NGO 管理文献亦大多认为层级结构越扁平越好。扁平结构使管理层更接近不同层级的职员，既减少管理行政费用，又便于权力分散模式的发挥，诸如此类的好处，在文献中都有叙述。

但事实上，情况可能恰好相反。在组织初成立时，一般是小型的，人数少，亦使层级制不可行，故组织结构较多扁平。不过，当组织发展时，大多数的 NGO 都倾向保持扁平结构，部分是因为这使高层管理人员可与一线和其他层级的工作人员保持联系。扁平结构亦有助于管理层了解项目执行的实际情况，但事实上，当项目发展越来越大，要机构的几位管理庞大项目的经理直接向总经理报告是很困难的。当一个组织发展到一定的规模，扁平结构不一定是好的，管理的金字塔不可避免地必须增加高度，加入一些可以真正实现权力分散的层次。

希尔玛和唐纳森表示："认为扁平的架构较佳是一个很强的信念。很多人相信中层管理人员是不必要的，甚至会带来负面作用……这个信念可以在很多流行的管理方法中看出来，如减少机构层次等级、缩小规模、把管理金字塔倒转，还有以沟通和计算机取代经理等。"他们认为这些都是错误的方向，反驳道："大机构存在是因为要统筹数以千计的人共同提供服务，而层级制是一种可以使之实行的方法，虽然其中有很多运作上的困难，但把层级制和架构完全摒弃是不明智的。"

德鲁克把扁平结构组织比喻为交响乐团："交响乐团是一个很扁平的组织，由指挥家一人管理所有的事。第一提琴手不必向第二提琴手报告，因为每个人都有乐谱，大家都不必上级指示就清楚知道要如何做。所以，若你能把要做的事情需要的知识、技巧都让职员掌握好，你可以减少一两层层级。"

希尔玛和唐纳森了解管理人员有"交响乐团迷思"，但是他们指出，很少企业（更不用说 NGO）是在一个不变的环境中运作，事情不可能如乐谱一般，每一个音符的调子、声量和节奏都预先计划好。交响乐团只可能在每一个人都紧跟作曲家写好的曲子来演奏的假设下才成功，这些人很难在 NGO 找到，而且高层管理人员的管理能力也是问题。他们也解析了"技术迷思"，指出"真正的管理人员并不是做统计的机器，也不是电子网络，不能自动把数据精简、传送和提出重点"。

我们的研究说明了 NGO 的问题并不是层级制，而是层级制如何运作，这与团队合作、学习和权力分散等是一样。层级制并不一定不利于权力分布式的管理，也不一定与强调参与的管理方式有抵触。

资料来源：[加] 伊恩·斯迈利，[英] 约翰·黑利. NGO 领导、策略与管理：理论与操作 [M]. 陈玉华，译. 北京：社会科学文献出版社，2005：124-127.

三、管理跨度

一个行政者管辖的员工数目是组织结构的重要特征之一。直接向某个行政者或主管汇报的下属的数目被称为管理跨度。管理跨度的差异对组织形态的影响是直接的。如果规模保持不变的话，窄的管理跨度使组织庞杂，有较多的管理层次；宽的管理跨度使组织扁平，层次较少。理想的管理跨度能够实现效果最大化，因为它足够小，使得行政者能够保持对下属的控制，但也没有小到产生过度控制和过多的行政者监督少量下属的程度。

理想的管理跨度取决于一些因素。在下面的几种情况下，跨度可能较宽：①工作定义明确，不模糊。②下属训练有素，能够获得信息。③行政者非常能干，能够负担复杂的管理工作。④工作类似，有可比较的业绩衡量标准。⑤下属喜欢有一定的自由，不希望被监督控制。如果条件相反，较小的管理跨度可能会更合适。

四、授权

授权是将职权和责任分配给低一级下属的行为，它要求下属向其上级报告任务完成的情况。授权在组织的所有层级中都是重要的。

1. 授权的好处

（1）行政者通过把自己的责任分给其他人而节省了时间，这样可以把精力抽出来从事计划、设立目标和监控业绩等更重要、更高级的工作。

（2）授权使下属有机会执行一项更重要的任务，使其有机会发展新技能，为日后承担更大的责任和可能的晋升积累资本。

（3）授权对组织也有好处，行政者将时间用到重要的管理职能上，而由底层员工来完成这项工作，是更有效率和效果的方式。

2. 授权的艺术

组织不仅需要授权，而且授权也是一件让组织和组织成员成长非做不可的事。以下几个要点可以使授权过程更顺利：①让授权成为绩效管理制度的一部分。②不要只授予责任，却不授予权力。③期待错误被公平地处理。④授权必须能反映每个员工的个别差异。⑤有些时候授权是对的，有些时候则未必。⑥授权表示你知道并非只有你的方法才是完成工作的唯一方法。⑦即使你有时间进行授权，也要弄清楚什么时候最好别这样做①。

授权最大的挑战在于明茨伯格所称的“授权的两难”，见专栏 9-3。

---

① ［美］詹姆斯·P. 盖拉特. 21 世纪非营利组织管理［M］. 邓国胜，等，译. 北京：中国人民大学出版社，2003：145-146.

专栏 9-3　授权的两难问题

授权存在“两难”问题：“涉及专业职能的任务时，可以很轻松交付给负责相应职能的下属。但是跨专业或者涉及管理者的特殊信息的任务时又该怎么办呢？作为神经中枢，管理者完全控制着有关的事实信息和价值观信息，因此也最适合处理这些任务，但他又不能事必躬亲，有些工作必须分派给下属。如果管理者能够轻松地将所有相关信息都传达给下属，就不会有任何问题了。但他做不到，因为很多信息都是口头的（因此都要储存在记忆中）。诉诸文字的信息可以轻松地、系统地传达给他人，但储存于记忆中的信息却不能，而口述传达则浪费时间又非常容易出错。因此，管理者被他自己的信息系统害得终生劳顿或者屡屡受挫。首先，他自己承担了太多的任务，或者在传达口头信息上花费太多的时间；其次，按照管理者的标准，他肯定认为那些不了解相关信息的下属太不得力。”

资料来源：[加] 亨利·明茨伯格．管理工作的本质 [M]．方梅萍，译．北京：中国人民大学出版社，2007：91-92.

五、集权与分权

集权是指决策权在组织系统中较高层次的一定程度的集中；与此相对应，分权是指决策权在组织系统中较低管理层次的程度上分散[①]。集权和分权各有其优缺点（见表 9-2）。要提醒的是，集权的优点是分权所缺乏的；反之，分权的优点是集权所缺乏的。

表 9-2　集权与分权比较

集权的优势	分权的优势
易于以组织整体执行共同的政策	让决策更接近工作的作业层级
可使决策与组织目标一致	可弹性回应地方/基层的环境和需求
预防下级单位太过独立自主	可以减轻高层管理者的负担
易于协调和管理控制	更趋于扁平化和弹性结构的发展

① 周三多，陈传明，刘子馨，等．管理学——原理与方法（第七版）[M]．上海：复旦大学出版社，2020：216.

续表

集权的优势	分权的优势
促进规模经济和降低行政成本	可有效提供所期待的服务措施的支持性服务（如行政）
更加善用专门化，包括设施和设备	提供训练的机会和管理的发展
促进决策的速度	激励员工的动机和士气

资料来源：黄源协．社会工作管理［M］．上海：华东理工大学出版社，2018：91.

从理论上来说，决策应该由最切身相关、最了解情况的层级作出。在现实中，有的组织可能集权的成分多一点，有的组织可能分权的成分多一点，一个组织要偏向哪种情况，应根据其所处环境来定。

第四节　常见的组织结构设计

罗宾斯和库尔特总结了不同的组织结构类型，把组织结构设计分为传统和现代两大类，下面介绍不同类型的组织结构①。

一、传统的组织结构设计

为了设计出一个组织结构来支持组织有效地实现目标，行政者可以选择采用某种更为传统的组织结构设计。这些设计包括简单结构、职能型结构和事业部型结构。

1. 简单结构

简单结构是一种低度部门化，宽管理跨度，职权集中于一个人手中，且正规化程度低的组织结构。这种组织结构在所有者与经营者合一的小机构中得到最广泛的应用。随着组织成长和员工的增多，组织通常会变得更专门化和正规化，不仅制定了规则条例，而且增设了部门和管理层次，这样组织就逐渐变为科层制结构。此时，行政者可能选择将组织改组为职能型或事业部型结构。

---

①［美］斯蒂芬·P. 罗宾斯，玛丽·库尔特．管理学（第 7 版）［M］．孙健敏，黄卫伟，王凤彬，等，译．北京：中国人民大学出版社，2004：278-283.

2. 职能型结构

职能型结构是一种将相似的或相关职业的专家们组合在一起的组织结构，是将职能部门化的方法应用到组织整体范围而设计出来的。

3. 事业部型结构

事业部型结构是一种由相对独立的单位或事业部组成的组织结构。在这种组织结构设计下，每个单位或事业部拥有较大的自主权，事业部经理对本单位的绩效负责，同时拥有战略和运营决策的权力。在事业部型组织结构中，机构总部通常扮演外部业务监督者的角色，协调和控制各事业部的活动，同时也提供诸如财务和法律方面的支持服务。

表 9-3 概括了各种组织结构设计的优缺点。

表 9-3　传统组织结构设计的优缺点

简单结构： 优点：快速、灵活、维持低成本、责任明确 缺点：对成长后的组织不适用，且过于依赖个人是有风险的
职能型结构： 优点：专门化带来成本节约的好处（如规模经济，减少人员和资源的重复配置）；员工会喜欢与其他完成相似任务的人在一起 缺点：追求职能目标会导致管理者看不到组织整体的最佳利益；职能专家相互隔离，不了解其他单位的工作
事业部型结构： 优点：强调结果——事业部经理对特定产品或服务的经营负责 缺点：活动和资源重复配置导致成本上升、效率降低

资料来源：[美] 斯蒂芬·P. 罗宾斯，玛丽·库尔特．管理学（第七版）[M]．孙健敏，等，译．北京：中国人民大学出版社，2004：278.

二、现代的组织结构设计

1. 基于团队的结构

在基于团队的组织结构中，整个组织由执行组织各项任务的工作小组或团队组成。这种组织已不存在从高层至基层的层级，员工团队可以自由地以他们认为最好的方式来安排工作，团队对其所负责领域的所有工作活动及结果负责。在这一组织结构中，团队共同致力于一个目标，分工负责，工作相对独立。例如，有四个团队发起一个社区工作项目，可能由一个团队负责评估需求，一个团队负责筹资，一个团队负责处理合作各方的责任，一个团队负责保证设施。各团队的领导组成一个领导委员会，协调整个工作，保证各团队朝着一个方向共同努力。

2. 矩阵型结构

矩阵型结构是指从各职能部门中抽调有关专家，把他们分派在一个或多个由项目经理领导的项目小组中工作的这样一种组织结构。矩阵型结构的特点是，在传统职能部门基础上增加项目小组，形成矩阵。此外，矩阵型结构创设了双重指挥链。在这种组织结构中，员工有两个上司：他们所属职能部门的主管和他们所工作的项目小组的经理，两个上司共同享有职权。一般情况下，项目经理对作为其项目小组成员的职能人员拥有与实现该项目目标相关的职权。然而，诸如晋升、工薪建议和年度评价等决策，仍由职能部门的主管来行使。为使矩阵型结构有效地运作，项目经理和部门主管必须经常保持沟通，并协调员工提出的工作要求，共同解决冲突。矩阵式结构可能会被用于精神病院。例如，一个有社会工作硕士学位的社会工作者，其病房工作可能要由注册护士来督导，而其专业性工作和工作表现则由高一级的具有社会工作硕士学位的社会工作者负责督导和评估。

3. 项目型结构

在这种结构下，员工持续地变换工作的项目小组。与矩阵型结构不同，项目型结构不设正式的职能部门。矩阵型结构中员工完成了某一项目后可以回到所属的职能部门，而项目型结构中的员工则直接带着他们的技巧、能力和经验到另一项目小组工作。此外，项目型结构中所有工作活动都是由员工团队承担的，员工是因为他们拥有需要的工作技巧和能力才成为项目团队的一员。项目型结构通常是极富流动性和灵活性的一种组织结构，它没有职能部门的划分和刻板的组织层级，因而避免了决策和行动迟缓的问题。在这种结构下，行政者成为促进者、导师和教练，他们服务于项目团队，帮助取消或减弱组织壁垒，确保团队取得有效完成工作所需的各种资源。

4. 无边界组织

所谓无边界组织，是指其横向的、纵向的或外部的边界不由某种预先设定的结构所限定或定义的这样一种组织结构。在这里，横向边界是由分工和部门化形成的，纵向边界是将员工划归不同组织层级的结果，而外部边界则是将组织与其服务对象、资助者及其他利益相关者分离开来的隔墙。通过运用诸如跨层级团队和参与式决策等结构性手段，可以取消组织的纵向垂直边界，从而使层级结构扁平化。行政者还可以通过跨职能团队以及围绕工作流程而不是职能部门组织相关的工作活动这些方式，取消组织的横向边界。

在社会服务领域或许没有哪个组织结构称得上是最佳结构。选择组织结构在很大程度上取决于对组织战略、规模、技术和环境的考虑。

本节最后介绍三个社会服务机构的组织结构，见专栏9-4。

专栏9-4　社会服务机构的组织结构

上海中致、上海乐群和北京慧灵的组织结构

社会服务机构的结构主要体现在组织的职位图上。大多数社会服务机构职位图包括董事会、委员会、高层行政者、中层行政者和基层员工等不同层次的职位。以下是三个社会服务机构的部门化和组织结构形态。

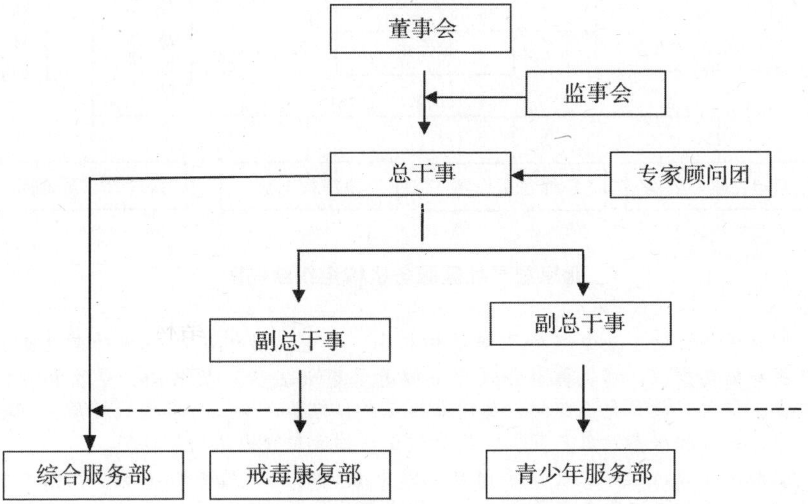

上海中致社区服务社组织结构图

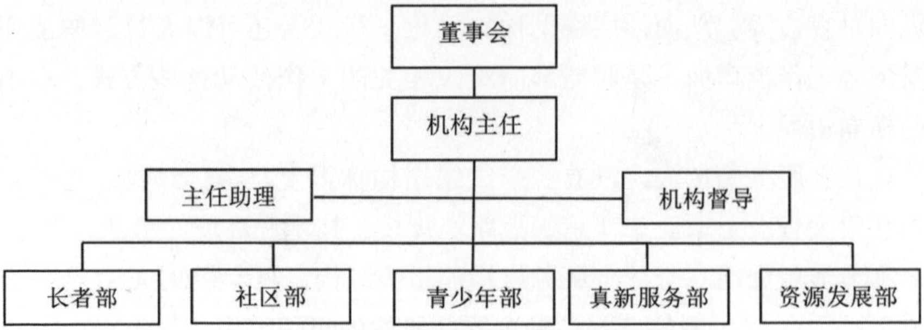

上海乐群社工服务社组织结构图

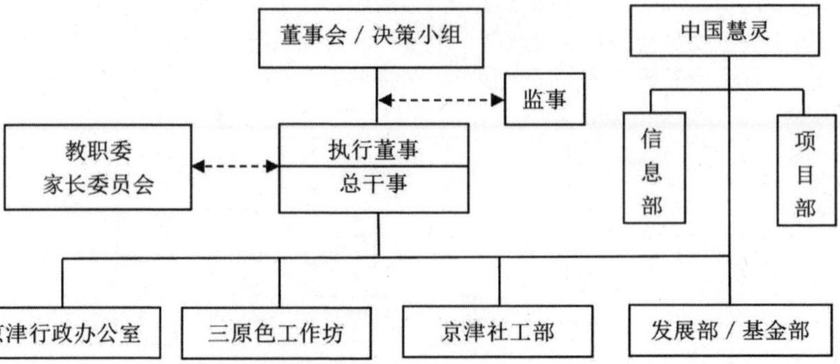

北京慧灵社区服务机构组织结构图

同规模较大的企业复杂的组织结构相比，以上三种组织结构相对来说比较简单，组织结构类似，都是董事会领导下的总干事（主任）负责制，层次和部门都比较少，层次一般分为三四层，部门有四五个。但是由于三个机构的性质、资金来源、服务领域和服务对象不同，它们的组织结构又表现出不同的特征。

上海中致社区服务社（以下简称上海中致）的组织结构明显地体现出项目主导的特点，机构把按服务对象划分的部门直接称作项目部，它的项目以政府购买为主，该类项目收入占机构所有收入的90%以上。就项目部的设立来说，戒毒康复部负责对登记在册的药物滥用人员开展专业化服务工作；青少年服务部负责对16—25周岁的“失学、失业、失管”社区青少年等重点群体提供专业化服务。机构除根据两类服务人群设立2个项目部外还设置了1个专业干事岗位负责机构整体项目研发和培育，同时根据不同的项目需求，成立若干个项目组，由中级社工担任项目负责人，带领团队负责项目运作。

上海乐群社工服务社（以下简称上海乐群）在2004年明确了机构的组织结构，成立了青少年部、社区长者部、医务部，并在各自领域进行发展，2010年1月正式成立“真新服务部”，负责在上海真新街道开展的公益招投标项目及“丰一社区”社工站试点项目。这表明了机构项目运作的特征，它的不同的服务部门相当于项目部，直接从事项目的申请和运作，青少年服务部负责运作了一系列项目，包括“12355青少年公共服务平台”项目、“爱心午餐”项目、“阳光童年——学校社工服务”项目、“健康快车入校行——民工子弟学校健康教育”项目、“雏鹰展翅——民工子弟学校健康体检”项目等；社区服务部负责运作的项目主要是“社区共融”服务项目；长者服务部负责运作了“银龄新（心）情——长者精神健康服务”项目、精彩乐龄项目、乐享晚晴项目。2011年5月，真新服务部与真新街道人口计生办就“新市民幸福启程”项目签订服务协议。2011年12月，真新团队“夕阳互照”“半月君美”“阳光课堂”“为老综合服务项目”共计四个项目通过公益招投标审核，投标成功。

北京慧灵社区服务机构（以下简称北京慧灵）在工商部门登记注册，注册为家政服务中心，其资金来源于社会捐赠和项目资助。在中国内地和香港地区共有13家类似的机构，它们以企业连锁的形式共享一个商标，北京慧灵是这个网络中的一员，它的项目运作不是在机构层面，而是在“中国慧灵”层面，而“中国慧灵”不是独立的机构，它类似于一个网络协调结构，对外代表全国13家慧灵执行大项目。当然各地慧灵在法律上是独立的，可以独立运作项目，比如广州慧灵就成功申请了“壹基金典范工程”项目，但由于各地慧灵发展水平不一，普遍较弱，所以“中国慧灵”可以说是一个起联合作用的部门。虽然北京慧灵的项目运作主要是由单设的“中国慧灵”负责申请和运作的，但其他部门和机构的员工必要时可参与项目运作，如“蜗牛网”项目开运动会时北京慧灵社工部全体员工便都会参与进来，“育盟”项目也由北京慧灵和其他组织中有经验的社工去进行现场辅导和讲解，因此北京慧灵总体上是职能型结构，但是项目运作结构则带有矩阵型结构的影子。此外，北京慧灵发展部也负责了一部分项目工作，主要是筹资。

上海中致、上海乐群和北京慧灵的组织结构出现以上区别的原因在于，机构是服务于同一类人群还是服务于不同类型的人群。上海中致的服务对象目前是两类人群；上海乐群的服务对象更加多元化，包括老年人、青少年、社区等；北京慧灵的服务对象比较单一，主要是智障人士。正因为服务对象不同，使得上海中致和上海乐群可以针对不同的服务对象划分部门，每个部门就成为独立运作项目的项目部，而不是职能部门（如企业按职能划分的生产、销售、财务等部门）。而北京慧灵的部门化主要是根据职能来划分的，每个部门各有自己的职能，其项目运作由另设的“中国慧灵”的项目部负责，它实际上是一个指导和协调机构，代表全国各地的机构运作比较大的项目，此外各地慧灵也可以独自运作项目。

资料来源：陈为雷．社会服务项目制的建构及其影响研究［M］．北京：中国社会科学出版社，2015：141-145.

基本概念

组织结构　管理跨度　权力　职权　高耸型组织　扁平型组织　简单结构　职能型结构　事业部型结构　矩阵型结构　无边界组织

思考题

1. 组织结构设计方案包括哪些内容？
2. 组织结构设计的权变因素有哪些？
3. 社会服务机构部门化的方式有哪些？
4. 职能部门化的优点和缺点是什么？
5. 服务地区部门化的优点和缺点是什么？
6. 服务部门化的优点和缺点是什么？
7. 职权的特征是什么？
8. 高耸型组织的优点和缺点是什么？
9. 扁平型组织的优点和缺点是什么？
10. 集权和分权各有哪些优点？
11. 传统的组织结构设计有哪几种类型？
12. 现代的组织结构设计有哪几种类型？

第十章　人力资源管理

在设计好组织结构之后，社会服务机构需要识别和选聘有能力的员工，更新员工的技能和知识，保证组织能长期保有有能力的员工。以上这些行政管理活动就是人力资源管理。本章按逻辑顺序介绍人力资源管理的有关内容，包括人力资源计划、招聘、挑选、培训和员工的绩效考核。

第一节　人力资源计划与职务分析

一、人力资源管理及其过程

1. 人力资源管理的含义

人是组织的核心资源，是构成组织的基本要素，也是组织中其他资源能否发挥效益的原动力。人力资源管理是组织管理的一部分，它注重组织中的人的方面。不管是公共部门还是私营部门，组织是由人构成的，获得组织成员的服务、发展他们的技能、激励他们以取得较高的绩效，以及确信组织成员持续对组织作出贡献是达成组织目标所必需的。

社会工作是知识和劳动力密集的行业，组织预算中有一大部分是花在员工薪资、服务输送的给付以及支持性的人力上的。服务是否成功，取决于行政者动员宝贵的人力资源的能力，充足的人力资源可以满足组织与服务对象即时的或长期性的需求。本书认为，社会服务机构中的人力资源管理是指对机构专业工作者、半专业工作者和志愿者的聘用、培训、激励和维持等活动。

人事管理与人力资源管理常常被交替使用，然而，两者却有不同之处。以往，人事工作是由一个人处理，现今人力资源部门往往会由高层行政者任主管，且参与整个组织的发展。基本上，人事管理与人力资源管理的区别可归纳如下①：

(1) 人事管理是作业取向，强调人事管理本身功能的发挥；人力资源管理则是战略取向，强调人力资源管理在组织整体经营中所应有的配合。

(2) 人事管理是以组织为主，目的在于使成员在组织中运作，达到组织的目标；人力资源管理则以成员为主，把组织成员当作资源加以管理、分析和设计，以发挥成员的潜能和专长。

(3) 人事管理重视控制，依规章行事；人力资源管理则强调弹性，侧重变革管理和人性管理，依组织利益和员工需求而灵活处理。

(4) 人事管理属于反应式的管理模式，着重于目前问题的解决或交办事项的执行；人力资源管理则属于预警式的管理模式，注重防患于未然，并协助组织健全体制，以确保达成长期目标。

2. 人力资源管理的过程

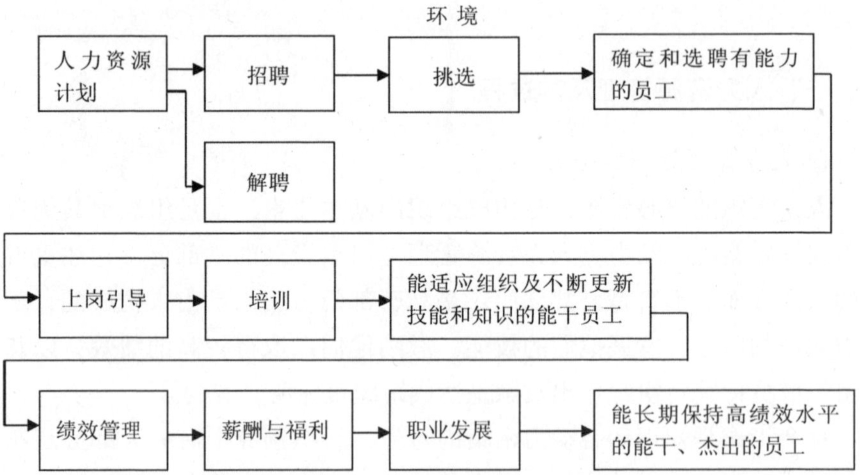

图 10-1 人力资源管理过程

资料来源：[美] 斯蒂芬·P. 罗宾斯，玛丽·库尔特. 管理学（第七版）[M]. 孙健敏，等，译. 北京：中国人民大学出版社，2004：319.

图 10-1 介绍了人力资源管理过程的主要构成要素，该过程所包含的八项活动或步骤是机构选聘到合格的员工并使之保持高绩效水平所不可或

① 黄源协. 社会工作管理 [M]. 台北：扬智文化事业股份有限公司，1999：224-226.

缺的。其中，前三项活动可确保机构识别和选聘到有能力的员工；紧接着的两项活动能使得员工的技能和知识不断得到更新；最后三项活动则保证机构能长期保有高绩效水平的能干、杰出的员工。人力资源管理的八项活动并非各自独立存在的，外在的环境对它们有相当的影响，例如法律制度、管理实务、全球化的趋势等。

二、人力资源计划

1. 人力资源计划

人力资源管理实务往往是从人力资源计划开始的。人力资源计划是对人员在机构内部和流入、流出机构的行为进行预测及作出相应准备的过程。人力资源计划的目的是尽可能有效地配置人力资源，为实现机构目标服务。此外，人力资源计划的特定目标还包括预测人员的短缺与冗余，为女性和残障人士提供更多的就业机会，制订员工培训计划。

2. 有效的人力资源计划的因素

在制订人力资源计划时，行政者往往考虑三个关键因素：预测人员的需求、进行劳动力供应量分析和平衡供给。

（1）人员的需求预测。人力资源计划的关键之一是预测机构实现目标所需要的人员数量与类型。机构内部一系列因素包括竞争战略、技术、结构和服务数量，都会影响对人员的需求。外部的因素如国家、地方、行业有关的就业情况和人力资源求职情况等也对人员的需求产生影响。

（2）劳动力的供给预测。供给分析可以应用于内部与外部招聘。当一个机构缺乏内部劳动力供给或正在招聘初级水平岗位的员工时，行政者必须关注外部的劳动力供给。

（3）平衡供给与需求。人力资源计划应该保持预测技术与应用之间、需求与供给之间的适当平衡。

当机构的人力资源供给大于需求时，表明机构人员过剩，机构可以进行裁员以达到平衡。裁员方法见表 10-1。

表 10-1　机构裁员的方法及对员工的影响

方法	裁员速度	员工受伤害的程度
裁员	快	高
降低工资	快	高
降低职位	快	高
工作轮换	快	中等
工作分享	快	中等
退休	慢	低
自然减少	慢	低
再培训	慢	低

当机构的人力资源供给小于需求，表明机构人员不足，为满足人力资源需求，机构要填补人员，以使需求和供给趋于平衡。填补人员的具体方法见表 10-2。

表 10-2　机构填补人员短缺的方法

方法	填补人员短缺的速度	方法可以回撤的容易程度
加班	快	高
利用志愿者	快	高
任务外包	快	高
重新培训	慢	高
降低员工流动率	慢	中等
招收新员工	慢	慢
技术创新	慢	慢

三、职务分析

1. 职务分析与人力资源管理

职务分析又称工作分析、岗位分析，是指一种收集信息的系统过程，这些信息能够确定成功进行工作和判断某项工作性质所必需的知识、技术、能力和其他特点。职务分析可以为以下人力资源管理活动提供基础①。

(1) 招聘和挑选。职务分析能确定每一职位所需的知识、技能和能力，确定最低的教育要求以及所需的基本的证书。

(2) 培训和发展。职务分析能够确定不同职务所需的技能，从而帮助机构设计培训和职业发展项目。

(3) 工作表现评估。职务分析能确定员工工作中所需完成的任务和所负的责任，为工作表现评估奠定基础。

(4) 建立报酬系统。职务分析为机构系统确定报酬和其他福利提供了一个标准化程序。它建立了一个基础，有助于所有员工对每项职务的价值、各项职务之间的关系以及从事工作所必需的条件等事项形成共识。

(5) 风险管理。职务分析能够用来确定工作中的危险，如在治安不良的社区中工作，机构应该利用由职务分析所得的信息来建立培训项目，提醒员工注意安全。

(6) 职务设计。各种职务围绕着一系列有助于机构实现其使命的活动而展开，但是，内外部变化经常迫使机构重组或重建其工作活动。与某一特定职务相关的传统任务常常会发生变化，因此，有必要进行职务分析以明确变化是什么，并适应这些变化。

2. 职务分析的内容

美国社会工作专家彼得·M. 凯特纳（Peter M. Kettner）认为，社会服务机构职务分析包括如下内容②：

(1) 职责与任务。职务分析会指明工作者所需承担的职责与任务。比如，个案工作者的职责包括：接案、预估、服务方案设计、服务方案实施、评估与结案。

(2) 方法。职务分析会明确工作者为了完成其职责和任务所需采用的方法。比如，要求个案工作者在预估时使用结构化和标准化量表。

(3) 对职责结果的期待。比如，对预估结果的期待是，工作者通过预估可以了解服务对象的需求和问题，为服务方案设计提供依据。

---

① [美] Joan E. Pyne. 公共和非营利性组织的人力资源管理 [M]. 王孙禺，等，译. 北京：清华大学出版社，2002：67-68.

② [美] Peter M. Kettner. 追求卓越：人群服务组织管理 [M]. 孙健忠，赖两阳，陈俊全，译. 台北：双叶书廊有限公司，2005.

（4）所需知识和技能。职务分析会要求工作者具备为完成职责与任务所需具备的知识和技能。

（5）基本功能。这是指一个员工在不需要任何辅助或合理的协助下独立完成的工作。这是职责的核心与必备条件，职务分析会加以明确。

（6）学历和经历门槛。职务分析会指明工作者应具备的学历和工作经历要求。

（7）员工特质。这是指工作者的个人特质。社会服务机构一般会要求工作者能与同事愉快合作，善于表达自己的意见，能参与问题解决的过程，对福利等相关议题表示关注。

（8）工作环境。包括职位在组织结构图中的位置、上下级关系、工作量等。

职务分析的成果是形成职位说明书和职位规范。职位说明书界定工作职位和任务，职位规范界定任职资格，它们要说明做什么、如何做、在什么条件下做，一般包括上述职务分析的内容。专栏 10-1 展示的是某组织的部门职位说明书。

一般可以采用访谈、问卷调查、观察、日记或日志记录以及综合运用以上方法来收集与以上内容相关的信息。

专栏 10-1　职位说明书、职位规范和绩效指标示例

1. 综述

负责本部门项目的总体计划、执行、监测和评估以及筹款，并为员工提供能力建设方面的支持。

2. 工作职责和任务

职责 1：为各项目提供技术支持，保证按进度完成计划（50%）

任务：

（1）确定本部门的发展方向和策略。

·绩效指标：

——每年年底制订出本部门的发展策略和发展计划。

（2）定期召开项目分析讨论会。

·绩效指标：

——每月至少主持一次部门例会。

——项目官员对例会的满意度达到 60%。

（3）定期去项目点考察，定期做项目监测。

·绩效指标：

——每年为每个项目点至少提供 1 次日常的监测评估。

(4) 协调各项目点关系，跟进项目关键环节。
·绩效指标：
——参与项目需求评估和中、终期评估。
——与项目相关方保持畅通的沟通渠道。
(5) 发展组织的能力建设与管理项目的实施。
·绩效指标：
——按时按要求完成项目计划和进度报告。
(6) 为各项目官员、相关群体及外机构提供能力建设。
·绩效指标：
——制订年度员工能力建设计划，并负责落实。
——员工、相关群体的满意度。
——为外机构提供能力建设的次数有所增加。
职责2：筹款（30%）
任务：负责本部门的筹款，有计划地扩大资金来源和合作伙伴。
·绩效指标：
——筹到本部门、本年度的运作经费。
——协助项目官员筹到项目资金。
——每年新筹到的项目资金（行政经费之外）至少20万元。
职责3：对外交流和研究倡导（15%）
任务：
(1) 推动与妇女发展有关的政策出台。
·绩效指标：
——每年向人大代表/政协委员提交有关妇女发展的议案文本一份。
(2) 建立、提供与项目有关的支持网络。
·绩效指标：
——建立与项目领域相关的专家库。
——保证项目及时有效地获得政府部门及专家的支持。
(3) 与项目官员一起，记录、总结、推广研究会项目成果、手法和经验。
·绩效指标：
——每年在省级及以上报刊上至少发表2篇发展部活动介绍或研究成果。
——每年至少向《××》提供2篇有关项目的总结和思考的稿件。
——××有完整的项目档案系统。
职责4：其他（5%）
任务：完成秘书长交办的其他工作。
·绩效指标：
——及时、有效地完成秘书长交办的其他工作。
3. 工作关系
(1) 部长向秘书长汇报。
(2) 项目官员向部长汇报。
(3) 与相关政府部门、其他组织协作。
(4) 配合研究倡导部的工作。

4. 工作权限
(1) 审批项目官员考察计划、报告。
(2) 审核本部门员工的工作量。
(3) 在项目预算范围内有财务支配权。
(4) 按照车辆管理制度，调配发展部车辆。
(5) 协调能力建设资源的合理分配。
(6) 有权雇用本部门的临时工作人员。
5. 工作条件
(1) 有空调、暖气的办公场所。
(2) 电脑、传真、复印、上网等办公设备。
6. 任职资格
(1) 知晓研究会工作理念，认同研究会的价值观。
(2) 有团队合作精神，能组建有效的团队。
(3) 有创新和开拓的意识和能力。
(4) 有一定的项目管理的经验和能力。
(5) 有一定的管理经验或能力（指导、计划、控制、组织、协调能力）。
(6) 有3年以上社区发展工作经验。
(7) 具备社区发展方面的研究能力。
(8) 具备有效的沟通能力，能和相关机构建立和保持良好的公共关系。
(9) 熟练掌握相关的办公自动化技能。

资料来源：朱丽亚，等．温洛克民间组织能力开发项目参考资料系列之三：人力资源管理．温洛克民间组织能力开发项目，2005.

第二节　招聘与挑选

一、招聘

招聘是寻找和鼓励潜在的应征者申请现有的或预期的空缺职位的过程。招聘方式有内部招聘和外部招聘两大类，它们各有不同的具体做法。

1. 内部招聘

内部招聘是机构从目前在职的员工中寻找适当人选。寻找的方法有以下几种：查找计算机储存的记录、工作公布与邀请、提升和调动以及查询临时解雇的人员。

(1) 电脑记录系统。机构的电脑记录系统可以在几分钟内显示所有员工的记录，供机构挑选合适的人弥补空缺职位。

（2）工作张贴和申请。机构发布职位空缺公告后，员工就具体的职位提出申请。

（3）提升和调动。如果可能，机构可以通过内部提升或调动来填补空缺职位。

（4）招聘原来的员工和以前的求职者。由于对原来的员工和以前的求职者已经有所了解，所以招聘他们可以节省时间。

内部招聘的优点是能够提高承诺和士气、在培训和文化融合方面成本和风险低。其缺点是如果员工被拒绝，他们可能会产生不满。还有可能导致同级规则和内部繁殖。

2. 外部招聘

外部招聘是指机构从机构之外寻找合适的申请人。如果机构内部不能提供足够的、可以接受的工作候选人，组织可以进行外部招聘。外部招聘的媒介包括①：

（1）广告。报纸、专业杂志、广播、电视、广告牌、海报等都可以发布招聘信息，求职者可以按照要求向机构投寄简历和材料。广告的优点在于宣传的范围很广，可以有目标地针对某一特定群体。广告的缺点在于尽管已经在广告中详细说明空缺职位的特殊性，但许多明知不符合条件的人还是会抱着侥幸心理应聘。

（2）职业介绍机构。职业介绍机构一方面为机构寻找求职者，另一方面也帮助求职者找到合适的单位。其优点是公事公办、择优录取、可缩短招聘周期。缺点是只能招聘到一般员工，而且会增加招聘的成本。

（3）猎头公司。职业介绍机构帮助求职者寻找适宜的工作，而猎头公司则帮助机构寻找合适的人选。通过猎头公司挖掘人才，可以节省大量的招聘时间，但费用很高。

（4）校园招聘。现在大学一般都设置了毕业生就业指导中心，机构可以与它们联系，提供就业信息，并到学校张贴海报和宣讲。对于部分优秀的学生，可以由学校推荐。一些机构还采用提供实习机会、设立奖学金等

---

① ［美］亚瑟·W. 小舍曼，乔治·W. 勃兰德，斯科特·A. 斯耐尔．人力资源管理（第十一版）［M］．张文贤，主译．大连：东北财经大学出版社，2001：110-115.

徐柳凡，阳光宁，赵怀娟．社会工作行政［M］．合肥：合肥工业大学出版社，2005：173-174.

创新的招聘技巧吸引优秀毕业生。校园招聘的优点在于能够招聘到具备理论知识、有发展潜力、敢于面对挑战、富有创新精神的人才。缺点是要花较多的时间和培训费用。

（5）员工推荐。员工可以使潜在的求职者了解机构某一工作的好处，为他们提供介绍信，鼓励他们去应聘。优点是便于相互迅速了解、减少招聘程序、节约费用、有利于找到紧缺的专门人才。缺点是容易造成心理负担、易形成小团体和关系网。

（6）主动的申请与简历。很多求职者会主动与机构联络，这时机构就会收到求职者的申请和简历。

（7）网络招聘。随着计算机网络的发展，许多机构充分利用网络招聘。网络招聘有两种方式：一是注册成为人才网站的会员，在人才网站上发布招聘信息，收集求职者资料，查寻合适人才；二是在机构的网站上发布招聘信息，吸引人才（网络招聘的例子见专栏 10-2）。

专栏 10-2　网络招聘

家庭社工招聘

机构为满足项目需求及壮大社工队伍，提升机构的整体服务水平，现进行如下招聘：

招聘岗位：家庭社工

- 岗位职责

1. 根据项目需求，负责前期活动筹备、定期走访、现场活动带领或管控工作。
2. 协助项目主管开展各类服务活动的评估和总结，致力于专业服务水平和能力的不断提升，负责各类活动、工作档案资料的整理、归档和保存工作。
3. 按时完成上级主管交办的其他各项工作。

- 任职要求

1. 大专以上学历，社会工作及相关专业优先。
2. 具有较强责任心，有团队合作精神。
3. 认同社会工作助人自助、尊重、平等、接纳的理念，愿意投身社工行业发展。
4. 具有社工资格证书者优先。

- 薪酬福利

薪酬：4000—6000。

福利：五险一金、年终奖金、节日补贴、专业培训、人身意外险。

- 简历投递方式：发送简历至邮箱 lequn@ lequn. org，标题备注“应聘×××岗位”。

咨询电话：58700229＊802

二、挑选

机构表达了希望填补职位空缺的需要，求职者也作出了反应，接下来便是挑选求职者。挑选的过程包括初步筛选、基本筛选和录用面试三个环节。

1. 初步筛选

行政者可以使用各种挑选手段来减少错误和避免错误的发生。

（1）申请表。申请表被广泛使用。申请表有以下用途：申请表记录了求职者谋取某个职位的愿望；向面试者提供了有关求职者的概况，这是在面试中可以使用的信息；对被雇用的求职者来说，申请表是基本的员工材料。申请表例子见表 10-3。

表 10-3　应聘信息表

<table>
<tr><td>姓名</td><td></td><td>性别</td><td></td><td rowspan="6">照 片</td></tr>
<tr><td>应聘职位</td><td></td><td>身份证号</td><td></td></tr>
<tr><td>出生日期</td><td></td><td>婚姻状况</td><td></td></tr>
<tr><td>政治面貌或
宗教信仰</td><td></td><td>毕业院校及专业</td><td></td></tr>
<tr><td>联系电话</td><td></td><td>E-mail</td><td></td></tr>
<tr><td>目前住址</td><td colspan="3"></td></tr>
<tr><td>学习/工作经历</td><td colspan="4"></td></tr>
<tr><td>社会工作
实务经验</td><td colspan="4"></td></tr>
<tr><td>个人自评及期望</td><td colspan="4"></td></tr>
<tr><td>个人爱好及专长</td><td colspan="4"></td></tr>
<tr><td>语言能力</td><td colspan="4">（自评 0—5 分）普通话（　）；粤语（　）；英语（　）；
其他语言：________（　）</td></tr>
<tr><td>是否通过社工资格考试</td><td></td><td>能否到机构面试</td><td colspan="2"></td></tr>
</table>

我保证以上信息真实可信，若被发现有任何失实，我将失去此次应聘资格。

签名：________

如您另外有简历，请粘贴在本表格下方，多谢合作！

（2）传记。传记表格一般包括申请者的个人资料（例如年龄、婚姻状况、子女数目、身体健康状况、居住状况、国籍、出生地点、体重、身高和性别等）、全面的家庭背景资料、教育资料、工作经验、技巧、参与社团资料、个人兴趣爱好及咨询人资料等。上述传记资料可以帮助机构对申请者作初步的考察，并剔除那些不合格者①。

（3）背景调查。当面试者对申请者具有的潜力满意后，就会调查由申请者提供的以前的工作情况及其他信息。机构可以通过调查推荐人、核实申请人提供的推荐信等方式进行背景调查。

（4）测谎器试验。测谎器是一个衡量被问者呼吸、血压及脉搏变化的装置。测谎背后的理论依据是，如果某人作虚假回答，其身体的生理反应就会通过测谎的记录装置"显示"这一弄虚作假行为。

（5）笔迹法。笔迹法是指对笔迹进行分析的各种系统，被机构用来进行录用决策。笔迹学家通过观察字的大小、倾斜、字中用力的大小和字在纸中用力的大小及字在纸中的位置，可以推测出写字者的个性、智力、活力、组织能力等。

（6）体检。由于费用较贵，体检通常是在录用程序的后期进行。体检是为了保证申请者的健康状况能满足工作的要求，同时也为后续的健康检查提供一个比较和解释的基础。

2. 基本筛选

初步筛选后，接下来要对有关人员进行基本筛选。基本筛选可以采用对应聘者的知识、技术、能力和其他特性进行测试的方式进行。测试的类型和方法如下：

（1）认知能力测试。认知能力测试衡量脑力，如一般的智力、口语流利情况、数学能力和推理能力。有许多"纸—笔"考试可以衡量认知能力。

（2）个性和兴趣测试。认知能力测试衡量一个人的思维能力，而个性测试衡量一个人的性情特征，如外向性、好奇性、依赖性。

（3）体能测试。除了了解应试者的智能，机构也经常需要测试应试者的体能，特别是对那些要求严格的和有潜在危险的工作更需具有一定的体能。

（4）工作知识测试。这是一种为测量一个人对某项工作掌握程度而设计的成绩测试。

（5）示范测试。示范测试或实例测试要求应试者完成工作的一部分，

---

① 梁伟康．社会服务机构行政管理与实践［M］．香港：集贤社，1990：142.

经常被用来测试办公室工作所需的技能，也可用于测试行政者的决策判断能力。

3. 面试

传统上，面试在录用挑选过程中起着非常重要的作用，以至于极难找到没有经过任何面试就被录用的例子。根据工作的种类，应聘者可能被一个人、一个工作小组或机构中的其他人面试。可采用的面试方法有以下几种：

(1) 结构化面试。结构化面试是运用一组标准化提问并有标准答案的面试。因为结构化面试有一套规范化的提问并有标准答案，所以可以根据它评判申请者的回答。

(2) 非结构化面试。这种面试方法没有既定的模式、框架和程序，面试官可以随意向申请者提出问题，而对申请者来说也无固定答题标准。非结构化面试能获得结构化面试掩盖的信息，但是能做横向比较的信息非常少。非结构化面试可用于面试那些申请高职位和咨询工作的候选人。

(3) 情景面试。在面试过程中，给申请者一个假定的情况，请他作出相应的回答。

(4) 行为描述面试。在面试中就既定情况所作出的反应，请应征者回答。行为描述面试着重于真实的工作事例。

(5) 小组面试。由一组面试人员对一位候选人进行询问和观察的面试。在典型的小组面试中，应试者会遇到3—5个面试官，他们轮流提问。在面试后，面试官综合他们的面试情况，达成对应试者能力的一致性意见。

(6) 电脑面试。电脑系统询问75—125个与工作有关的多项选择题，然后将申请者的答案与最完美的答案比较，或是与建立在其他候选人回答基础上的答案进行比较。电脑会产生一份报告，包含申请者回答的概述、自相矛盾的回答清单、每个问题的延时（回答）报告、可能有潜在问题的答案的总结和一份结构化的、面试官在面试时应提问的问题清单。

对一次成功的面试来说，事先设计的面试评量表非常有用。一般面试评量表包括应试者的外表、表达能力、成熟程度、人格特征、能力等。表10-4是一份面试评量表，供读者参考。

表 10-4　面试评量表

面试者请在适当的空格划“√”。						
项目	特征	评价				
		优秀	良好	一般	可以接受	潜力有限
一	外表： 1. 姿势 2. 服饰 3. 态度					
二	准备情况： 1. 对本行业、本机构的了解程度 2. 对应聘岗位的知识储备 3. 其他与工作相关的知识					
三	表达能力： 1. 意见之系统的组织 2. 传达 3. 口语流畅					
四	成熟度： 1. 自信心 2. 果敢 3. 责任心 4. 勤奋					
五	人格： 1. 诚恳 2. 热心 3. 适应能力 4. 和蔼 5. 合作 6. 主动					
六	基本条件： 1. 学历 2. 专业 3. 工作经验 4. 其他					
七	整体印象： 1. 长期的潜能 2. 事业前程目标 3. 个人印象					

续表

项目	特征	评价				
		优秀	良好	一般	可以接受	潜力有限
八	其他（请说明）					
面试者签名： 日　　期：						

资料来源：梁伟康．社会服务机构行政管理与实践［M］．香港：集贤社，1990：143-144.

4. 作出挑选决策

（1）总结有关申请者的信息。基本上，机构的兴趣在于每位申请者现在能做什么以及愿意做什么。在收集信息的基础上，对候选人的评价集中在两个因素上，如图 10-2 所示。“能做”的因素包括知识和技能以及获得新的知识和技能的能力；“愿做”的因素包括动机、兴趣和其他个人品质。要在工作中获得良好业绩，这两个因素都是必需的。

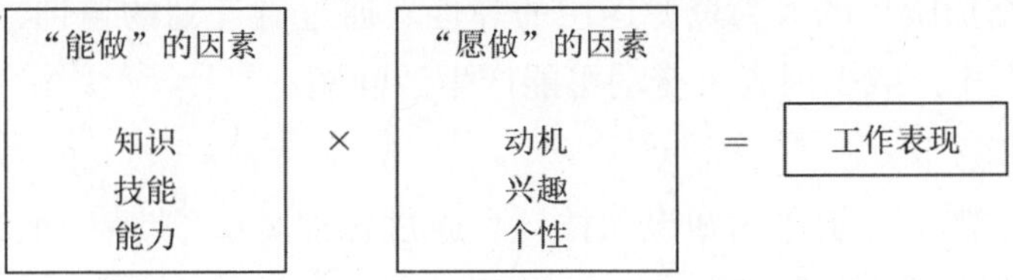

图 10-2　挑选决策中“能做”与“愿做”的因素

（2）决策战略。管理者在录用决定中要考虑以下因素：①一个人被雇用应该根据自身的最高潜能还是根据组织的需要？②员工开始工作时的工资和级别如何确定？③初期挑选是考虑员工能完全适应工作还是考虑他在组织中的发展潜力？④录用决定在满足既定行动计划和多样性上会有哪些后果？

（3）最后决定。在人力资源部门挑选出申请者后，这些人会被请到职位空缺的部门中，在那里，他们接受部门经理或主管的面试，部门负责人将作最终决定，并与人力资源部门取得联系。

第三节　员工培训

一、员工培训的功能

员工培训是行政者重要的管理工作之一，对机构和员工具有重要的功能，具体如下[①]。

1. 机构方面

（1）提升机构服务质量。员工的专业理念、专业方法及态度是影响机构服务质量的重要因素。若机构能有计划地培训员工，分析工作需要，制订相应的培训计划，以增进员工的知识、能力、价值和态度，并将之运用在工作上，则可提升机构服务的质量。

（2）提升服务的竞争力。服务质量的提高，加上机构整体形象被肯定，会吸引更多的服务对象，提升机构在服务市场上的竞争力。

（3）吸纳和储备人才。机构推行有系统的员工培训，能吸引外界精英加入。

（4）增加匮乏的人力资源运用的弹性。通过有计划的培训，机构可储备足够的人才，减少因人事变动可能产生的问题。

2. 员工方面

（1）丰富个人工作的知识和技巧。通过各种类型培训活动，员工接受系统完整的培训，丰富工作知识和技巧。

（2）提高员工对工作的兴趣和满足感。员工从有计划的培训活动中获得新的知识和技能，并能应用在新工作上，因而增加对工作的兴趣，大大提高其工作满足感，有效地防止职业倦怠。

（3）促进员工归属感。员工能从培训工作中获得求知欲的满足，这不但可以丰富个人的知识和技能，也可给予个人发展机会，使其在态度上认同机构的方针和目标，增进对机构的归属感。

---

① 梁伟康．社会服务机构行政管理与实践［M］．香港：集贤社，1990：164-165.

二、员工培训的主要步骤

1. 培训需求分析

培训需求分析包括组织分析、任务分析和人员分析①。

(1) 组织分析。组织分析包括：①组织环境分析。政府的政治、经济、社会政策往往会对机构的培训需求产生广泛的影响。例如，政府推行购买服务的政策就使很多机构产生了培训需求，机构需要围绕政府购买服务的规定、项目开发与设计、招投标流程、项目评估等方面对员工进行培训。②组织战略分析。机构可以根据环境的变化采取新战略或变更战略，这会产生培训需求。例如，若机构采用探索型战略，在异地开办机构或扩展服务领域和范围，一般要求员工们扮演新的角色，承担新的职责，适应新的组织文化；若机构采用防御型战略，缩减规模、进行结构重组，也会立即产生培训需求。③组织资源分析。资源包括技术、财务和人力资源，对资源进行分析以确定它们能否满足培训目标。

(2) 任务分析。任务分析是以对工作任务和义务的研究为基础，确定培训项目内容的过程。任务分析包括核查工作说明书及要求，确定某项工作的具体内容和完成该工作所需具备的各项知识、技能和能力。任务分析通常比职务分析更具体，其总体目标是决定培训课程的确切内容。

(3) 人员分析。人员分析主要用于确定哪些员工需要培训、哪些员工不需要培训。通常绩效评估被用于人员分析。全面的人员分析可以避免机构派遣那些不需要培训的员工去参加培训；可以帮助行政者了解受训者在参加培训之前的长处和不足，从而在设计课程时加强培训他们欠缺的能力。

2. 制定培训目标

培训目标指明了培训项目所期望得到的结果，描述了所需掌握的技能、知识和所需改变的态度。一般而言，参加培训的员工由于接受了培训，他们已发展了新的技术、获得新的知识、学习到新的态度，所以他们的行为应有所改变，因此，在设计培训活动前，应清楚地描述那些期望的改变。以绩效为中心的目标被广泛采用，因为其本身就是衡量结果的最公

---

① ［美］亚瑟·W. 小舍曼，乔治·W. 勃兰德，斯科特·A. 斯耐尔. 人力资源管理（第十一版）［M］. 张文贤，主译. 大连：东北财经大学出版社，2001：166-168.

平的标尺。例如，一次培训课程的具体目标是“通过团队方式培训的员工可以在6个月内从事这些不同的工作”。明确可行的目标可作为员工培训的指引，以确保他们所做的都是向达成目标方向迈进。

3. 设计和实施培训计划

培训计划应该列明受训对象、培训活动名称、培训方式、举办单位、所需经费及实施的年月，以便行政者进行监察。凡已拟订的培训计划，应循序渐进地推行，并定期检讨及作出必要的修订。

4. 评估培训项目

评估培训项目有四个基本的标准：反应、学习成果、行为改变和结果。这四个要素提供了成功培训不同侧面的信息，它们合在一起共同展现了培训课程的全貌，可以帮助行政者思考症结所在，课程中需要改变什么，是否需要继续此项课程。

（1）反应。最简单也是最普遍使用的培训评估方式之一是评估参加者的反应。受训者可以就培训者、培训课程及与参与者的交流和反馈等提出建议和看法。

（2）学习。学习标准是了解受训者是否真正学到了东西。在培训课程开始之前测试受训者的知识和技能可以提供基本的标准，在培训后对其重新测试就可以了解到其进步之处。

（3）行为。培训转移指的是将所学的原则运用到实际工作中去，其表现体现在行为改变上。

（4）结果。培训评估中所用的一些以结果为基础的标准包括提高效率、减少员工抱怨、降低成本和浪费以及增加利润。

三、员工培训的方法

为更好地讨论培训方法，可以将培训方法分为两类：非管理人员的培训方法和管理人员的培训方法①。

1. 非管理人员的培训方法

（1）在职培训。对非管理层员工培训适用范围最为广泛的即是在职培训。在职培训是指让一个人通过实际做某项工作来学会做这项工作。在职

① ［美］亚瑟·W. 小舍曼，乔治·W. 勃兰德，斯科特·A. 斯耐尔. 人力资源管理（第十一版）［M］. 张文贤，主译. 大连：东北财经大学出版社，2001：173-183.

培训的优势在于提供日常工作条件下的第一手经验。

（2）学徒式培训。学徒式培训是一种培训的体系，一名员工在这种体系中通过岗位与课堂、理论与实践等方面的学习来掌握技能。

（3）课堂培训。课堂培训由最少的培训者指导较多的受训者，此类培训的主要形式包括讲座、演示、播放录像和影片、电脑化教学。

（4）视听培训。视听培训是指通过录像带、闭路电视、电视会议等方式进行培训。

（5）电脑化培训。电脑化培训包括电脑辅助指导和电脑管理指导。电脑辅助指导系统通过一台电脑终端在内部联网传送指导性材料，电脑管理指导系统则用电脑出考题并打分，以确定培训的水平。

（6）互联网培训。互联网是一种电脑化培训的载体。因为网页可以随时修改更新，在互联网上可以随时更新培训材料，因而修改教材相当简单便宜。另外，互联网可以节省差旅和教室费用。

（7）情景模拟。情景模拟是使用与工作场所相同的培训场地进行培训的一种方法。情景模拟注重设备的真实性，并以最小的成本和最安全的手段进行操作。

2. 管理人员的培训方法

管理人员的培训关键在于发展。组织发展与战略革新均需要优秀的领导者、经理和主管，管理发展正是为管理人员提供取得成功所需技能的一项工具。

（1）在职经验积累。在职经验积累是锻炼管理人员在压力下工作或从错误经验中学习而广泛使用的方法。在职经验积累的方法有：①工作轮换。通过积累在一系列不同的工作岗位的经验，拓宽知识面并提高理解力，从而能更有效地处理更多的工作。②特殊项目和董事会。为个人提供了解目前机构中所存在问题的机会，同时使个人参加制订计划，作出决策解决问题。③员工大会。可以使参加者更熟悉他们职责以外领域所发生的问题和事件，由此可以接触到其他经理的思路与想法。④有计划的职业晋升。使用上述所有的方法，通过给予一系列知识与技能要求不断提高的工作机会，促进员工的发展。

（2）研讨会和大型会议。如同在教室上课一样，研讨会和大型会议为参加者提供了培训和发展的机会。在管理发展领域，研讨会和大型会议不仅用于交流思想、政策和程序，还可以对一些尚无定论或答案的问题展开研讨和辩论。当培训以转变态度为目标时，人们往往采用研讨会和大型会议的方式进行。

（3）案例研究。案例研究法是一种用集体讨论方式进行培训的方法。通过研讨，不但有助于解决问题，同时也能够提高员工分析、判断、解决问题的能力。在对特定案例的分析、辩论中，受训人员集思广益，共享集体的经验与意见，这有助于受训人员在未来工作中思考与应用受训的收获，同时，也可以学到有关管理方面的新认识、新思想，并且可以提高团队解决问题的能力。

（4）管理游戏法。采用管理游戏法进行培训的对象通常是机构中的高层行政者，该法利用游戏的设计使学员在决策过程中面临许多实际管理矛盾，决策成功和失败的可能性同时存在，需要受训人员积极地参与训练，运用有关理论和原则，运用自己的决策力和判断力，采取有效的措施去解决问题，以争取游戏的胜利。

（5）角色扮演法。角色扮演法是指在模拟人际关系情境中设计一系列尖锐的人际矛盾和人际冲突，要求受训者扮演某一角色，并进入角色情境去处理各种问题和矛盾，看受训者是否符合角色的身份和素质要求，使他们真正体验所扮角色的感受与行为，以发现和改进自己的工作态度和行为表现。

（6）行为模仿。行为模仿是先向受训者展示正确的行为，再要求他们在模拟环境中扮演角色，根据他们的表现，培训者不断提供反馈，受训者在指导下不断重复工作直至能熟练完成任务。行为模仿已成功地用于下列培训：行政者进行工作业绩评价问题、更正不可接受的工作行为、委派任务、改进不安全的行为习惯、处理歧视投诉、克服变革中的阻力、新员工定位及在个人冲突或组织冲突之间进行调整。

第四节　员工的绩效考核

一、绩效考核的含义

绩效是员工的工作表现以及对机构的贡献，而工作表现考核正是行政者给予员工的一种反馈。对绩效予以考核即是所谓的考绩，它是考核者依据员工在工作上的表现及事前确立的工作目标，评估他们在某一时期内的工作业绩，并以之作为奖惩、升降调迁、调薪或训练发展的参考，以激励员工的工作士气，改善员工本身的工作绩效。对机构而言，员工的绩效考核可能包括同事考核、上级考核以及自我考核。

进行绩效考核的原因有三个，它们是：

（1）绩效考核所提供的信息有助于机构判断应当作出何种晋升或工资方面的决策。

（2）绩效考核为行政者及下属提供了一个机会，使大家能够坐下来对下属的工作行为进行审查。而这又使得行政者及下属有机会通过制订计划来克服在绩效考核中所揭示出来的那些低效率行为，同时还可以帮助行政者强化下属人员的正确行为。

（3）绩效考核能够而且应当被运用于机构的员工职业发展规划制订过程，因为它为机构根据员工已经表现出来的优点和弱点制订个人职业发展规划提供了一个绝好的机会。

二、绩效考核的功能

有效且适当的绩效考核，对机构和员工都具有重要的功能①。

1. 促进行政者与员工之间的沟通

绩效考核可提供员工与行政者之间交流沟通的机会，令彼此更了解对方的目标和关注的重点，增进彼此的了解程度。

2. 评估目标达成程度

绩效考核通常根据已建立的工作准则，去评估员工达到工作目标的程度。

3. 协助员工改善绩效

绩效考核可协助员工对工作进行反省、检讨与改进，以期能有持续的优异表现。

4. 提拔人才

绩效考核可协助机构发掘潜在的优秀人才，为机构培育、储备并提拔

① 黄源协．社会工作管理［M］．台北：扬智文化事业股份有限公司，1999：241-242.

人才。

5. 奖赏

绩效考核可发掘表现优异的员工，并给予适当的嘉勉或奖励，以激励优异员工的表现。

6. 协助人力资源计划的推行

通过绩效考核，可测出机构可用和潜在的人才，并评估机构现今所能提供的人力资源，以便行政者制订替代性计划。

7. 提供信息以拟订员工训练或发展方案内容

绩效评估可协助组织识别出潜在优秀员工或员工需要改善之处，以便行政者拟订员工训练或发展方案内容。

总体来说，员工绩效考核的功能可归纳为两大类：评估的功能与发展的功能，前者是指有关员工薪酬、升迁、降职、遣散和解雇的决定，后者则主要包括研究、反馈、人力资源计划、员工职业生涯发展、绩效改善和沟通等。

三、实施绩效考核的条件

尽管员工绩效考核在任何一个组织或机构皆可进行，然而，比较有效的绩效考核却必须要有一些基本条件，这些条件包括以下几方面①。

1. 机构应有完善的人力资源管理制度

绩效考核是一连串人力资源管理中的一环，它应与员工的聘用、培训、升迁、职业生涯发展、奖惩、报酬与福利相配合，若仅有绩效考核，而无前述措施予以配合，则绩效考核便无实质的意义。

2. 机构应有适当的意见沟通渠道

绩效考核因涉及奖惩与报酬，且关系到对员工个人工作的肯定与否，对员工具有很大的意义，因而往往成为机构的敏感议题。为避免因考评引起无谓的争议，行政者在制定考核制度前后，应与员工充分沟通，使其了解该项制度的意义，以增进员工对考核的接受度。此外，因考核可能会引起争议，机构亦应设置申诉渠道，员工对考核结果若有异议，能获得充分释疑的机会。

---

① 黄源协．社会工作管理［M］．台北：扬智文化事业股份有限公司，1999：242-243.

3. 考评者与员工对具体绩效的期待应有共识

绩效考核有助于对工作进行检讨与改善，进而促进机构目标的实现，因而行政者和员工应能彼此接纳对方友善的建议，且能以冷静、客观的方式进行面对面的检讨。因此，一个好的考核过程，督导或行政者与员工要能对期待的具体绩效达成共识。

4. 考评者应持公正合理的态度

绩效考核应以工作绩效为标准，避免受行政者或其他组织的偏见、个人喜好等因素影响。在考核过程中，行政者应持公正合理的态度，充分发挥奖优罚劣的功能。

5. 机构应建立完善的培育制度

绩效考核除注重员工的表现外，亦应协助员工检讨，并应鼓励员工承担职业发展的责任。须知，完善的培育制度是建立绩效考核必要的配合条件之一。

四、绩效考核方法

罗宾斯和库尔特总结了七种绩效考核方法可供行政者选用①，下面对此进行介绍。

1. 书面描述法

书面描述法是指考评者以书面形式描述一个员工的优点、缺点、过去的绩效和潜能，并提出改进建议的一种绩效考核方法。

2. 关键事件法

关键事件法是将注意力集中在那些区分有效的和无效的工作绩效的关键行为方面。考评者记下一些细小但能说明员工所做的特别有效果的事件。这里的要点是，只涉及具体的行为，而不笼统地评价一个人的个性特质。

3. 评分表法

评分表法是一种最古老也最常用的绩效考核方法，它列出一系列绩效因素，如工作的数量与质量、职务知识、合作性、忠诚度、出勤率、诚实

---

① ［美］斯蒂芬·P. 罗宾斯，玛丽·库尔特. 管理学（第7版）［M］. 孙健敏，黄卫伟，王凤彬，等，译. 北京：中国人民大学出版社，2004：332-333.

和首创精神等，然后，考评者逐一针对表中的每一项，按增量尺度对员工进行评分。评分的尺度通常采用5分制，如对职务知识这一因素的评分可以是1分（对职务职责的了解很差）至5分（对职务的各方面有充分的了解）。

4. 行为定位评分法

行为定位评分法综合了关键事件法和评分表法的主要成分：由考评者按具体要求对各项指标作出评分，评分项目是某人从事某项职务的具体行为事例，而不是一般的个人的特质描述。

5. 多人比较法

多人比较法是将一个员工的工作绩效与一个或多个人的工作绩效作比较。这是一种相对的而不是绝对的衡量方法。该类方法最常用的三种形式是：分组排序法、个体排序法和配对比较法。分组排序法要求评价者按特定的分组将员工编入诸如"1/5""次1/5"之类的次序中。个体排序法要求考评者将员工按从高到低的顺序加以排列。而在配对比较法下，每个员工都一一与比较组中的每一位员工结对进行比较，评出其中的"优者"和"劣者"。在所有的结对比较完成后，将每位员工得到的"优者"数累计起来，就可以排列出一个总的顺序。

6. 目标管理法

前面第五章中已介绍了目标管理法，它也是绩效考核的一种方法。事实上，目标管理法是对管理者和专业人员进行绩效考核的首选方法。在目标管理法下，每个员工都确定有若干具体的指标，这些指标是其工作成功开展的关键目标，因此，它们的完成情况可以作为评价员工的依据。

7. 三百六十度反馈法

三百六十度反馈法是利用从上司、员工本人及其同事处得来的反馈意见进行绩效考核的一种方法。换句话说，这种考评使用了与行政者有互动关系的所有人员的反馈信息。这一方法在使用中需注意，尽管它是职业指导的一种有效方法，能够帮助行政者认清自己的长处和短处，但将它用于对其报酬、提升或辞退的决策是不合适的。

以上七种绩效考核方法的优缺点如表10-5所示。

表 10-5　七种绩效评价法的优缺点

方法	优点	缺点
书面描述法	简单易行	与其说是评价员工的实际绩效水平，不如说是在衡量考评者的写作能力
关键事件法	事例丰富，以行为为依据	耗时，无法量化
评分表法	提供定量的数据，时间耗费较少	不能提供工作行为评价方面的详细信息
行为定位评分法	侧重于具体而可衡量的工作行为	耗时，使用难度大
多人比较法	将员工与其他人作比较	员工数量大时，操作不便
目标管理法	侧重于目标，结果导向	耗时
三百六十度反馈法	全面	耗时

资料来源：[美] 斯蒂芬·P. 罗宾斯，玛丽·库尔特. 管理学（第七版）[M]. 孙健敏，等，译. 北京：中国人民大学出版社，2004：332.

基本概念

人力资源管理　人力资源计划　职务分析　招聘　绩效考核

思考题

1. 人事管理和人力资源管理之间的区别是什么？
2. 职务分析的内容是什么？
3. 组织外部招聘的方式有哪些？
4. 初步筛选的手段有哪些？
5. 录用面试的方法有哪些？
6. 非管理人员的培训方法有哪些？
7. 管理人员的培训方法有哪些？
8. 绩效考核的方法有哪些？

第十一章　行政沟通

沟通是人际关系中一个非常重要的组成部分。明茨伯格指出，行政者每天要花 80%的时间与他人进行直接沟通，另外 20%的时间主要还是以阅读和写作的方式进行沟通。对行政者来说，要想高效率、高质量地完成任务，需要掌握沟通的原理、方法和技巧。本章介绍沟通的有关内容，第一节介绍沟通的含义、类型和功能，第二节介绍沟通过程与障碍，第三节介绍沟通方法和技巧。

第一节　沟通概述

一、沟通的含义

有效的沟通是管理必不可少的工具，缺少了它，完成组织活动的所有努力都将付诸东流。没有沟通，什么事情也做不成：指示不能发出、命令不能接收、上下级之间无法接触。只有通过有效的沟通才能对任何一种活动进行计划、组织、领导和控制。那么，什么是沟通呢？所谓沟通是信息交换并被两个或两个以上的人理解的过程，这个过程通常伴有激励或影响行为的意图①。

这一定义包括以下四个要点：

（1）沟通强调信息的交换。如果信息或想法没有被交换或传送，则意味着沟通没有发生。比如，说话者没有听众，或者写作者没有读者，这些都不能构成沟通。

（2）沟通并不只是传达信息，还包含意义的理解。要使沟通成功，信

---

①［美］理查德·L. 达夫特．管理学（第五版）［M］．韩经纶，韦福祥，等，译．北京：机械工业出版社，2003：536.

息不仅要得到传递，还需要被理解。确保各类听众收到、听到并理解是行政者在沟通中面临的最主要的挑战之一。

（3）有效的沟通并不等于意见一致。准确理解信息的意义是有效沟通的基础和前提，但是这并不等于沟通双方就能达成一致的意见。很多人认为良好的沟通是使别人接受我们的观点；如果有人与我们的意见不同，那些人会就此认为，这个人未能完全领会我们的想法。这是一种想当然的认识，反映了一种错误的倾向，即认为有效的沟通等同于意见一致①。

（4）沟通具有激励和影响行为的意图。激励行政者到基层或与员工共进午餐的目的是增强相互了解。行政者在与员工的直接沟通中，能学到很多东西，并能增进对机构政策执行情况的了解，提高机构的工作效率和员工的士气。

二、沟通的类型

可以按照不同的标准对沟通进行分类，下面是一些常见的沟通类型②。

1. 正式沟通和非正式沟通

按沟通的组织系统，可以把沟通分为正式沟通与非正式沟通。

（1）正式沟通。正式沟通是指按照组织结构所规定的路线和程序进行的信息传递与交流，如机构间的公函来往、机构内部的文件传达、汇报制度、例会制度等。正式沟通的优点是沟通效果好，有较强的约束力，可使内部各项工作保持一定的权威性。其缺点是信息层层传递，沟通速度慢，缺乏灵活性。

（2）非正式沟通。非正式沟通是指运用组织结构以外的渠道所进行的信息传递与交流，如员工之间的私下交谈、朋友聚会时的议论以及小道消息等。非正式沟通的优点是沟通方便，沟通速度快。其缺点是沟通难以控制，传递信息不确切，容易失真。非正式沟通和正式沟通的界限不是绝对的，有时是很难区分的。例如，机构的两个行政者商量工作，既可以理解为正式沟通也可以理解为非正式沟通。

2. 下行沟通、上行沟通和平行沟通

按沟通方向可以把沟通分为下行沟通、上行沟通和平行沟通。

---

① ［美］斯蒂芬·罗 P. 宾斯，玛丽·库尔特．管理学（第七版）［M］．孙健敏，黄卫伟，王凤彬，等，译．北京：中国人民大学出版社，2004：295.

② 王建民．管理沟通实务（第二版）［M］．北京：中国人民大学出版社，2008：7-10.

（1）下行沟通。下行沟通是指上级对下属进行的自上而下的信息传递和交流，如发布规章制度、下达各种任务、对一些具体问题提出处理意见等。这是上级向下属发布命令和指示的过程。这种沟通的目的如下：向下属明确机构的目标；传达工作方面的有关指示；加强下属对工作任务的了解；向下属提供工作所需的资料；向下属反馈其工作绩效。

（2）上行沟通。上行沟通是指自下而上的沟通，即向上级反映情况、问题、要求和建议以及请求支持等。只有上行沟通渠道畅通，上级才能掌握全面情况，作出符合实际的决策。上行沟通有两种形式：一是层层传递，即依据一定的组织原则和组织程序逐级向上反映；二是越级反映，即减少中间层次，让一般员工与最高决策者直接沟通。

（3）平行沟通。平行沟通也称横向沟通，它是指同一级相互之间的沟通，其目的不仅有通知，还有要求支持或协作的意图。

3. 语言沟通和非语言沟通

按沟通所使用的媒介可以把沟通分为语言沟通和非语言沟通。

（1）语言沟通。语言沟通是指利用语言、文字、图画、表格等形式进行的信息传递与交流。它建立在语言文字的基础上，可分为口头沟通和书面沟通两种形式。

口头沟通是指运用口头语言进行的信息交流活动，如谈话、演讲、讨论、电话联系等。口头沟通的优点是灵活多样，速度快，双向反馈。其缺点有：①口说无凭，沟通范围有限，随机性强。②面谈会增加沟通双方的心理压力，造成心理紧张，影响沟通效果。③在口头传递信息过程中，每个人都以自己的偏好增删信息，从而使信息存在着失真的可能性。

书面沟通是指运用书面的形式所进行的信息传递和交流，如书信、通知、文件、报刊、备忘录等。其优点是：①传播的内容不易被歪曲，有利于长期保存，有据可查。②书面沟通对信息的组织更周密，逻辑性强，条理清楚。书面语言在正式发表之前能够反复修改，直至作者满意，想表达的信息能被充分地、完整地表达出来，其他因素对信息传递的影响大大减少。③书面沟通的内容易于复制，有利于大规模传播。其缺点是耗费时间较长，不能及时提供信息反馈，沟通效果受文化修养的影响较大，对情况变化的适应性较差等。

（2）非语言沟通。非语言沟通是有别于说话和文字的沟通方法，它通常是指由各种身体语言所提供的暗示。例如：

①外貌：面部轮廓、体格、声音、性别、种族等。

②仪表：衣饰、妆容和发型等。

③面部表情：愉快笑容、垂头丧气、忧心如焚等表情。

④动作：姿势、眼神、四肢与头部的摆动和触摸（如握手、拍肩、拥抱等）。

⑤声音：说话的音量、速度、声调、声线、辅助语的运用和说话时的流畅程度等。

⑥空间距离：沟通双方之间的距离，座位的摆放位置及在办公室内的位置等。

⑦时间：对方可给予或愿意付出的沟通时间的多寡，准时或迟到等。

⑧态度：友好、紧张、敷衍、认真和真诚等。

非语言沟通不仅是员工互动的重要组成部分，也是治疗过程中必不可少的元素。通常来讲，用非语言的行动来传递感受和想法会比语言来得更有效。非语言沟通传达了70%—75%的信息内容，尤其是我们的思想、态度和情绪感受。非语言沟通也使我们在说话和阅读文章以外得到更多的信息。此外，非语言暗示与语言的一致性有助于我们去分辨信息发送者所发信息的一致程度。

4. 单向沟通和双向沟通

按沟通方向的可逆性可以把沟通分为单向沟通和双向沟通。

（1）单向沟通。单向沟通是指信息接收者只接收信息而不向信息发送者反馈信息的沟通，如发布指示、下达命令、作报告、书面通知等。其优点是信息传递速度快，信息发送者不会受到信息接收者的影响。其缺点是信息发送者与信息接收者之间没有交流，信息接收者无论是理解还是不理解都必须执行，容易使信息接收者产生挫折感和抗拒对立情绪。

（2）双向沟通。双向沟通是指信息发送者与信息接收者之间所进行的双向信息传递与交流，如讨论、座谈会、协商、交谈、面谈等。在双向沟通中，信息发送者与信息接收者之间的角色不断交换，信息发送者不仅要发出信息，而且还需要听取信息接收者的反馈意见，必要时双方还要进行多次交流，直到双方理解一致为止。双向沟通的优点是沟通信息准确性较高；信息接收者有反馈意见的机会，容易产生平等感和参与感，增加了双方的自信心和责任心，有助于增进双方的理解和信任。其缺点是信息传递速度慢，易受干扰，缺乏条理性；在沟通时，信息发送者随时会受到信息接收者的质询、批评和挑剔，因而有较大的心理压力。

5. 人际沟通、团队沟通和组织沟通

按沟通发生的层面可以把沟通分为人际沟通、团队沟通和组织沟通。

（1）人际沟通。人际沟通就是人和人之间所进行的信息和情感的传递与交流。它是组织沟通乃至管理沟通的基础。人际沟通在形成组织规范、协调人际关系、实现组织目标和加强组织领导方面是一个举足轻重的因素。

（2）团队沟通。团队沟通是指为了更好地实现团队目标，团队成员之间所进行的信息传递与交流。

（3）组织沟通。组织沟通是指涉及组织特质的各种类型的沟通。组织沟通分为组织内部沟通和组织外部沟通。其中，组织内部沟通分为正式沟通和非正式沟通；组织外部沟通分为组织与服务对象、资助者、其他服务机构、社区、新闻媒体等之间的沟通。

三、沟通的功能

斯基德莫尔认为，沟通在社会工作行政中的重要性体现在以下三个方面①。

1. 有效沟通能提高机构的效率

当员工能公开对机构的程序、方法、个案、政策、目标甚至理想进行沟通时，机构效率就会提高。比如，某个员工学过促进或改善社会服务的有效技术，并把它教给其他人，就能加强整个机构的实力。又比如，某些员工发现某些程序很僵化，效率很低，而把他们的发现告知其他人，也能帮助机构改善工作。

2. 有效沟通能提高员工的士气

士气在机构运行中非常重要，它依赖于或者至少部分依赖于领导和员工相互探讨各自的想法及为什么这么想。这不是说他们必须对每件事都保持一致，或团队成员必须作出让步，而是说他们要认识到别人的感受。机

① ［美］雷克斯·A. 斯基德莫尔. 社会工作行政——动态管理与人际关系（第三版）［M］. 张曙，等，译. 北京：中国人民大学出版社，2005：185.

构的士气是建立在行政者及其员工相互理解的基础上的，如果领导和员工保持沟通，那么他们更可能做到相互支持，并达到机构的目标。

3. 有效沟通能提高机构的服务效果

为了使机构能有效地输送服务，员工彼此之间相互沟通能使机构有效地输送服务。此外，双向沟通是民主过程的一部分，对制定合理的决策和决定有效的政策非常重要。如果员工之间没有沟通，就不可能阐述那些合理的政策；如果员工不能表达他们的想法、观点和感受，就不可能作出有意义的决定。

第二节　沟通过程和障碍

有效沟通在社会工作行政中显得非常重要。社会工作行政者要进行有效的沟通需要理解沟通过程的环节和要素，还需要了解可能存在的沟通障碍。本节将介绍沟通过程和行政者可能面临的沟通障碍。

一、沟通过程

沟通过程一般包括六个步骤，即信息发送、编码、传送媒介、信息接收过程、解码过程、信息接收者的反应过程。通过六个步骤实现这个目标，即一个有价值的信息指令被转换成信息接收者能够理解的方式，再经过一个适当媒介或途径传递给信息接收者，最后信息接收者能够准确地接收并理解该信息的指令。下面简要介绍沟通过程的步骤①。

1. 信息发送者创造有价值的信息

信息包括对某个人、某个组织或某件事的主观态度和客观分析（即思想、想法），对某人、某事或在某种经历中的感受和情绪。信息在发送者（信息源）与接收者之间传送。

2. 信息的编码过程

有了信息之后，要将信息编码成适合在沟通媒介中传输的形式。编码就是将信息和感觉转化成为语言、文字、图像和身体语言等各种符号的过程。例如，早期在中国召开的社会工作国际会议往往配有同声翻译人员和

---

①　于显洋．组织社会学［M］．北京：中国人民大学出版社，2001：272-275.

设备，就是将用英语传递的信息编码成中文，然后将此信息通过一定的媒介传递给信息接收者。

编码涉及机构内外两方面因素，组织内部要看编码人员的能力、能否准确地把领导者的意图表达出来；此外还涉及组织成员的接收能力，如果使用很正式的书面文字就要求成员有一定的文化水平，如果员工文化水平较低，则宜采用通俗易懂的语言加以表达。组织外部因素指人们的生活习惯、爱好、风俗等。总之，编码过程如同选择恰当的文字组成一个完整的意思，亦即发送电报时需要把文字转换成一组数字一样。

3. 选择传送媒介

信息通过特定的方式传送，这些方式就是传送媒介。该媒介可以是一个正式的书面报告、一个电话或面谈。信息沟通媒介的选择取决于所传递的信息的种类以及每种媒介所传递信息的数量。此外，还要了解，无论采取什么样的传递媒介，都可能带来信息量的损失。媒介越长，损失量越大；环节越多，损失量也越大。为保证信息传递的可靠性和准确性，要选择最短的媒介和最少的传递环节。

4. 信息接收者接收到信息

信息发送者把信息按时送达信息接收者手中，信息接收者通过某种媒介接收了信息。这一环节主要涉及传送媒介和接收时的环境要素，它将影响信息接收者对信息的解释。

5. 解码过程

信息接收者将所收到的信息解码以得出信息的内涵。解码过程受两个因素的影响：一是信息编码。如果编码者没有按照信息接收者所能理解的方式编码，或者没有考虑信息接收者的因素，而只是从信息本身出发，即使编码再准确也不可能被完全接收。另外，如果编码本身就混乱不清，信息接收者无论如何也不能做到准确理解。二是信息接收者解码。这一过程如同把电报传送的一组组数字翻译成文字一样，信息接收者必须懂得翻译的技巧和相关知识，还要对信息有准确的理解。这种理解除了受信息接收者自身素质的影响之外，还受到他在组织中的地位、环境及个性因素的影响。

6. 信息接收者对信息作出反应

信息接收者对信息发送者的信息作出了反应即产生了反馈。若无反馈，该沟通就是单向的，有了反馈它才能成为双向式沟通。反馈是能够增强沟通效果的强有力的因素，因为它能使信息发送者判断信息接收者是否正确理解了信息。

沟通过程见图 11-1。

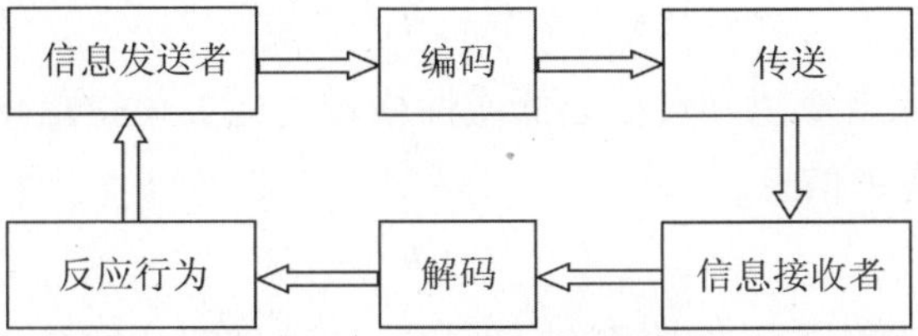

图 11-1　沟通过程模式图

二、沟通障碍

1. 何谓沟通障碍

所谓沟通障碍是指那些在沟通过程中能影响信息接收清晰程度的各种有关因素。粗略地划分，可以把沟通中的障碍分为：因个人内在因素而产生的障碍；语义障碍；因过量信息而导致的障碍；因外在环境所引起的障碍①。

2. 因个人内在因素而产生的障碍

个人内在因素对人们接收和发送信息有直接或间接影响。个人内在因素包括：

（1）信息发送者未能将信息以最恰当的符号编码，且未能以最适当的媒介发送有关信息。

（2）信息发送者对某一信息所包含的意图的表达过于含糊，以致信息接收者不懂得如何回应。

（3）因文化、社会化及性别角色定型等影响，信息发送者未能具体表达和陈述个人感受和情绪，使得信息接收者不能完全掌握信息发送者发出的信息的全部内容，尤其是信息中的感受和想法的部分。

（4）因个人身体和情绪等因素，信息接收者未能理解信息发送者发送

① 梁传孙，伍锐明，吴敏洁．社会工作实践——认识自我与沟通技巧［M］．北京：商务印书馆，2008：42-47.

的信息的主观含义，以及未能充分掌握对方发送信息时的经验、态度、感受和想法。

（5）人们太重视自己的优越性、观点和价值取向，只从自己的立场和需要出发去与别人沟通，以致常想控制对方的沟通内容和流程，从而影响会谈。

（6）因个人自尊感和自信心低或性格较内向，使得信息接收者较少运用反馈来澄清有关信息。

3. 语义障碍

（1）人们使用语言去理解社会现象，这种理解往往是主观的。词汇的意义因人而异，会影响沟通双方对信息的理解和诠释。

（2）某些词汇和表达方式只流行于某一特定群体、阶层或文化体系，一些人听不明白，便会感到不合群，从而没有动力去聆听和了解有关信息。

4. 因过量信息导致的障碍

（1）信息发送者一次发送过多的信息，以致信息接收者因无法吸收而进行选择性接收和诠释。

（2）信息发送者发送大量且没有组织和分类的信息，令信息接收者无法以同样思考框架去诠释有关信息。

（3）信息接收者接收了太多信息，在无法作出细致探究的情况下倾向于以推测、估计和假设的方法来诠释有关信息。

5. 因环境因素造成的障碍

（1）物理环境如沟通的地点、沟通时的灯光、温度和安静程度以及沟通双方的距离和座位安排等，均会影响信息的发送与接收。

（2）因工作繁重而导致没有足够的时间去接收有关信息或全部信息，也没有时间去澄清信息中所包含的各种内容，结果因选择性接收而产生了误会。

（3）未能遵从因环境、沟通对象和文化的不同而产生的沟通规则和沟通模式。

（4）因权力不对等或沟通双方尚未熟识，以致未能去进行平等而坦诚的双向沟通或以反馈作澄清。

（5）机构没有设立足够和有效的反馈机制，使得下情难以上达。

第三节　沟通方法和技巧

对行政者来说，要成为有效的沟通者，除了理解沟通过程和障碍外，还必须掌握一些沟通方法和技巧。

一、有效沟通的标准

无论行政者还是一线员工，都在为共同的目标而努力工作，因而进行有效沟通是机构内所有人的共同职责。崔克尔提出了以下社会工作行政者进行有效沟通的6条标准①：

（1）沟通的目标必须明确，必须让沟通的发出者与接收者双方都能够理解。

（2）无论是口头的还是书面的材料都必须尽可能清楚明确，并且对其只能有一种理解。如果不能达到这样的精确度，那么应该尽量减少例外情况的数量，或尽量减少解释时各种可能的选项的数量。

（3）有效的沟通是一系列连续的行为。换句话说，接下来的沟通是紧接着先前的沟通的，这样可以避免无意义的危险。

（4）良好的沟通对实现目标而言是充分的，它既不太多，也不太少，要有一个突出的特点，并对沟通的内容有所选择。

（5）良好的沟通是及时的，这样有关某个主题的思想才能按时给出，并让接收者及时收到。

（6）在良好的沟通中，思想会被很多媒介使用和散布，这样，那些相关人士才能收到材料。这通常需要一个有上行沟通、下行沟通和平行沟通的沟通体系。

二、倾听

做一名有效的听众，要细心地听取所有的信息和含义，避免做过早的判断或诠释。倾听包含但不只是“听”。以下方法可以帮助你成为一个好

---

① ［美］雷克斯·A. 斯基德莫尔. 社会工作行政——动态管理与人际关系（第三版）［M］. 张曙，等，译. 北京：中国人民大学出版社，2005：186.

的倾听者①：

（1）停止说话。如果你正在说话，你就无法倾听。

（2）让谈话者放松。让他感到说话很自由。

（3）向他表明你很乐意听他讲，以眼神和行动来表现你的兴趣。当他讲话时不要看你的邮件。

（4）不要分心。不要心不在焉地乱涂乱画，不要轻敲桌面和摆弄小纸片。另外，如果你要出门，最好轻一点。

（5）以同理心对待说话的人。试着站在他的立场思考问题，这样你就能理解他的想法。

（6）耐心。给予足够的时间，不要打断他。不要走向门边或离开。

（7）控制你的情绪。一个生气的人容易误解别人的话。

（8）争论和批评的时候要从容不迫，因为争论和批评本身会使他产生戒备心理。他可能会沉默或生气，但你千万别生气。

（9）提问。这会鼓舞他，并表示你正在听。

不能好好倾听是经常发生的事，包括没有听到别人说的话、只听到一部分或听到不正确的信息。专栏 11-1 能帮助你判断自己是否是一个好的倾听者。

专栏 11-1　你是一个好的倾听者吗？

以下是一个小小的倾听测验。（选 1 代表你从来没有这样过；选 5 代表你经常这样）

1. 我经常对听到的事情不感兴趣。	1	2	3	4	5
2. 听一个人讲话时，我经常在脑中评估讲话者。	1	2	3	4	5
3. 我经常打断别人的讲话，特别是一对一交谈时。	1	2	3	4	5
4. 我发觉我经常因为注意细节而忽略掉事情的重点。	1	2	3	4	5
5. 我听他人讲话时，身体经常呈现懒散状态。	1	2	3	4	5
6. 与别人交谈时我经常注意力不集中。	1	2	3	4	5
7. 在我与他人交谈时，我经常一边讲话一边看手头上的资料，即便该资料与交谈内容完全无关。	1	2	3	4	5
8. 我经常一边打电话一边做其他事情。	1	2	3	4	5

从以上问题中你是不是选了许多个“5”，那你可能就不是一个好的倾听者。

资料来源：［美］詹姆斯·P. 盖拉特. 21 世纪非营利组织管理［M］. 邓国胜，等，译. 北京：中国人民大学出版社，2003：168.

① ［美］雷克斯·A. 斯基德莫尔. 社会工作行政——动态管理与人际关系（第三版）［M］. 张曙，等，译. 北京：中国人民大学出版社，2005：191-192.

三、选择合适的沟通媒介

达夫特按媒介的信息丰富程度把一些沟通媒介归类成一个等级[①]，见图 11-2。

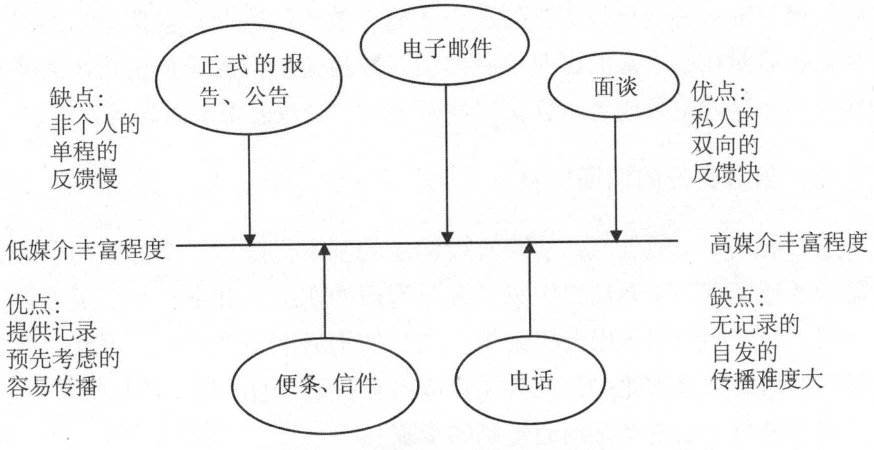

图 11-2　媒介丰富程度的连续图

信息媒介的能力由三个方面决定：①同时控制各种沟通要素的能力；②快速、双向反馈的能力；③建立个人沟通的能力。不同的沟通媒介具有不同的传输能力。

（1）面谈。面谈是最有效的方法，它允许直接体验，信息内涵丰富，立即反馈以及聚焦于某个人。

（2）电话和电子邮件。电话和电子邮件沟通速度快，但是缺乏存在感，因为眼神交流、凝视、姿态以及身体语言的内涵消失了。

（3）个性化的书面媒介。便条、信件、备忘录、记录等个性化的书面媒介可以是个人关注的焦点，但它们只提供纸面上的内涵并且反馈速度较低。

（4）非个性化的书面媒介。传单、公告、正式的报告是非个性化的书面载体，它们的信息丰富程度最低。这些媒介不是聚焦于某一个信息接收者身上，信息内涵低且无法进行反馈。

---

① ［美］理查德·L. 达夫特. 管理学（第五版）［M］. 韩经纶，韦福祥，等，译. 北京：机械工业出版社，2003：538-539.

行政者选择沟通媒介时，应了解每一种沟通媒介的优势、劣势，并能够相应选择恰当的沟通媒介。

此外，选择沟通媒介还要看要传输的信息是日常的还是非日常的。日常信息非常简单且直接，非日常的信息通常模糊、关心新事件且容易产生误解。行政者只有选择很丰富的媒介才能有效地传达非日常信息。而对于日常信息即便在不丰富的媒介中照样能有效传递。当沟通是正式的或要求制作永远保存的记录或者听众分散性极大时，应该使用书面沟通方式。

四、创造良好的沟通气氛

良好的组织沟通气氛是实现有效沟通的基本保障。一个开放的、支持性的沟通环境有利于调动组织成员参与沟通的积极性和主动性；反之，一个封闭、保守的组织氛围会压制组织成员的沟通愿望和热情。因此，要提高组织沟通的效率和效果，就必须营造出有利于沟通的环境和氛围。

以下是六个创造良好沟通气氛的步骤①：

（1）设立目标。你与同事想要达到什么境界的沟通？你认为真诚的沟通应包括哪些元素？

（2）找出问题所在。有什么因素阻碍了组织内的良好沟通？是结构性问题，还是表面问题？是高层行政者的问题，还是其他部门主管的问题？大家都知道沟通的项目及对象是什么吗？

（3）确定重要的因素。要考虑四个重要因素：①沟通的技术层次。例如，是否每个人都应该使用电子邮件？或是应该会写备忘录，甚至掌握人际冲突的处理技巧？②标准。沟通要求的最低标准是什么？例如，部门主管应当每月至少两次与同事们进行沟通，董事会会议资料至少应在两周前就提交给与会的董事参考。③资源。考虑以下资源投入：一个足够容纳所有员工的沟通会议场所；一个员工投诉中心或投诉员，能让员工充分表达意见，甚至能代表员工向主管们表达意见；提供计算机并为每个员工申请个人电子邮箱账号；每年至少举办一次员工郊游活动。④奖惩。以下奖励方式可供参考：提供一顿免费晚餐给那些提出最佳改善沟通建议的同事；“本月最佳沟通者”奖状；在董事会中公开表扬在沟通成效评比中获得最

---

① ［美］詹姆斯·P. 盖拉特. 21世纪非营利组织管理［M］. 邓国胜，等，译. 北京：中国人民大学出版社，2003：170-171.

高分的部门主管。在惩罚方面，对沟通成效最差的部门，只要将结果公布出来，就达到惩罚的效果了。

（4）制订执行计划。确定出具体的执行策略及时间表，并厘清哪些力量有助于目标的达成，哪些力量将会是达成目标的障碍，并研究相应的策略。此外，需要与同事们就计划制订进行沟通。

（5）执行。要给予机构充分的时间来执行步骤四的计划，也许需要一年才能让整个沟通机制有效运作。此外，要编制适当的预算。

（6）评估与改善。评估计划执行情况，改善存在的问题。

基本概念

沟通　正式沟通　非正式沟通　下行沟通　上行沟通　平行沟通　语言沟通　非语言沟通　单向沟通　双向沟通　人际沟通　团队沟通　组织沟通

思考题

1. 沟通的功能是什么？
2. 沟通过程包括哪几个步骤？
3. 沟通障碍是什么？
4. 有效沟通的标准是什么？
5. 如何成为一个好的倾听者？
6. 如何选择合适的沟通媒介？
7. 如何创造良好的沟通气氛？

第四编

领导

第十二章　领导

领导发生在组织各层级的管理当中。社会服务机构的领导者要运用合适的方式、方法对机构成员进行引导、督促和考核，即要对成员进行有效领导。本章第一节介绍领导的含义、要素、内容、领导者影响力的来源以及领导与管理的区别，第二节介绍领导理论，第三节探讨社会服务机构中领导者的特质、领导行为和领导内容，第四节介绍团队。

第一节　领导概述

一、领导的含义

英文中的领导（lead）一词包含领袖、主将、首席、先头舰等多种含义，其主要内容都是“带头”的意思。汉语中的领导既可以作名词，即领导者；也可作动词，即一种行为过程。管理学研究的是后者。孔茨和韦里克给领导下了一个经典的定义，他们把领导定义为影响力，是影响人们心甘情愿、满怀热情地为实现群体的目标而努力的艺术或过程①。这个定义中有三个要点：

（1）领导的本质是影响力。正是由于影响力，领导者得以把组织或群体中的人吸引到他的周围来，从而在组织或群体中实施领导行为。凭借影响力，领导者得以获得组织或群体成员的信任，使组织或群体中的成员一心一意地追随领导者。因此，拥有影响力的人才称得上是一位真正的领导者。

（2）领导既是一个过程，也是一种艺术。领导是一个过程，是对人们

---

① ［美］哈罗德・孔茨，海因茨・韦里克．管理学（第十版）［M］．张晓君，陶新权，马继华，等，译．北京：经济科学出版社，1998：320.

施加影响的过程。领导也是一种艺术。领导者面临千变万化的组织或群体的内外环境，特别是面对着各种各样的人，他们进入组织或群体的目的和需要各不相同，而且人们的需要、目的等都处在动态的变化之中。因此，领导者在实施领导的方式、方法上要表现出创造性和有效性。

（3）领导的目的是使人们为实现组织目标而努力。领导是一项目的性非常强的行为，它的目的在于使人们心甘情愿地为实现组织或群体的目标而努力。使人们情愿地而非无奈地、热情地而非勉强地为组织或群体的目标而努力，这体现了领导水平，也是领导者追求的目标。

二、领导的要素和内容

1. 领导的要素

（1）领导者。在领导过程中，领导者是领导行为的主体。

（2）被领导者。领导是一种双向的动态过程，即除了领导者通过指导、激励等影响被领导者，被领导者也给领导者信息以修正领导者现在和未来的行为。领导者和被领导者是以对方的存在而存在的，没有被领导者当然也就没有领导者。

（3）影响力。领导者的影响力主要来自两个方面：一是职权，二是个人权力。

（4）领导行为。领导行为包括关心工作和关心人两种基本类型，领导行为与领导环境有关。

（5）环境。领导过程是领导者和被领导者在其所处的环境下相互作用于共同目标而采取行动的过程。

2. 领导的内容

在管理过程中，为了促使人们最大限度地实现组织目标，领导者的工作内容主要包含五个方面，即先行、沟通、指挥、浇灌和奖惩①。

（1）先行。领导者站在群体之前，鼓舞、引导群体，而要做到这一点，自己就得先行。先行包括：①设计。领导者好比是轮船的设计师、航行路线的设计者，他要设计组织目标、组织系统与架构。②决策。为了实现组织目标，并且尽可能地满足组织成员的需要，领导者必须为组织指明

---

① 陈兴琳．组织行为学［M］．北京：清华大学出版社，2006：171-172.

方向，构思组织的战略计划，制定组织的战术措施，这一切均离不开有效的决策。③榜样。榜样的力量在困难时刻显得格外重要。

（2）沟通。没有沟通就不可能实施领导。领导者只有通过向下属传达感受、意见和决定才能对其施加影响，下属也只有通过沟通才能使领导者正确评估其领导活动，并使领导者关注下属的感受与问题。

（3）指挥。领导者对目标进行了设计、对日常工作作出了决策之后，通过沟通把有关的政策和决策传递给下属。为使下属在实践中执行好组织的决策，领导要对下属进行指挥。在组织中，经常用的一种正式的指挥方式是命令。

（4）浇灌。所谓浇灌，就是领导者创造一种下属自动合作的情感反应。领导者必须以自己的行动日复一日、年复一年地浇灌下属的情感，培育他们的自动合作精神。

（5）奖惩。奖赏权和惩罚权是职位权力的主要组成部分，组织中领导者实施奖惩，通过奖惩，增强领导者的影响力，最终达到组织预定的目标。

三、领导者影响力的来源

领导者的影响力主要来自两个方面：一是职位权力。这种权力是由于领导者在组织中占据一定的职位而由上级和组织赋予的，随职位的变动而变动。人们往往出于压力和习惯而不得不服从职权。二是个人权力。这种权力不是来源于领导者在组织中的职位，而是由于领导者自身的某些特殊条件才具有的。例如，领导者具有高尚的品德、丰富的经验、卓越的工作能力和良好的人际关系等。这种权力不随职位的消失而消失，而且这种权力对人的影响是发自内心的、长远的。

如果细加分析，可将领导者影响力的来源分为以下五类：

（1）惩罚权。它来自下属的敬畏感，即下属感到领导者有能力惩罚他，使他痛苦，使他不能满足某些需求。

（2）奖赏权。它来自下属追求满足的欲望，即下属感到领导者有能力奖赏他，使他觉得愉快或满足某些需求。

（3）合法权。它是由组织层级所赋予的权力，与职权是一回事。领导者有权影响下属，而下属有义务接受，但不具备合法权的领导者的领导效果将是非常有限的。

（4）模范权。它来自下属对上级的信任，即下属相信领导者具有他所需要的智慧和品质，具有共同的愿望和利益，从而对他钦佩和赞誉，愿意模仿和跟从他。

（5）专长权。它来自下属的尊敬，即下属感到领导者具有某种专门的知识、技能和特长，能帮助他指明方向，排除障碍，达成组织目标和个人目标。

惩罚权、奖赏权、合法权属于职位权力，模范权和专长权属于个人权力。这几种不同的权力对下属所产生的影响效果和满意度是不同的。惩罚权虽然可以使下属基于恐惧而顺从，但这种顺从是表面的、暂时的。为了维持这种顺从，领导者必须时常对下属加以监督，必要时还要进行惩罚。而监督和惩罚的成本是很高的。奖赏权是采取奖励的办法来引导人们做出所需要的行为，其作用要视奖励值的大小和公平性而定。合法权是指下属基于习惯、社会意识和某种责任感所引起的服从，但这种服从不能带来较高的工作水平和个人满意度。模范权和专长权一般都能引起公开和私人的顺从、内心的信服，由此而来的影响力也比较持久。

四、领导与管理的区别

领导与管理有以下区别①。

1. 职能范围不同

从管理职能来看，管理包括计划、组织、领导和控制四大职能，其中领导是管理的一个职能，属于管理活动的范畴；除了领导，管理还包括计划、组织和控制等职能。

2. 角色范围不同

从管理者的角色来看，领导者只是管理者三种人际关系角色中的一种，管理者的另外两种人际关系角色是名义领导者和联络官。此外，管理者还担当监控者、传播者、发言人、创业者、故障排除者、资源调动者和谈判者等角色。可见，管理者角色包含领导者角色，领导者角色只是管理者扮演的诸多角色中的一种。

---

① 陈兴琳．组织行为学［M］．北京：清华大学出版社，2006：173.

3. 存在范围不同

管理者是组织中有一定的职位并负有责任的人，存在于正式组织之中。领导者既存在于组织中，也存在于一定的群体中；既存在于正式组织中，也存在于非正式组织中。

4. 处理的问题不同

管理主要处理复杂的问题，优秀的管理者通过制订计划、设计组织结构及监督计划实施而达到有序一致的状态。领导主要处理变化的问题，领导者通过描绘未来前景而确定前进的方向，然后，他们把这种前景与其他人交流，并激励其他人克服障碍达到这一目标。

第二节　领导理论

一、领导特质理论

1. 领导特质理论的主要观点

领导特质理论是一个专门研究领导者的理论，该理论的基本假定是个体比情境更为重要，假设我们能够识别出成功领导者的显著特点，那么就可以找到解答有效领导问题的线索，即便我们无法据此“打造”出优秀的领导者，最少也能够“选”出优秀的领导者。

到1950年，建立在这一思想基础之上的研究就已经超过100项了，大多数研究指出领导者应具备以下一些特质①：

（1）智商应当高于常人，但不是达到天才的水平，特别擅长解决复杂抽象的问题。

（2）积极主动。领导者应具有独立性和创造性，能够看出何时应当采取行动，并有行动的冲动。

（3）自信。在合理程度内对于自身能力、抱负以及最终能够在社会中取得职业的较高的评价。

（4）身体健康。

（5）身高超出平均水平，或者远低于平均身高。

---

① ［英］查尔斯·汉迪．组织的概念［M］．方海萍，等，译．北京：中国人民大学出版社，2006：90-91.

（6）来自比较高的社会-经济阶层。

其他研究还提到了狂热、善交际、正直、勇敢、想象力丰富、果敢、坚定、精力充沛等特质。

2. 对领导特质理论的评价

一般而言，批评这些理论的主要理由有：没有谁能够具有这些全部特质；在现实生活中有很多例外情况，很多人不具备这些主要特质，但仍然成了非常成功的领导者。而一些领导者尽管拥有所有这些特征，却并不成功。此外，领导特质理论认为，有些人生来就具备成为领导者所需的特征，而有些人则不具备，这与社会工作者相信“个人可以改变和进步”的观点不合拍。

尽管领导特质理论存在不少问题，但它所总结的有效领导者的基本特质对于社会服务机构的领导者来说还是具有一定借鉴意义的。我们应看到一些领导者特质并非天赋，是可以通过后天的训练和自身的努力而不断完善的。此外，需要指出的是，在社会服务机构的实践活动中，领导者经常会面临复杂的情境，他们所从事的很多工作不像在其他组织那样具有例行性，而需要更多的灵活性和创新性。从这个角度来说，领导者需要具备更多适合社会服务机构特点的素质，以此取得个人和机构的不断发展。

二、风格理论

这一派理论的假定是，如果领导者能够使用某种适当的领导风格，那么员工就会在工作中表现得更加努力和高效。风格理论主要以两种行为向度对领导风格进行了解——任务导向和员工导向。

1. 风格理论的主要观点

风格理论有多种形式，下面简要介绍其中的四种形式[①]：

（1）艾奥瓦大学的研究。该项研究探索了三种领导风格：①独裁型风格，领导者倾向于集权管理，采用命令方式告知下属使用什么样的工作方法，作出单边决策，限制员工参与。②民主型风格，领导者倾向于在决策时考虑员工的利益，实施授权管理，鼓励员工参与。③放任型风格，领导者给群体充分的自由，让他们自己作出决策，并按照他们认为合适的做法

① ［美］斯蒂芬·P. 罗宾斯，玛丽·库尔特. 管理学（第7版）［M］. 孙健敏，黄卫伟，王凤彬，等，译. 北京：中国人民大学出版社，2004：491-493.

完成工作。总体来说，相比专制型领导者，在民主型领导者所领导的群体中，下属有更高的满意度。

（2）俄亥俄州立大学的研究。该项研究将领导行为分为两个重要维度：①创始结构（initiating structure），是指领导者规定他与工作群体的关系，建立明确的组织模式、意见交流渠道和工作程序的行为。②关怀（consideration），指的是建立领导者与被领导者之间的友谊、尊重、信任关系方面的行为。研究发现，在创始结构和关怀两方面均高的领导者（高—高型领导者）比其他三种类型的领导者（低创始结构、低关怀或者二者均低）更能使下属达到高绩效和高满意度。

（3）密歇根大学的研究。该项研究也将领导行为分为两个维度：①员工导向的领导者，重视人际关系，考虑下属的需要，并接纳群体成员的个人差异。②生产导向的领导者，强调工作岗位的技术或任务方面，主要关心的是群体工作任务的完成情况，并把群体成员视为达成目标的手段与工具。该项研究十分认同员工导向的领导者，认为员工导向的领导者与高群体生产率和高工作满意度正相关。

（4）管理方格。管理方格使用“关心人”和“关心生产”两个行为维度，“关心人”测量领导者对下属的关怀，用1—9（由低到高）标度；“关心生产”测量领导者对工作进展状况的关心，用1—9（由低到高）标度。这样在一个坐标中有81个方格，领导者的行为风格可能落在任意一格上（见图12-1）。

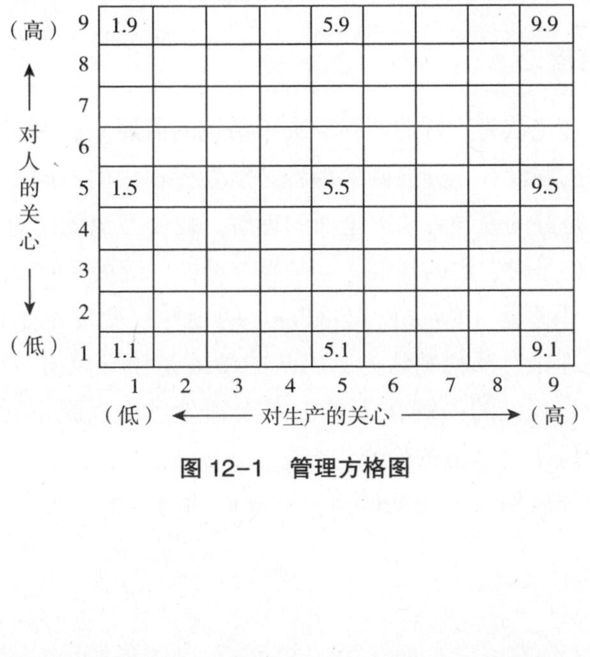

图12-1　管理方格图

这里重点说明五种类型：①贫乏型管理（1.1）：以最低限度的努力完成必需的工作，从而维持组织成员的身份。②任务型管理（9.1）：由于工作条件的安排从而使工作实现高效运作，将人为因素的干预降到最低程度。③中庸之道型管理（5.5）：在必须完成的工作与维持令人满意的士气水平之间保持平衡，使组织绩效得以充分实现成为可能。④乡村俱乐部型管理（1.9）：对员工的需要关怀备至，创造了一个舒适、友好的组织氛围和环境。⑤团队型管理（9.9）：工作由具有奉献精神的员工完成，由于组织目标的共同利益关系而形成了相互信赖，带来了信任与尊重的关系。

2. 对风格理论的评价

研究发现，单凭领导风格是无法解答领导有效性的来源问题的，很多猜测现在都已经被推翻了。然而有迹象表明，领导者对人的关心可以提高员工的满意度和对群体事务的参与度。这未必就是生产率提高的原因，但的确是一个很好的基础。

社会服务机构的领导者可以借助领导风格理论来了解自己的领导风格，并分析影响领导风格的各个要素，比如可以从对员工的关心（关怀、员工导向）和对工作的关心（创始结构、生产导向）两个维度来考虑。领导风格理论还总结了不同领导行为的特点，社会服务机构的领导者要注重考虑领导行为发生的具体情境，并结合机构的外部环境和内部环境，不断积累在不同情境下领导和管理的经验，探索影响社会服务机构领导有效性的因素，提高领导风格理论在社会服务机构领导过程中的适用性。

三、权变理论

领导权变理论认为，好的领导取决于情境的需要。该理论认为，领导的特质和风格方法并没有充分强调管理者必须发挥作用的不同情境，因此，以上理论对什么是好的领导者缺乏全面的理解。权变理论既是对其他领导理论缺点的回应，也是对它们的延伸，它是当今最被广泛接受的理论之一。

弗雷德·菲德勒（FredbE. bFiedler）的领导权变理论是比较具有代表性的一种权变理论。菲德勒认为，团队的绩效是领导风格与团队所处情境匹配的结果。该理论的关键在于首先界定领导风格以及不同的情境类型，然后建立领导风格与情境的恰当组合。

先来看领导风格。菲德勒认为，领导成功与否的关键因素之一是个体的基本领导风格。他确认了两种领导风格：任务取向和关系取向。费德勒使用“最不愿意合作的同事问卷”（Least Preferred Coworker Questionnaire，LPC）来测量。LPC 问卷分数越高，表明人们越喜欢与之工作，这样的领导风格是关系取向；反之，LPC 问卷分数越低，表明人们越不喜欢与之工作，这样的领导风格是任务取向。LPC 问卷见表 12-1。

表 12-1 菲德勒领导风格 LPC 问卷

请你设想一个最不能与之共事的人，此人是你现在或过去的同事。这个人不一定是你最不喜欢的人，而是你认为最难共事的人。请用下面的 16 个维度描述这个人，把答案圈在相应的数字上。

令人舒服	8——7——6——5——4——3——2——1	令人不舒服
友好	8——7——6——5——4——3——2——1	不友好
拒绝	1——2——3——4——5——6——7——8	接受
有帮助的	8——7——6——5——4——3——2——1	对人无助的
不热心	1——2——3——4——5——6——7——8	热心
紧张	1——2——3——4——5——6——7——8	轻松
疏远	1——2——3——4——5——6——7——8	接近
冷漠	1——2——3——4——5——6——7——8	热情
合作	8——7——6——5——4——3——2——1	不合作
支持	8——7——6——5——4——3——2——1	敌对
讨厌	1——2——3——4——5——6——7——8	有趣味
喜欢争吵	1——2——3——4——5——6——7——8	幽默
自信	8——7——6——5——4——3——2——1	犹豫
有效率	8——7——6——5——4——3——2——1	无效率
忧郁	1——2——3——4——5——6——7——8	愉快
坦诚	8——7——6——5——4——3——2——1	戒备的

资料来源：于显洋．组织社会学［M］．北京：中国人民大学出版社，2001：313-314.

用 LPC 问卷评估了个体的基本领导风格之后，接下来需要评估情境，并将领导者与情境进行匹配。菲德勒特别关注以下三种情境变量：

（1）领导者与成员的关系：领导者受到下属喜欢、信任、支持、尊敬与爱戴的程度。

（2）任务结构：下属所执行的任务是否具体、明确，包括做什么、如何做、为何做。

（3）职位权力：领导者是否具有职权以及奖惩下属的程度，如在聘雇、解聘、升迁或加薪等方面权力的大小。

菲德勒研究了这三者在哪种领导风格最有效的选择中起着决定作用。在观察了一些组织中的领导情境之后，他发现，当情境对领导者特别有利或者特别不利的时候，任务取向最为有效；而当情境处于中等程度的时候，关系取向最为有效。菲德勒所说的“情境对领导者特别有利”是指：①整个群体都非常相信、喜爱这个领导者；②要完成的任务非常具体、明确；③领导者的权力很大，也就是说，领导者的奖惩措施会得到群体的拥护。菲德勒模型见表 12-2。

表 12-2　菲德勒模型

<table>
<tr><td>领导者与成员的关系</td><td>好</td><td>好</td><td>好</td><td>好</td><td>差</td><td>差</td><td>差</td><td>差</td></tr>
<tr><td>任务结构</td><td>明确</td><td>明确</td><td>复杂</td><td>复杂</td><td>明确</td><td>明确</td><td>复杂</td><td>复杂</td></tr>
<tr><td>职位权力</td><td>强</td><td>弱</td><td>强</td><td>弱</td><td>强</td><td>弱</td><td>强</td><td>弱</td></tr>
<tr><td rowspan="2">领导情境</td><td>Ⅰ</td><td>Ⅱ</td><td>Ⅲ</td><td>Ⅳ</td><td>Ⅴ</td><td>Ⅵ</td><td>Ⅶ</td><td>Ⅷ</td></tr>
<tr><td colspan="3">好</td><td colspan="3">中等</td><td colspan="2">差</td></tr>
<tr><td>最有效的领导风格</td><td colspan="3">任务取向</td><td colspan="3">关系取向</td><td colspan="2">任务取向</td></tr>
</table>

总体看来，菲德勒的发现和实践经验是吻合的。当任务清楚明确、领导者强势且受人尊重的时候，他可以只管抓好工作，向人发号施令。而当任务模棱两可、领导者相对群体处于弱势的时候，他的最佳战略仍然是向人发号施令。另外，如果是一位受人爱戴的领导者遇到了含混不清的任务，那就要采用更为支持性的做法，这样才能让群体贡献出最大力量。

领导权变理论在风格理论研究的基础上注重对情境因素的分析，综合来看，影响领导有效性的因素包括领导风格、任务结构、职位权力、人际关系以及员工的能力和经验等个体属性。社会服务机构的领导者在管理过程中，除了要关注影响领导有效性的上述因素之外，还应当充分了解所属机构的组织特性，根据不同工作领域的服务特点和服务提供方式以及机构员工的特质来选择适合的领导行为。比如社会服务机构的员工都比较注重专业价值观的分享，可能对领导者的权力有自己独特的认识；社会服务机构的任务结构的明晰过程可能比其他组织更具有难度等，这些都会影响领导行为的具体实施过程。

四、当代领导理论

1. 变革型领导理论

詹姆斯·麦格雷戈·伯恩斯（James Macgregou Burns）在《领导论》一书中提出了变革型领导的概念。他认为，虽然领导者和下属在一起各自的初衷不同，但随着关系的加深，他们的利益会转变为对共同目标的互相支持。领导者和下属的目标随着关系的加深而得到提升，双方都获得了动力，受到了鼓励及提升。领导不仅发生在某一特定的群体或组织情境中追求自身利益时，而且领导者拥有感召群体、组织甚至社会去追求更高的目标的能力。

2. 以价值观为基础的领导

罗伯特·K. 格林里夫（Robert K. Greenleaf）强调精神的作用及“服务型领导”理论，他认为，领导者不应追求自己的利益，而应该首先关注服务于他人。服务型领导首先是服务，这起源于人的天性是想服务。对行政者最好的测试，也是最困难的事情就是：那些得到服务的人是否有变化？他们得到服务后，是否会变得更加健康、更加聪明、更加自由、更加自治或更加希望自己能为他人服务？对社会上特殊群体的影响是什么？他们是否会获益，或至少不再被剥夺？①

领导者的首要目标是为公民、顾客、消费者或社区服务。服务型领导具有如下主要特点：善于倾听，以便理解组织的意愿和下属内在的声音；能体会他人的感受，修复破裂的关系和治愈他人精神上的创伤；领导者是为了更好的社会状态而管理组织，他们的最终目标是人类生存状态的改善。

3. 对当代领导理论的评价

当代管理理论强调愿景、使命和价值观，对社会服务机构具有重要的启示意义。社会工作本身是一项以价值和伦理为基础的专业工作，如果机构的领导者不能认识到这一点，反而一味强调通过奖赏来驱使社会工作者工作，这样不仅没有充分利用社会工作的价值优势，反而会使本来具有使命感的专业工作者失望甚至颓废。所以，社会服务机构的领导者尤其是高

---

① ［美］罗伯特·B. 登哈特，珍妮特·V. 登哈特，玛丽亚·P. 阿里斯蒂格塔．公共组织行为学［M］．赵丽江，译．北京：中国人民大学出版社，2007：218.

层领导者，应该侧重于组织平台中的信念、使命、愿景和文化，用事业来激励工作，让使命感、成就感以及服务社群的价值和理想成为社会工作者的内在动机。

第三节　社会服务机构中的领导

本节应用以上两节有关领导的理论，结合社会服务机构行政管理实践，探讨社会服务机构中领导者的特质、领导风格及领导内容。

一、社会服务机构领导者的特质

社会服务机构领导者应该具备以下特质：

（1）具有强烈的使命感和信念。社会服务机构的存在是为了改善社会状态和每个人的生活。社会服务机构的领导者主要从事服务社会、奉献社会的工作，没有强烈的使命感和信念，是很难在这一领域坚持下来的。因此，社会服务机构的领导者应该具有强烈的服务意识和使命感，并且具有坚定的信念；同时他要思考并定义机构的使命，确保每个人都能够看见使命、听见使命并让使命体现在机构的日常活动中。伊恩·斯迈利（Ian Smillie）和约翰·黑利（John Hailey）在他们研究南亚 NGO 经验的著作《NGO 领导、策略与管理：理论与操作》一书中指出，他们所研究的组织领导者都有坚实的价值观，并能将之清晰表达，从而建立清晰的愿景；参与式的地方发展是他们的基本信念，同时他们亦坚信，配以外界的鼓励、援助和支持，贫苦大众可以主宰自己的生活①。

（2）具备丰富的社会工作专业知识。由于社会服务机构尤其是社会工作服务机构的专业特性十分明显，所以，领导者要对社会工作专业有十分清晰的认识和了解，要具备丰富的社会工作专业知识，要非常熟悉社会工作实务，这样才能应对在实践过程中随时可能出现的问题。

（3）具备全面的管理技能。良好的管理对机构的整体有序发展非常重要，管理的核心领导者首先起着关键作用。德鲁克认为，领导者必须具备以下几种能力：①倾听的意愿、能力和自律；②交流沟通的意愿，让其他

---

① ［加］伊恩·斯迈利，［英］约翰·黑利．NGO 领导、策略与管理：理论与操作［M］．陈玉华，译．北京：社会科学文献出版社，2005：166-167.

人能够理解自己的意思；③不要回避问题；④个人服从工作需要的意愿，要认识到与工作相比，个人的一切都显得无足轻重[①]。

（4）具有变革和创新精神。如同企业和政府部门一样，社会服务机构需要变革和创新。领导者必须具有创新和变革精神，使机构始终保持弹性和活力。领导者还要正确认识成功问题。成功往往比失败更容易摧毁机构，部分原因是，如果出现了危机，大家必须努力工作，而成功则令人意气风发，这就容易消耗资源。领导者在机构取得成功时必须引领机构乘势进取、不断成长，但同时领导者也必须确保机构必要时能够进行调整变革。

二、信任、支持和关心员工

在一定的条件下，社会服务机构领导者可以采用员工导向的领导风格，领导者信任、支持和关心员工对社会服务机构的有效管理极为重要。

（1）信任员工。信任衍生信任，不信任会伴随不信任。社会服务机构的领导者要真诚地接受和信任与他们一起工作的伙伴。领导者不断让员工明白：他接受他们，并相信他们的能力足以完成他们的任务。当领导者给员工布置任务时，他们坚信员工一定能够完成这项工作。

（2）支持员工。每个人都渴望认同、称许和赞赏。社会服务机构的领导者要在适当的时候夸奖员工，对员工的成就表示赞赏，并让员工知道他们很重要。成熟的、有成效的领导者每天都会向员工提供这些情绪性的支持。当员工被指派去做某事并为此尽他们的最大努力时，领导者要支持他们。要定期去看望每个员工，并询问两个问题：你在本机构真正想做的是什么？我怎样才能帮助你实现你的目标？这两个问题对员工意义深远，因为会使他们知道领导者很在意他们、会支持他们。

（3）关心员工。领导者要关心员工，为员工做事或与他们一起做事，鼓励员工做他们喜欢或想要做的事。领导者要花时间帮助员工，要甘于奉献，经常在工作时间内直接或间接地给他们的员工以关怀。

三、营造良好的组织氛围

有效的领导者会认识到生产力和绩效受人们工作的整体环境的影响，

---

① ［美］彼得·德鲁克．非营利组织的管理［M］．吴振阳，译．北京：机械工业出版社，2007：17.

他们努力创造一个尽可能有利的工作环境。理想情况下，组织的氛围应该是愉快的，并支持良好的工作。那么如何营造良好的组织氛围呢？以下做法可供参考①：

（1）团队合作。领导者要像教练一样，努力使员工（包括他们自己）觉得他们都是一个团队的成员，应一起努力实现共同的目标。领导者要让员工认识到，通过协同工作而不是冲突或追求自我利益，他们才更有可能实现自己的目标。

（2）公平待人。与其他生活领域一样，组织中的公平也会换来公平。如果我们对别人公平，他们一般对我们也公平。领导者需要建立公平的声誉以进行有效的管理，并为他人树立良好的榜样。

（3）理解各自角色。领导者和员工都需要了解各自的角色。一方面，领导者需要与其员工保持联系，贴近员工的工作，真正了解他们的工作报酬和压力。可以实施“走动式管理”，离开自己的办公室到员工中去。另一方面，员工需要明白领导者的责任，理解领导者的工作与其他工作人员虽有不同，但他们所做的许多工作也是为了实现同样的目标。

（4）为员工谋福利。在组织中，领导者要为员工谋福利，要向上级争取合理的权利和福利，只有这样，才会得到员工的尊重和爱戴。反之，如果他们在必要时不保护员工、不为员工谋福利，那么他们最终就会失去员工的尊重和信任。

（5）促进员工自我管理。在社会服务机构中，专业员工和其他员工往往拥有各种知识和技能，如果给予他们自治权，他们可以最有效地利用这些资源。优秀的领导者寻求创造一种促进独立和负责任地进行自我管理的环境，在这种环境中人们使用其专业判断时受到的限制较少，从而能促进创造性思维和决策。

（6）良好的沟通。在社会服务机构中，良好的沟通是营造良好的组织氛围的一个主要因素，它包含与组织使命直接相关和支持性的信息。例如，它可能包括政策信息、如何完成工作的建议以及有关实现目标的进展的反馈。可以通过公告栏、备忘录、新闻通讯、员工会议、电话或电子邮件进行沟通。

① ［美］罗伯特·W. 温巴赫，林恩·M. 泰勒．社会工作管理（第七版）［M］．陈为雷，等，译．北京：中国人民大学出版社，2021：92-102.

四、实行集体领导

集体领导不关注领导者，而是关注一群人的共同工作和成长。领导被看作在机构中运行的一种功能——不是单独个人的权力，而是许多人可以参与其中的一种活动。实行集体领导日益成为实施社会服务过程中所需要的领导方法。斯迈利和黑利指出："所有我们研究的个案，都可以看到对参与和分享领导权的肯定，有些人称之为'集体领导'。"他们还指出，南亚 NGO 集体领导各有特色①：

（1）PROSHIKAD（孟加拉国的 NGO 组织，PROSHIKAD 是由三个孟加拉国音节合并出来的）的领导方式是重视共同的信念、参与式集体管理、愿意聆听、学习和指导。最实际的好处是，没有一个人会觉得自己被太多的责任压得透不过气来，而组织的团结性和凝聚力也可以维持。管理就是要把实际运作的事情尽量分出去，减少对中央和高层管理人员的依赖。

（2）对 BAIF（印度阿哥工业基金会）而言，集体领导就是指员工可以有更大的空间和自由去作决定和进行活动，同时根据质量和表现评估制度进行监察。有效的集体领导并不容易，这需要互相信任、坚实的工作操守、明确的责任和清晰的计划。BAIF的优势是其高层管理人员已合作多年，他们互相之间很了解，很清楚大家的强项和弱点。

（3）BRAC（孟加拉国农村促进委员会）很认同集体领导的效用，其管理层较喜欢以"同事间共享权力的气氛"来形容，他们承认这有赖于组织内不同阶层员工的公开沟通。大家都有一种感觉，认为组织需由在前线与当地社区一起工作的员工来参与领导，要真的可行，组织就要有良好的沟通制度和参与式的权力架构把地区主管和其他主管、员工连在一起。BRAC 的领导层认为，集体领导就是建立权力共享的气氛和互相共享的文化。换句话说，权力共享并不单是指如何作决定，这是一种组织文化和团队合作的优势。

集体、参与和权力共享是很多 NGO 所共有的领导方式。这些特色并没有把高层管理的角色和责任弱化。事实上，这些特质补足并加强了领导素质，确保了共同承担计划和战略，鼓励决策更具问责性和透明度，提倡内

---

① ［加］伊恩·斯迈利，［英］约翰·黑利．NGO 领导、策略与管理：理论与操作［M］．陈玉华，译．北京：社会科学文献出版社，2005：155-156.

部沟通，使复杂的问题更易于明白和学习，也使组织更容易把具有不同专长和技能的人联系在一起。集体领导是一个测量良好团队合作和组织成熟程度的指针。

五、根据环境变化转变领导风格

有效的领导是要不断适应环境、文化和组织所处的实际情况的。换句话说，领导风格会因环境变化而发展和转变。斯迈利和黑利认为，假如南亚 NGO 的领导者都有一种主要的领导才能，那就是他们具有根据不同情况平衡不同要求和扮演不同角色的能力。这些领导者都显示出不同的技能、视野和兴趣，他们犹如变色龙一般可以扮演不同的角色，采用不同的风格适应机构不同的需要。在有需要或重要时刻，他们可以是受人尊敬的大师；而有些时候，他们完全可以是现代的经理。他们能把理想、价值观与分析、技术、专业知识结合在一起。

专栏 12-1 介绍了 NGO（非政府组织）“创办人陷阱”的问题，供读者参考。

专栏 12-1　“创办人陷阱”

“创办人陷阱”是一个大问题。NGO 领导人拒绝改变、阻碍创新，把集体性和参与性更强的管理方式拒之于门外等逸闻，俯拾皆是。组织成长可能威胁到其权力、关系和嫡系，结果是很多组织的创办人阻碍了“自己生下的婴孩”的发展。

对于这一点，在我们研究的九个组织中，有六个都进行了领导层的转化，而且都没有进入混乱情况或因而垮掉。

既然如此，为何人们会认为 NGO 专权独裁和一人主宰的呢？有部分原因是人们太随意地画出一些等号：把 BRAC 等同阿贝德（BRAC 的首席执行官）或把 SRSC（巴基斯坦萨尔哈农村互助组织）等同费洛斯·舍赫（SRSC 的第三任首席执行官）。一些领导者在南亚 NGO 的发展中变得富有传奇性，这既因为他们有超人的成就和名誉，也因为他们常被邀请公开讨论他们的工作，从而使这些等号变得更有力。在加深这个谬误上，资助者也有不可推卸的责任。资助者的当地代表或是探访国家项目的干事和高级领导，常坚持要直接与当地首席执行官对话。除此之外，资助者对接受资助的 NGO 的印象多来自报告和评估，而这些都甚少提到个别的工作人员，因而首席执行官就是他们最常想到的人，这个情况亦因为通常只有高级管理人员能说流利的英语而加深。因为资助机构和其他外人常坚持要与高层管理人员会面，使外界产生了一种对个人的追捧，也产生了认为“大师”是不可替代的幻象。

资料来源：［加］伊恩·斯迈利，［英］约翰·黑利．NGO 领导、策略与管理：理论与操作［M］．陈玉华，译．北京：社会科学文献出版社，2005：137-181.

第四节 团队

团队是机构行政管理的一部分，它能够为机构带来生机和理想的结果。本节介绍团队的含义、类型、角色、技能以及建立团队的方法。

一、团队的含义

1. 团队的定义

关于团队的定义，不同的研究者有不同的看法。一种观点认为，团队是指为了实现某一目标而由相互协作的个体组成的正式群体。另一种观点认为，团队是指由组织中的正式关系而使各成员联合起来形成的，在行为上彼此影响、交互作用，在心理上能充分意识到其他成员的存在，并有相互归属感和协作精神的集体。

本书认为，团队是为达到共同的目标而由一些具有相互补充技能的个体组成，他们因任务而相互依赖、相互作用，认可自己归属于该团队，外部人员也视这些个体为该团队的成员。这个定义中有四个要点：一是团队成员有共同目标；二是团队成员的技能互补；三是团队成员不是单干，而是相互依赖、相互作用；四是团队成员在心理上有归属感，并由此与其他个体或群体区别开来。

2. 团队与群体的区别

群体是指通过相互配合实现共同目标的两个或两个以上的人。而团队则是成熟的群体，其成员相互间有一定程度的依赖性，并有实现共同目标的动机。团队始于群体，但并不是每个群体都能发展成熟并形成相互依赖的关系或成为团队。群体与团队之间的区别见表12-3。

表12-3 群体与团队的区别

正式工作群体	团队
·为同一目标工作	·为实现共同目标全力以赴
·向管理者负责	·向团队成员负责
·成员的技能水平通常是随机组合的	·成员的技能水平通常是互补的
·绩效由领导评价	·绩效由领导和成员共同评价
·文化表现为变化和冲突	·文化是在协作和对共同目标专心一致的基础上形成的

续表

正式工作群体	团队
·绩效可以是积极的，也可以是消极的	·绩效可大于各成员贡献的总和，即有协同效应
·以领导者的期望为依据来衡量成功与否	·以成员的期望为依据来衡量成功与否

资料来源：［美］约翰·M. 伊万切维奇，等. 组织行为与管理（第七版）［M］. 邵冲，苏曼，等，译. 北京：机械工业出版社，2006：261.

二、团队类型

根据团队存在的目的可将团队划分成四种类型，即问题解决型团队、自我管理型团队、多功能型团队和虚拟团队①。

1. 问题解决型团队

在这种类型的团队中，团队成员就进行工作的程序和方法互相交换意见，探求问题的原因，提出解决问题的方法，并采取有效的行动。

2. 自我管理型团队

这种团队通常由10—15人组成，他们承担着一些以前自己的上级所承担的责任。一般来说，团队成员的责任包括控制工作节奏、决定工作任务的分配、安排工间休息。有些自我管理型的团队甚至可以挑选自己的成员，并让成员相互进行绩效考核。

3. 多功能型团队

这种团队由来自同一等级、不同工作领域的员工组成，他们来到一起的目的是完成一项任务。这种跨越横向部门界限的组织形式是一种非常有效的方式，它能使机构内不同领域的员工之间交换信息，激发出新的观点，解决面临的问题，协调复杂的项目。

4. 虚拟团队

这种团队是指那些利用计算机技术把实际上分散的成员联系起来以实现共同目标的工作团队。在虚拟团队中，成员通过网络、可视电话会议系

---

① 徐子健. 组织行为学［M］. 北京：对外经济贸易大学出版社，2005：270-272.
［美］斯蒂芬·P. 罗宾斯，玛丽·库尔特. 管理学（第7版）［M］. 孙健敏，黄卫伟，王凤彬，等，译. 北京：中国人民大学出版社，2004：435.

统、传真、电子邮件，甚至互联网上的在线会议进行沟通与联系。虚拟团队倾向于任务取向，尤其是当团队成员素未谋面时。

以上有些类型的团队在社会服务机构中也是常见的。比如，由于社会问题的复杂性或服务对象需要的多样性，社会服务机构往往会从不同业务部门抽调具有专业技能的工作者组成团队来完成某一特定的复杂的任务。在这个团队中，每个工作者都以自己的特殊技能为完成团队的任务而作出贡献。这样的团队就是多功能型团队。因为团队是由具有特殊技能的专家组成的，一旦任务明确下来，他们就会自觉执行。领导这样的团队不需要直接对团队成员下命令，而是主要进行授权管理和时间管理。因此，多功能型团队在某种程度上又是自我管理的团队。

三、团队角色与技能

1. 团队角色

雷蒙德·梅雷迪思·贝尔宾（Raymond Meredith Belbin）提出，成功的团队由 8 个重要的角色组成，参见表 12-4。

表 12-4 团队角色

角色	行为	特征
主席	将目标分类，进行角色、职责与义务的分配；连接群体结论	沉着、一般智慧、值得信赖、公正、自我约束、积极思考、自信
塑造者	寻求群体讨论的方式；促使群体达成一致并作出决策	高成就、大压力、急躁、友好、好争辩、动力强
培养者	提出进一步的建议及新思想；洞察行为过程	个人主义、严肃思考、有见识、非正统、智慧
监视/评价者	分析复杂的问题与看法、评估别人的贡献	冷静、聪明、慎重、独立、理性、不易怒
组织员工	将思想和语言转化为实践行动	讲求实际、有实际经验、宽容、尽责
团队员工	给予个人支持并帮助他人	群聚、敏感、团队导向、不具决定性
资源调查者	引进远端信息、与外部谈判	好奇、多才多艺、社会能力强、创新、善言谈
完成者	强调任务的时间性并完成任务	完美主义、坚定不移、负责任、注意细节、担忧

资料来源：[英] 尼基·海斯．成功的团队管理 [M]．杨蓓，译．北京：清华大学出版社，2002：52.

贝尔宾通过把个人与各自不同的贡献联系起来，揭示出成功的团队是由不同的个体组成的。贝尔宾认为，在成功的团队中团队成员扮演不同的角色。一个团队如果没有人充当“培养者”，产生新鲜的思想，是不可能成功的，一个团队如果没有“完成者”也不可能成功。

2. 团队技能

团队技能可分为三类：第一类技能是技术技能。团队需要一定的技能来完成任务，这些技能就是技术技能。第二类技能是解决问题和决策技能。团队能够分辨问题的本质，评估各种方案与建议，决定采用最有效的方法以及决定如何执行。第三类技能是人际交往技能。建设成功的团队不是一件容易的事情，除非团队成员能够有效地进行沟通，能够解决个人之间常出现的问题与矛盾。此外，当团队成员互相了解后以及正在执行任务时，通常也需要这些技能。

四、团队的建立

尼基·海斯（Nicky Hays）归纳出建立团队的四种方法①。

1. 人际法

人际法主张增进团队成员之间高水平的了解。例如，帮助团队成员学会如何倾听，或者理解团队其他成员过去的经历。常用的人际法有以下几种：

（1）敏感性训练。它的典型做法是，所有的团队成员在某个周末或其他日子一起外出，参加专门设计的增强人际敏感性的训练，如倾听技能训练、信任建立训练、机敏与注意力训练等。每一种训练都将帮助团队成员相互了解，明白在不同的情况下应该采取的反应。

（2）相互作用分析。这种方法更具组织性，强调人们相互作用行为的类别，故被称为相互作用分析。当人们交往时，可以以三种可能的自我状态中的一种进行。第一种自我状态是成人状态。在成人状态，人们的行为成熟、敏感，易于进行相互交流，不让感情产生曲解而引起争吵或愤怒，并准备对自己的行为负责。第二种自我状态是父母状态。在父母状态，人们下命令，坚持让每个人都尊重自己的地位和权威，并显示自己的地位和权威，不认真考虑别人的观点。处于父母状态的人的行为是专制的。第三种自我状态是孩

① ［英］尼基·海斯．成功的团队管理［M］．杨蓓，译．北京：清华大学出版社，2002：66-86.

子状态。在孩子状态，人们变得依赖、情绪化并寻求肯定，希望高层关心自己正在考虑的事情，否则就会感到委屈。这三种自我状态对工作交往有很大影响。当两个人都以成人状态交往时，他们的做法是负责任的成人行为，会用成熟的方法解决遇到的问题。但是，人们会非常容易滑向父母-孩子型状态交往中，变得情绪化，缺乏理智，难以高效工作。

2. 角色定义法

这种方法将角色定义作为一项主要的任务来强调，对每个人的角色期望、团队规范和团队成员的责任进行分类。只有团队成员对他们的位置、角色和职责都有清晰的认识，团队才可能高效率运作。角色定义法与人际法的主要区别在于所关注的焦点不同，角色定义法将个人感受、信念和潜在的矛盾看作与工作毫不相关，而关注人们做什么和需要别人做什么。

一些团队将贝尔宾的团队角色（见表12-4）作为他们的起点，贝尔宾通过分析成功和失败的团队建立了他的模型，并得出了建立高效团队的5项原则：①每一位团队成员都对一项职责和一个团队角色作出贡献。②团队需要根据任务在职责与团队角色之间取得最佳平衡。③团队的有效性取决于团队成员确定的与组织间的距离以及如何调整团队中的相关力量。④由于个性和智力水平不同，一些团队成员比另一些成员更适合某些角色。⑤当团队具有合适的团队范围和平衡的团队角色时，团队能够将其技术资源进行最佳配置。

角色定义法的主要价值在于让团队成员“从外部”来看待他们自己，让团队成员思考自己交往的个人风格，这有助于团队作为一个整体更加有效地运行。

3. 价值观法

价值观法也注重建立团队成员间的互相理解，但是，这里强调的重点是团队成员对他们从事的事情所持的态度和价值观，而不是每个人的个性或者他们在团队中担任的角色。根据这个模型，建立一支有效团队的主要任务是形成一致的宗旨。团队建设开始于讨论、争论和思想拓展，人们将感觉对所从事的工作有重要意义的方面和团队自身应该怎样做联系起来。这种团队建设方法在持续性的团队工作中显得尤为有价值，长期团队需要相互高度理解，当团队成员来源于许多不同的专业时，这种方法特别有用。

4. 任务导向法

任务导向法强调团队任务以及每一位团队成员可能对完成任务作出贡献所采用的特殊办法。这种方法的重点不在于人们是什么样子，而在于他们所拥有的技能和这些技能如何对整体作出贡献。因此，任务导向法将重点放在了不同的团队成员间的信息交换上，强调根据资源、技术和所需要的实践步骤对团队任务进行实务分析。任务导向法分为目标设定法和问题解决法。

（1）目标设定法。这种方法强调目标设定，将整个任务分为长期目标和短期目标。团队设置了清楚的时间表，说明了应达到的每一个层级目标，通常由组织的反馈表和行为评价组成。

（2）问题解决法。这种方法与现实生活中的问题解决有关。团队成员参加一种训练，模仿他们的工作经历并显示团队将面临的困难，用于帮助团队成员认清他们将遇到的问题。这里，团队成员每次遇到一个被揭示出来的问题，团队都要着重解决这个问题，并找出解决办法。

五、团队领导

团队领导是团队获取绩效的一个重要因素。那么，什么样的团队领导才是有效的呢？希尔（Susan E. Kogler Hill）从运作的角度提出了一个团队领导模型。他认为，团队领导者面临三个干预决策：第一，是采取监控（收集和分析与问题相关的信息）还是行动的方式来解决问题。第二，决定干预的层面，是着重于内部的团队动力还是外部的环境动力。第三，决定干预运作的方式或技能。

如果团队领导者决定着重于内部的领导运作，则可以从两个维度入手：任务和关系。在任务方面，团队领导者需要聚焦目标（澄清并获得共识），以结果为导向进行结构化工作（计划、组织、澄清角色、授权），提升决策质量（提供信息、控制、协调、干预、综合、问题关注），训练团队成员的任务技巧（教育发展），以及维持卓越标准（评估团队和个人绩效、纠正不良表现）。在关系方面，团队领导者需要辅导成员的人际交往能力，强调合作，管理冲突和处理权力问题（避免对抗），营造承诺和团队精神，满足成员个人的需求（信任、支持和倡导），以及建构伦理性的实践（公正、一致和规范）。

如果团队领导者决定着重于外部的团队领导运作，则其需要构建网络和建立同盟（收集信息、提升影响力），代表团队发声，同外部环境协商以获取必需的资源，支持和对团队给予认可，使团队成员少受外部环境的干扰，评估有关团队绩效的环境指标，以及与团队分享相关的环境信息①。

通过以上干预，团队领导者可以提升团队的效能，团队能完成任务并获得发展。

基本概念

领导　合法权　独裁型风格　民主型风格　集体领导　团队　团队工作　问题解决型团队　自我管理型团队　多功能型团队　虚拟团队

思考题

1. 领导的要素有哪些？
2. 领导者影响力的来源有哪些？
3. 领导与管理之间的区别是什么？
4. 领导特质理论的主要观点是什么？
5. 领导风格理论的主要观点是什么？
6. 菲德勒的权变模型的主要观点是什么？
7. 社会服务机构领导者有哪些特质？
8. 领导者如何营造良好的组织氛围？
9. 团队和群体的区别是什么？
10. 团队的角色有哪些？
11. 建立团队的方法有哪几种？

---

① 曾群. 社会工作行政［M］. 上海：世纪出版集团，2007：136-138.

第十三章　激励

激励在社会服务管理中是一个主要因素。为什么有些员工在工作中充满了激情和活力，而另外一些人却只有很小的进步，对自己的工作和服务对象漠不关心？是什么原因造成工作者在实务中有不同的表现？这些问题与激励有密切关系。本章第一节介绍激励的含义、类型和作用，第二节介绍激励理论，第三节探讨社会服务机构中的激励原则和方法。

第一节　激励概述

一、激励的含义

行政者、机构和实务工作者因为激励因素的多寡会有部分的不同。所谓激励，就是创设满足员工各种需要的条件，激发员工的工作动机，使之产生实现组织目标的特定行为的过程①。在这个定义中有四个关键要素：需要、动机、行为和组织目标，下面对此作简要分析。

（1）需要。需要是客观的刺激作用于人们的大脑所引起的个体缺乏某种东西的状态。这里所说的客观的刺激不只是指身体外部的，也包括身体内部的。例如，人饿了想进食，这是由于人饿时体内血糖成分降低，血液成分失去平衡所产生的刺激，这种刺激通过神经系统反应到人脑的下丘部分传导至大脑皮层，产生了饥饿的感觉和进食的需要。客观的刺激可以是物质的，也可以是精神的，如雷锋精神对人们的影响。

（2）动机。当人们产生某种需要，而又未能满足时，心理上便产生了一种不安和紧张，这种不安和紧张成为一种内在的驱动力，促使个体采取

---

① ［美］斯蒂芬·P. 罗宾斯，玛丽·库尔特．管理学（第7版）［M］．孙健敏，黄卫伟，王凤彬，等，译．北京：中国人民大学出版社，2004：452.

某种行动。心理学家把这种现象称为动机。动机是人们行为产生的直接原因，它引起行为、维持行为并指引行为去满足某种需要。

（3）行为。凡是人类有意识的活动均称之为行为。按照相互作用的观点，人的行为是由动机决定的。当人有了动机以后就要寻找、选择和接近目标。找到目标后，就进行满足需要的活动。需要满足后，紧张消除，然后又有了新的需要。在整个过程中，寻找、选择和接近目标的行为被称为目标导向行为；满足自身需要的活动被称为目标行为。

（4）组织目标。如果没有组织目标，没有目标导向行为，尽管满足了成员的需要也不能称为激励。激励的最终目的是在实现组织预期目标的同时，也能让组织成员实现其个人目标。

图 13-1 是激励的过程，包含激励的四个要素。

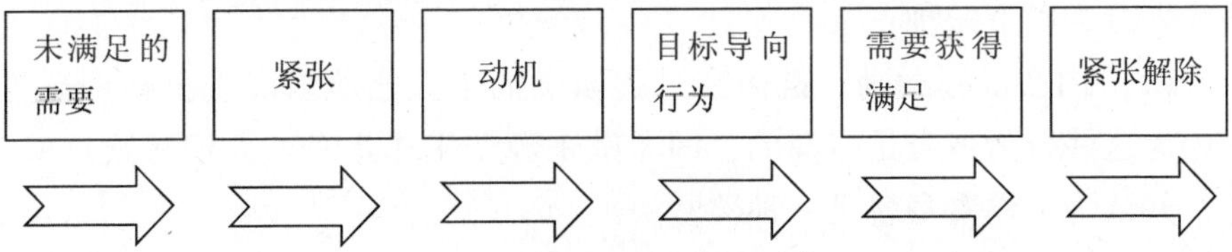

图 13-1　激励过程

二、激励的类型

从不同的角度可以将激励划分为不同的类型。不同类型的激励在不同的场合、时机对行为会产生不同的影响，行政者应该了解并做好激励类型的选择。

1. 物质激励与精神激励

按照激励的内容划分，可以把激励分为物质激励与精神激励。

（1）物质激励。物质激励作用于人的生理方面，满足人们的物质需要，不但可以用来改善人们的生活质量，而且是人们自身价值的体现。

（2）精神激励。精神激励作用于人的心理方面，从满足人的精神需要出发，在较高的层次上产生激励力量，有着激励深度大、持续时间长的特点。

2. 内在激励与外在激励

根据驱动激励过程的因素或激励的来源，可以把激励分为内在激励和外在激励。

（1）内在激励。内在激励来自人们对工作本身的满意度，例如志愿者参加救助流浪儿童的活动。因为参与是完全自愿的，参与志愿活动的动机并不是与任务相关的明确奖励。换句话说，它与金钱毫无关系。志愿活动是由任务本身包括经历、帮助他人带来的个人满足感、可以用来产生重大的积极影响的知识等驱动的典型活动。

（2）外在激励。外在激励来自与工作绩效相联系的奖励，比如工资。暑期在当地的饭馆打工可能主要是由外在原因驱使的，而不是由内在原因驱使。换句话说，这是为了钱。暑期工作本身甚至可能是令人讨厌的，比如辛苦的体力劳动、擦桌子、端盘子等。然而，人们也有动机去做这些工作，因为它们能带来物质报酬。

3. 内在过程激励、目标内化型激励与外在激励

根据激励的来源，在内在激励和外在激励分类基础上，可以把激励进一步划分为以下三种：

（1）内在过程激励。被内在过程激励的个人之所以表现出某种行为，是因为这些行为本身是有趣的，即激励来源于工作本身，人们喜欢这些工作，并认为工作本身就是一种奖赏。

（2）目标内化型激励。当某人的态度和行为是源于他们的价值体系时，他们的行为是被内化目标所激励的。如果人们的价值体系与组织的哲学、使命或愿景等相一致，则组织目标已经内化为个人的信仰。在这种情况下，对他们在组织中的行为的激励也是一种目标内化型激励。

（3）外在或工具激励。这种激励来源于外部力量，包括奖赏和惩罚。

三、激励的作用

激励在社会服务机构中的作用体现在以下几个方面①。

1. 有利于提高员工的素质，提高工作效率

合理的激励能够使员工在智力和体力上得到充分释放。机构针对员工不同层次的需要来制定激励措施，激发员工的事业心，使员工产生强烈的行为动机，最大限度地发挥潜能，进而使员工能够主动完善自我，提高自我，增强服务意识，提高工作效率，更好地完成组织的各项工作。

2. 有利于提高机构效益，实现目标

员工是社会服务机构宝贵的人力资源，员工的素质结构以及能动性对机

---

① 付立华，陈为雷．社会工作行政［M］．济南：山东人民出版社，2012：161-162.

构效益提高起着重要作用。机构能否实现目标，与行政者的激励方式紧密相关。通过激励可以更好地调动员工的积极性、主动性和创造性，使员工投入全部的热情和精力努力工作，更好地实现机构目标，提高机构效益。

3. 有利于增强机构的凝聚力

机构凝聚力是指机构对成员的吸引力和向心力，也就是成员愿意在机构中承担各种义务。良好的激励机制和科学的激励方法是提高员工的满意度，增强机构凝聚力的重要手段。因人而异，进行奖惩分明的激励，满足员工的不同需要，可以使员工在心理上对机构产生强烈的归属感和责任感，主动将个人利益与组织利益结合在一起，并愿意为机构生存和发展贡献力量。同时，较高的凝聚力也有利于机构形成良好的人际关系，促进人与人之间、部门与部门之间的协调发展，取得更好的工作业绩。

第二节 激励理论

管理者在激励员工时的首要任务，要先了解员工的需要是什么，然后提供适当的诱因，引导员工表现出最佳的行为来获得报酬。激励理论的研究自 20 世纪 50 年代有了长足的进展。目前，激励理论主要有三类：内容型激励理论、过程型激励理论和强化理论。

一、内容型激励理论

人的需要是驱使或激发人们行为的动力。内容型激励理论试图观察人的内心世界，更好地了解是什么激发了人类活动。基本上，所有这些理论都强调需要是动机的起源，它们的结论是，没有需要就不存在激发任何活动的基础。

1. 需要层次理论

1954 年，美国心理学家亚伯拉罕·H. 马斯洛（Abraham H. Maslow）在他的代表作《动机与个性》里提出了需要层次理论。马斯洛认为，人的需要可以按其重要性和发生的先后次序划分为五个层次：

（1）生理需要，包括食物、水和住所等。

（2）安全需要，包括回避风险、稳定的工作和健康的工作环境等。

（3）社交的需要，包括友谊、上级的支持、归属感和爱等。

（4）尊重的需要，包括个人的自尊、积极的自我概念和地位等。

（5）自我实现的需要，这是最高层次的需要，它包括个人的才能、挑战、创造力的应用，以及充分发挥潜能的机会。

马斯洛认为，这些需要从低级到高级逐步发展，从而形成一个层级序列。只有较低层次的需要得到基本满足后，人们才能提升到另一较高层次的需要，而已得到满足的需要就不再起激励作用。通常而言，等级层次越低的需要越容易得到满足，而层次越高的需要得到满足的概率越低。每一个人在某一特定时期总有某一层次的需要占据主导地位（称为主导需要），其他需要则处于从属地位。

马斯洛的理论虽然对需要的五个层次的划分过于简单、机械，但是，很多研究显示，马斯洛的基本思想的确很有价值。他指出了人的需要是从低级向高级发展的，符合心理发展的过程；他指出了每一层次需要的具体内容，他告诉人们，人的需要是多种多样的，激励方式也是多种多样的；他指出了人在特定时期都有主导需要，同样具有积极的意义。

对社会服务机构的行政者来说，可以借鉴需要层次理论，正确认识员工需要的多层次性。一名员工可能被一个层次的需要所激励，另一名员工可能被另一个层次的需要所激励。仅在一个工作单位的员工就可能会被五个层次的需要所激励。行政者有责任充分了解其员工，以便准确地评估哪些需要已经得到充分满足，哪些（下一个较高层次）需要没有得到充分满足，这些没有被满足的需要才是潜在的动机来源。例如，行政者在向员工提供需要更多创造力和创新的新工作职责之前，应合理地确定员工被最高（自我实现）层次的需要所激励。同样，行政者要在合理地确定社交的需要对员工不起激励作用后再将他们安排到更少干扰的安静、孤立的工作环境中，在这里社交互动的机会很少①。

2. 奥尔德弗的 ERG 理论

美国心理学家克雷顿·奥尔德弗（Clayton Alderfer）修订了马斯洛的需要层次理论，使需要和需要的顺序变得比较灵活。奥尔德弗修订后的需要层次理论叫作 ERG 理论，指三种核心需要：生存需要、关系需要和成长需要。

---

① ［美］罗伯特·W. 温巴赫，林恩·M. 泰勒．社会工作管理（第七版）［M］．陈为雷，等，译．北京：中国人民大学出版社，2021：207.

（1）生存需要，指维持生存的物质需要，对应的是马斯洛需要层次中的生理需要和安全需要。

（2）关系需要，指人们对社会支持、人际关系和他人的认可的渴望。这类需要大致和马斯洛需要层次中的尊重需要和自尊需要相对应。

（3）成长需要，这类需要涉及个人的成长，或者说是对利用和发展个人能力的内在渴望。这个类别与马斯洛的自我实现的需要有很多重合之处，但是也包括尊重需要中的某些因素，比如驱动人们成功的动力。

ERG理论和需要层次理论的关键区别不在于奥尔德弗把五种需要压缩为三种，而是奥尔德弗没有假设存在一个僵化的层级，不认为只有低层次的需要得到满足后高层次的需要才会出现。相反，三种需要可以同时存在。奥尔德弗认为，当一个人较高层次的需要得不到满足时，他就会退而求其次，对较低层次的需要的渴望就越大。

3. 麦克莱兰的需要理论

美国心理学家麦克莱兰（David McClelland）也发现了一系列有激励作用的重要需要。对行政者来说，最重要的需要是成就需要、感情需要和权力需要。

（1）成就需要。成就需要促使人们去完成目标，在这个过程中，人们会因为个人的成就和目标的实现而得到巨大的满足感。

（2）感情需要。指渴望被人喜欢、得到社会的认可以及建立密切的人际关系。

（3）权力需要。即影响或控制他人的欲望。行政者都有强烈的动机去施加影响、负责某件事情以及与别人竞争。对权力的强烈需要是在管理岗位上取得成功的重要征兆之一。

麦克莱兰的需要理论相当于马斯洛的需要层次理论的上面三层，即自我实现的需要、自尊的需要和社交的需要。麦克莱兰的观点实质上是强调满足人的这三个层次的非物质需要的重要性，人的激励主要取决于精神需要的满足程度。

4. 双因素理论

双因素理论是由美国心理学家弗雷德里克·赫兹伯格（Frederick Herzberg）首先提出来的。赫兹伯格对员工进行了调查，是什么使员工在工作中觉得满意和受到激励，什么使员工觉得不满意或失去动力，他根据调查结果提出了双因素理论。他的关键发现是有两类相互独立的因素影响激励，从而影响员工的绩效。这两类因素是：

（1）保健因素，对应的是马斯洛需要层次理论中较低层次的需要。保健因素指工作环境或工作的外在方面，例如工资、额外福利、机构政策、工作环境以及与同事和上级的人际关系。如果保健因素没有得到满足就会引起员工不满。但保健因素不能激励人们出色地完成工作。

（2）激励因素，来自工作本身的内在报酬，包括工作性质、完成某项任务的责任、反馈和认可、个人成长和学习的机会以及完成任务所带来的成就感。激励因素能提供持续的激励，使员工努力实现最高的绩效水平。这两类因素如表 13-1 所示。

表 13-1　保健因素与激励因素

保健因素（环境）	激励因素（工作本身）
薪水 监督 地位 工作稳定性 工作条件 组织政策 人际关系	工作本身 赏识 进步 工作中的发展 责任 成就

双因素理论非常独特，它认为只有内在激励因素才能激励人，这个观点是有争议的。加薪是一种外在报酬，或者说是一种保健因素，但它也是表达认可（一种内在报酬，或者说是一种内在激励因素）的一种形式。双因素理论对行政者的启示是：一方面提供保健因素能消除员工不满，但尚无法激励其取得较高水准的成就；另一方面还需要有赏识、挑战和个人成长机会等激励因素，只有这样，才可能使员工有高度满足感并取得良好绩效。行政者的角色即是要消除让人不满意的条件，亦即提供保健因素以满足基本需要，然后再运用激励因素来满足高层次需要，使员工达到更高成就和满意境界①。

① 黄源协．社会工作管理［M］．上海：华东理工大学出版社，2018：135.

二、过程型激励理论

与内容型激励理论主要研究人的需要的类型和内容（是什么推动着人的行为）不同，过程型激励理论研究从动机到采取行动满足需要的内在心理和行为过程（人是如何产生特定行为的）。把一种内在的状态转变为行动的过程是这类理论研究的重点。下面介绍的过程型激励理论主要是期望理论和公平理论，它们揭示了人的行为的激励实际上是一件很复杂的事情，而不是像需要层次理论和双因素理论的假设那么简单。

1. 期望理论

1964年，弗鲁姆在其著作《工作与激励》一书中首先提出了期望理论。期望理论的基础是：人之所以能从事某项工作并实现组织目标，是因为这些工作和组织目标会帮助他们实现自己的目标，满足自己某方面的需要。

弗鲁姆认为，某一活动对某人的激励力量取决于他对所能得到结果的全部预期价值乘以他认为达成该结果的期望概率。用公式表示为：

$$M=V\cdot E$$

其中：

M——激励力量。这是指调动一个人的积极性，激发出人的内部潜力的强度。

V——效价。指达到组织目标后对于满足个人需要的价值。

E——期望值。这是指根据以往的经验进行的主观判断，达到组织目标并能导致某种结果的概率。

这个公式实际上提出了对人进行激励时要处理好3方面的关系：

（1）努力与绩效的关系。个体感到通过一定程度的努力可以达到某种工作绩效的可能性。

（2）绩效与奖励的关系。个体相信达到一定绩效水平后即可获得理想结果的程度。

（3）奖励与满足个人需要的关系。个体希望自己所获得的奖励能满足自己某方面的需要。由于个体存在差异，他们对各种需要要求得到满足的程度不同。

这一理论对理解个体差异和这种差异在激励和工作表现中的重要性很

有帮助。如果用到社会工作者身上，将意味着参与式管理是非常重要的，而且社会工作者的表现是什么、他们想了解什么以及什么结果是他们期望从工作中获得的，这些都应该受到行政者的重视。

2. 公平理论

公平理论又称社会比较理论，它是美国行为科学家约翰·斯塔西·亚当斯（John Stacey Adams）于20世纪60年代首先提出来的。公平理论认为，人们对公平的感觉取决于他们对自己的投入和产出的评价。产出包括认可、晋升和工资等报酬。投入指努力、学习、特殊技能等贡献。人们对产出和投入的比较不是根据绝对值来判断的，而是把其他人作为参照。可以放在一起的人可能是机构内的同事或在其他组织工作的朋友。这种关系可以用下面的比例来概括：

个人产出/投入　与　其他人的产出/投入　相比较

当这两个比值相等时就实现了公平。这两个比值不相等会产生一种叫作认知失调的心理现象，使人觉得不满意，并试图使两个比值恢复平衡。认为自己受到不公平待遇的人可能会尝试以下四种方法来改变产出与投入的比例，或者在内心重新评价自己所处的情况，最终判断两个比例实际上是相等的。

（1）通过降低努力程度来减少投入，如果不平衡太严重，就离开机构。

（2）影响产出。例如，员工可以声明自己已经做出了成就，说服领导给他加薪或晋升。

（3）设法减少其他人的产出。例如，感觉不满意的员工可能会散布关于他人的谣言，从而减少他人的报酬。

（4）感觉自己得到的报酬超过了应得水平的个体，可能会更加努力工作，以减少内疚带来的不满意感。

公平理论告诉我们，影响激励效果的不仅有报酬的绝对值，还有相对值。激励应力求公平，使等式在客观上成立，尽管有主观判断的误差，也不致造成严重的不公平感。在激励过程中应注意对被激励者进行公平心理的疏导，引导其树立正确的公平观。

三、强化理论

强化理论是一种行为修正型激励理论。与前面介绍的内容型激励理论和过程型激励理论不同，行为修正型激励理论是把个人看作“黑箱”，试图避免涉及人的复杂心理过程而只讨论人的行为，研究某一种行为及其结果对以后行为的影响。

强化理论是由美国心理学家伯尔赫斯·弗雷德里克·斯金纳（Burrhus Frederic Skinner）提出的。斯金纳认为，无论人还是动物，为了达到某种目的，都会采取一定的行为，这种行为将作用于环境，当行为的结果对他有利时，这种行为就会重复出现；当行为的结果对他不利时，这种行为就会减弱或消失。强化有正强化、负强化、惩罚和消退四种。

（1）正强化。正强化指的是符合期望的行为得到令人愉快的刺激或奖励，可以引导人们继续做出同样的行为。正强化在工作场所的常见应用是根据绩效确定的薪酬，比如绩效工资和奖金。

（2）负强化。负强化是指在人们做出符合期望的行为后，去除令人不愉快的因素，从而使人们更加频繁地做出这样的行为。例如，在工厂中工人可以接受有权威的班组长的严密监督和指挥，但是，一旦工人表现出他能够正确无误地完成任务，以上做法和措施就可能被去除。

（3）惩罚。惩罚是指不符合期望的行为会给人们带来不愉快的后果，从而使得人们减少这样的行为。例如，对上班迟到早退者扣发奖金，这样可以阻止该行为继续发生。但是，通过惩罚不符合组织期望的行为并不意味着人们就会做出符合组织期望的行为。

（4）消退。消退是指做出符合期望的行为后，积极的结果反而减少。最终，由于（以前总能得到奖励的）行为永远得不到强化，这种行为出现的频率会逐渐减少，直至完全消失。例如，员工过去根据工作的数量获得报酬，但是现在组织的侧重点转移到质量上来了。出于习惯，员工也许在一段时间内仍然把精力集中在产品的数量上，但以数量最大化为目标的做法有时可能是以牺牲质量为代价的，当员工意识到这种行为不再被奖励时，这种注重产量的做法便会很快消失。

强化理论说明，行政者应该把符合期望的结果与他们想鼓励的行为联系起来。根据强化理论，必须认识到激励并不是仅仅针对员工本身的，而是存在于行为和奖励的相互依赖之中的。从本质上来说，激励应该集中于行为，而不是员工的个人感受、思想或动机。

第三节 社会服务机构中的激励

一、激励的原则

1. 平衡社会工作者的理性、道德与情感

美国学者詹姆斯·L. 佩里（James L. Perry）和洛伊丝·莱克赛斯诺·怀斯（Lois Recascino Wise）认为："公共服务的激励可以理解为个人对主要的基于公共机构和组织而产生的激励作出反应的倾向。"① 换句话说，该理论认为，公共服务工作本身就具有某种激励作用。他们认为公共服务激励分为三类：理性、道德和情感。这些激励因素说明了个人为什么被吸引从事公共服务工作，而且他们一旦被雇用，则会从中找到满意感。

以上的分析同样适用于社会工作。理性的社会工作动机与个人效用最大化有关，换句话说，一些人把从事社会工作作为满足自己需要的方法之一。这些需要可能是从事社会工作能发挥所学专业的优势，期望能在社会工作领域里有所作为等。但社会工作的激励通常是从道德的观点来进行考虑的，而道德的社会工作激励观点集中在为有需要的个人、家庭、群体、组织和社区提供服务上。这些激励与责任、公民权利有关，也与人的价值和尊严、社会公平等价值观有关。最后，社会工作在情感上的激励作用来自个人对社会工作肩负的使命感和助人理念的个人信念或承诺，换句话说，情感的激励作用根植于个人对社会特殊群体的认识、理解和同情。

2. 恰当地运用内在激励手段与外在激励手段

社会工作强调服务和利他精神，社会工作者一方面把社会工作作为一项事业，另一方面它也是一份职业或工作。大多数社会工作者需要依靠这份职业获得收入谋生。为社会工作者提供与其能力和贡献相符的体面的薪酬和福利，不仅是对社会工作者工作努力的肯定，也为他满足基本的生存需要提供了物质条件。根据马斯洛的需要层次理论，如果人们连最基本的生存需要都没有满足，那么他们一般是缺乏动机的。但是，提供薪酬和福利必须注意以下问题：金钱虽不可忽略，但它只是诸多激励手段之一；薪

① James L. Perry, Lois Recascino Wise. The Motivation Bases of Public Service [J]. Public Administration Review, 1990, 50 (3): 367-373.

酬和福利的分配必须公平；薪酬和福利的分配可作为强化物，激励工作者做出符合机构期望的行为。

激励理论告诉我们，真正对人产生激励作用的不是物质报酬，而是自我实现和成就感等高层次需要。因此，社会服务机构在满足了员工的基本需要以后，应注重非物质性的激励。社会工作的服务对象往往是社会特殊群体，服务宗旨是尽最大努力满足他们的需要。社会服务机构并不是一个资源充足的组织，它所提供的服务大部分是公益性和非营利性质的。如果机构主要以外在激励方式去刺激员工的工作积极性，一方面受机构本身的资源有限的限制，很难长期实施；另一方面，这种激励方式长期实施的结果是其带来的激励效果将会递减，并不能从根本上解决问题，甚至还与机构本身的价值观相违背，有损社会服务机构及其员工的形象。因此，在社会服务机构中，行政者应多考虑采用内在激励方式，满足社会工作者较高层次的需要。对于作为知识工作者的社会工作者而言，设定具体的、具有一定难度的目标，使工作具有一定的挑战性，提升工作的成效，让他们在工作中能充分利用自身的技能和发挥潜能，是行政者的一项重要工作。

某基金会员工的话说明了自我实现在激励中的重要作用："我在基金会的收入远远低于我在公司的收入，但也比我在大学里的收入高一大截。公司让我反感的地方有两个：一是人事关系。人与人之间等级森严，尔虞我诈，也没有什么真情和信任。二是工作的性质。我在公司里拼死拼活地干，到头来不过就是为几个人挣大钱，就是一部挣钱机器上的一个小零件，除了自己得到的一份高工资之外，什么都满足不了。我的人生理想、社会抱负根本无从谈起。因此，当出现了一个既能给我一份差不多的收入，又能满足我的人生理想的工作机会时（指基金会的工作），我就毫不犹豫地抓住了。"①

二、激励的方法

以下列出的是一些社会服务机构中的激励方法②。

---

① 康晓光．创造希望——中国青少年发展基金会研究［M］．桂林：漓江出版社，1997：544.

② ［美］雷克斯·A. 斯基德莫尔．社会工作行政——动态管理与人际关系（第三版）［M］．张曙，等，译．北京：中国人民大学出版社，2005：177-179.

黄源协．社会工作管理［M］．台北：扬智文化事业股份有限公司，1999：194-197.

1. 认识员工个体差异

一般来说，组织的员工有其多样性和异质性，他们的个人目标、态度、人格以及其他方面可能不尽相同，行政者需兼顾这些差异，并尽量按照个人的特点分派工作。例如，对于那些既有能力又愿意承担更多工作职责的成熟员工，可以给他们增加工作数量，并通过工作扩大化降低对工作的厌恶感；对于具有高度自主性且能力很强的员工，可以考虑重新设计工作职位，使其有更多的自主性去开展工作，自行决定工作的方法和步骤，同时向其提供更多反馈。换句话说，行政者要设法改善员工的工作特性（例如自主性、完整性、重要性、反馈性、合作性以及友谊性），以满足员工高层次的需要并提高工作动机。

2. 运用目标

行政者应能确保员工有特定且有挑战性的目标，能适时地对实现目标过程中所作努力进行反馈。根据个人对目标的接受情况和组织文化决定目标到底是由行政者还是员工来设立。此外，行政者要确信，员工有能力实现设立的目标，且要让他们感觉到绩效考核的过程是有效且可信的。

3. 行政支持

信任产生信任，支持产生支持。行政者要让员工感到他们在同一团队中，为了共同的目标一起工作。行政支持意味着不仅对员工的行为表示支持，而且还要在适当的时候给予批准和认可。这并不是说行政者批准员工的每一项行动，而是指采取一种理解和接纳的态度。行政支持还意味着行政者在员工陷入麻烦时能站在他们身后支持他们。无论什么问题，行政者必须尽可能地帮助员工澄清和解决。

4. 明确职责和权力

当员工理解他们的具体职责，并感到他们有权力执行时，他们会有积极的情感并被激励去做他们力所能及的事，以增加机构的利益，提高机构的服务水平。职责越具体明确，员工就越能去完成它们。要让员工承担一定职责就要授予员工相应的权力。

5. 向员工提供参与决策的机会

为了提高员工的士气，促进机构上下级间的沟通，以及提高员工对工作的满足感，行政者应向员工提供参与机构决策的机会，并允许员工对本身的福利、机构的发展方向、服务推行方式等发表自己的观点。

6. 增进员工对工作的兴趣，并开发其潜能

员工长期在工作岗位上做同样的工作极有可能感到枯燥乏味，故行政者应考虑员工定期在近似的工作职位上调动。如果要有效地实施工作轮换、工作扩大化和工作丰富化，行政者就应系统地设计和向员工提供他们所需要的训练及发展活动，这不仅可以满足员工的学习需要，也可以发展员工的潜能及技能，使其有能力执行多样化的工作任务，降低因工作单调而带来的乏味感。而且，借由参与培训活动，员工可逐渐实现其职业生涯发展规划。此外，行政者也可将员工组织成以成果为导向的工作小组，推行各项工作计划，并让小组负责监督检查服务提供的质量、员工工作安排、问题的解决方案等，以培养员工的自主性，并激发员工各方面的潜能。

7. 帮助员工做职业生涯规划

员工最高层次的需要是自我实现的需要，因此，行政者应协助员工制订职业生涯发展方案，使其有机会自我评估其技能、潜力和事业前程，为达成个人目标和机构目标而拟订按部就班的计划。

8. 完善奖赏制度

奖赏制度应兼顾以下 3 个方面：①必须要有个别化的奖赏，这是因为员工各自有其不同的需要，行政者要根据个体的需要进行奖赏，以使奖赏更具强化作用。奖赏可能包括薪酬、晋升、自主或参与决策的机会。②对于完成特定目标的工作者，必须要能公开地论功行赏，只有这样，才会有更大的激励效果。③要让员工觉得其付出与获得是公平的，理想的奖赏制度应能依照个人投入的程度而作调整。

9. 不可忽略金钱奖励

尽管社会工作强调助人、服务的精神，且目标的设立、兴趣的培养以及参与机会的增加，对员工士气的提升都很重要，但机构若能适时给表现优秀的员工加薪或给予奖金，则会对员工士气起到重要的激励作用。研究显示，薪酬福利是影响社会工作者工作满意度最主要的因素之一①。罗宾斯和库尔特也指出，如果取消金钱刺激，那么人们就可能不会去工作，但是取消其他因素，如目标、丰富化的工作或参与决策，却不会导致这种情况。

---

① 李红英，卫利珍．广东社会工作者工作满意度影响机制研究——以广州、深圳、东莞三地为例［J］．广东行政学院学报，2013（1）．

袁小良，徐雯．社会服务机构中社会工作者激励因素研究［J］．社会建设，2016（4）．

本节最后介绍以上部分激励方法在一个社会服务机构中的应用情况，见专栏 13-1。

专栏 13-1 青红社工服务中心激励实务

沈老师是青红社工服务中心（以下简称青红中心）项目策划与管理部的一名主管，他负责小雅等若干项目组成员的人员管理和任务规划。小雅是青红中心的一名社工，社会工作专业硕士研究生毕业。小雅热爱社会工作，她设计了“家庭档案”工作方法，组建了两期“家庭生计互助小组”。沈老师高度评价了小雅基于机构使命的工作精神和工作态度，同时沈老师又将“家庭生计互助小组”的工作方法系统化，并在机构内推广。这使小雅觉得真正实现了个人的价值。沈老师循循善诱，鼓励小雅继续以小组为基础开发一系列救助项目。沈老师通过促进自我价值实现的激励方法使小雅的工作热情不断增长，同时促进了小雅的专业成长。

青红中心鼓励员工参与设计和决策等各种工作环节。小雅作为一名青年社工，她设计的家庭档案、家庭生计互助小组等工作方法以及家庭联系社区、致力于社区建设的工作愿景能够通过沈老师等负责人的认可推广，最终成为机构的系统化工作方式，也充分体现了机构鼓励员工参与的激励方式。

小雅在青红中心迅速成长，获得了很多荣誉和奖励，她的工资待遇也随着她晋升为家庭生计项目的项目主管而有所增加。沈老师还为小雅申请了青红中心的优秀员工奖金。物质和精神的奖励都发挥了积极的激励作用。

小雅担任项目主管后，结合家庭访谈与家庭档案，开发出了一系列灾后重建项目。广泛的项目设计使小雅开阔了眼界，不同的工作领域增加了小雅日常工作的变化性，使她能够获得新的信息，不断更新知识。这种工作兴趣的增长提升了小雅的工作热情，她也应用自己被激励的方式去影响更多的人。小雅既是这种以增强员工兴趣为导向的激励方法的受益者，又在实务中学有所用。

小雅在青红中心的工作业绩突出，但也遇到了职业生涯发展的困境。沈老师认识到职业生涯规划这一存在于员工中的普遍问题，在分析了机构的人力资源现状后，根据岗位和职位首先将员工分为见习、初级、中级、高级几个级别，然后根据工龄和经验将每个员工级别划分为两个层次，建立严明的督导制度和严格的晋升和流出渠道。例如，与小雅一样的中级员工，既有上级机构领导，同时又有上层督导指导，而其职业发展可以根据其表现有层别调整和级别跨越两种渠道。青红中心为员工定期提供职业发展测评，为员工提供职业发展的建议。通过测评，小雅属于创造性工作、项目管理、决策规划能力比较强的员工，所以其职业发展的方向主要是通过跨级晋升来实现工作角色、地位的优化，最大限度实现个人的价值。

通过沈老师的行政管理过程，可以全面体现本节提到的运用目标、向员工提供参与决策的机会、增进员工对工作的兴趣并开发其潜能、帮助员工做职业生涯规划、完善奖励制度、重视金钱的奖励等激励方法，同时涵盖了内在激励和外在激励两个方面。

资料来源：时立荣．社会工作行政［M］．北京：中央广播电视大学出版社，2011：175-178.

基本概念

激励　需要　动机　行为　内在激励　外在激励　内在过程激励　目标内化型激励　生存需要　关系需要　成长需要　成就需要　感情需要　权力需要　保健因素　激励因素　正强化　负强化　惩罚　消退

思考题

1. 激励过程包括哪几个要素？
2. 激励在社会服务机构中的作用是什么？
3. 马斯洛的需要层次理论的主要观点是什么？
4. 奥尔德弗的ERG理论的主要观点是什么？
5. 麦克莱兰的需要理论的主要观点是什么？
6. 双因素理论的主要观点是什么？
7. 期望理论的主要观点是什么？
8. 公平理论的主要观点是什么？
9. 强化理论的主要观点是什么？
10. 社会服务机构中的激励原则是什么？
11. 社会服务机构中的激励方法有哪些？

第十四章　社会工作督导

充分的督导是社会工作实践和社会服务机构有效管理的一个核心部分，社会工作中的督导有助于机构成员利用自身知识和技能保质保量地完成工作任务。本章第一节介绍社会工作督导的含义、督导者与被督导者、督导的功能以及意义，第二节介绍督导的内容，第三节介绍督导的原则和过程，第四节介绍各种督导方式并分析它们的优缺点。

第一节　社会工作督导概述

一、社会工作督导的含义

督导的英文词是 supervision，它源于拉丁语 super（遍及）和 videre（查看）。美国社会工作者协会出版的《社会工作百科全书》指出，督导是社会工作专业的传统方法，通过这种方法把社会工作知识和技术，由训练有素的社会工作者传授给新的社会工作者或实习生①。我国台湾地区的李增禄教授主编的《社会工作概论》认为："督导是专业训练的一种方法，它是由机构内资深的工作者，对机构内新进工作者或学生，透过一种定期和持续的督导程序，传授专业服务的方法和技术，以增进其专业技巧，并确保对案主提供服务的素质。"② 以上两个定义表明了督导作为专业训练手段的作用——教育功能。

英国社会工作专家艾伦·布朗（Allan Brown）和伊恩·伯恩（Iain Bourne）认为："督导是一个基本的工具，由机构指定的督导，以个别或是集体的方式协助员工具有能力，并以确保实务品质的标准。督导的目标

---

① 转引自张乐天．社会工作概论［M］．上海：华东理工大学出版社，1997：172.

② 李增禄．社会工作概论（增订版）［M］．台北：巨流图书有限公司，1987：243.

是以工作手册为基础，协助受督导者能胜任而有效地执行他们的工作职务。督导的过程是由定期安排的督导会议实践督导的任务。”① 这一定义兼顾了教育与行政功能。

斯基德莫尔认为，在社会工作中，督导一般被用来描述这样一种功能：一个个体（督导者）负责一个员工（被督导者）。督导者与被督导者之间的互动有利于发挥员工的专业能力。这是一个教-学过程，具有教育的、行政的以及使能的性质。它可以在一个小组中实现，也可以在一对一的基础上实现②。这一定义强调督导是一个教-学过程，具有教育、行政和使能的性质。

综上所述，社会工作督导是专业训练的一种方法，是由机构内资深的社会工作者，对机构新进入的工作人员、一线初级社会工作者、实习学生及志愿者，通过一定的程序进行持续的监督、指导，传授专业服务的知识与技术，以提高其专业技巧，充分发挥其所能，进而促进他们成长并确保服务质量的活动。

这个概念有如下几个方面的含义：

（1）社会工作督导包括督导者与被督导者。督导者是机构内的资深工作者，而被督导者是机构内新进入的工作人员、一线初级社会工作者、实习学生和志愿者。

（2）社会工作督导是专业训练的一种方法。

（3）社会工作督导是一种程序，其过程可分为几个相互联系的阶段。

（4）社会工作督导具有教育、行政与支持的功能。

（5）社会工作督导的目标是增进被督导者的专业技巧，充分发挥其所能，促进其成长，确保服务的质量。

二、督导者与被督导者

1. 有效督导者的特征

督导者是机构中从事督导工作的人员。下面是有效督导者应具备的一

① ［英］Allan Brown，Iain Bourne. 社工督导［M］. 郭玲妃，等，译. 台北：学富文化事业有限公司，2000：6.

② ［美］雷克斯·A. 斯基德莫尔. 社会工作行政——动态管理与人际关系（第三版）［M］. 张曙，等，译. 北京：中国人民大学出版社，2005：232.

些特征①：

（1）知识渊博。知识渊博是一个有效督导者最基本的必备特征，其中包含专业知识及与实务、机构有关的知识。督导者需要具备综合性的知识、专业态度和实践技术，并且必须能够把它们与机构服务及组织结合起来。督导者必须熟悉最新专业文献，以便介绍给被督导者进一步学习。

（2）实践技术。实践技术对于能干的督导者至关重要，它可能意味着一种社会工作专业方法的特定能力，或者是在所有基础社会工作方法上的综合能力。这样的能力根据督导者所从事的工作、所针对的领域以及学生或被督导者的需要而有所改变。

（3）开放政策。开放政策是十分必要的，这意味着出现紧急情况时能联系到督导者，意味着大门随时对被督导者开放，必要时被督导者可以提出问题并获得指引。

（4）对督导的承诺。能干的督导者对机构、自身以及对被督导者都倾心关注，这绝不是虚伪的和表面的，被督导者能分辨这种关注是否真诚。持续性关怀可以成为一个积极的激励因素并能协助被督导者增加知识和技能。

（5）坦诚。有效的督导者是坦诚的。这意味着当他们不知道某个问题的答案时会主动承认不足，当他们犯错误时也会主动承认错误。认识到自己也是人，这样的督导者最有可能和他们的员工打成一片。

（6）表示欣赏和给予奖励。新员工尤其追求奖励和欣赏，正强化可以增强其工作动力和专业发展。那些不能表示欣赏的督导者会限制督导效果，减慢专业发展速度，降低被督导者的能力。

2. 被督导者

被督导者也称受督导者或督导对象，是在社会服务机构中接受督导训练的人员，他们在指定的督导者定期持续地指导之下，提供初步的具有专业服务素质的服务或治疗。被督导者包括已接受过专业教育的新的社会工作者、正在接受专业教育的社会工作实习学生、未接受过专业教育的社会工作从业人员及非专业的志愿者。

在上述四类人员中，对专业工作者和实习学生的督导是社会工作督导

---

① ［美］雷克斯·A. 斯基德莫尔. 社会工作行政——动态管理与人际关系（第三版）［M］. 张曙，等，译. 北京：中国人民大学出版社，2005：236-237.

的重点，它们的区别见表 14-1。

表 14-1　对专业工作者和实习学生督导的区别

对专业工作者	对实习学生
①行政的责任比较重	①教育性的责任较重
②监督的立场比较明确	②教导的立场较明确
③期待较高且要求严格	③期待较低且有收缩性
④使用专业知识和技术	④探索专业程序和方法
⑤要求工作者自我负责	⑤有初步的自我认识
⑥持执行者的态度	⑥持学习者的态度
⑦增进特殊兴趣和技能	⑦探索各种方法和技术
⑧较主动、负责和自立	⑧较被动受助和依赖
⑨督导者权威性较大	⑨督导者权威性较小
⑩确立专业意识	⑩寻求专业意识

资料来源：廖荣利．社会工作管理（再版）［M］．台北：三民书局，1998：167.

如上所述，对专业工作者的督导较严谨、具体、持续和肯定；对实习学生的督导则比较有弹性、多面和试验性。

3. 督导者与被督导者的互动

督导本身即是一种学习的互动过程，基本上，被督导者要主动积极地参与督导，督导者则必须视被督导者的经验和技能程度，调整其督导的层次，并为其提供建设性的评论。督导者与被督导者间的互动最好是通过有规律且定期的正式或非正式的会议进行，以分享彼此的问题、关怀、观察、思考、实务上替代性技术的选择等，这种过程可称之为“督导中的认知调和”，这种认知调和将有助于互相信任的督导关系的建立。

为促进好的督导关系，督导者应着重于“销售”而非“告知”被督导者，即为获得员工的支持，督导者在督导过程中要讲清楚对员工、单位以及整个组织的潜在利益。此外，团队精神的培养、划清督导与治疗的界限以及让员工专注于解决问题，皆有助于督导关系的建立[①]。

三、社会工作督导的功能

社会工作督导具有行政、教育和支持三项功能，每一种功能所针对的问题和所实现的目的不同。

① 黄源协．社会工作管理［M］．台北：扬智文化事业股份有限公司，1999：386-387.

1. 行政功能

行政性督导的基本问题是如何正确、有效和恰当地贯彻实施机构的方针政策并按程序办事。行政性督导的基本目标是坚持机构的方针政策，并坚定地按照程序办事。

2. 教育功能

教育性督导的基本问题是工作者在业务知识、业务态度和业务技巧方面存在欠缺。教育的目的在于帮助员工增加知识和理解能力，从而端正他们的专业态度。它也包括帮助员工增强和改进社会工作实务技巧。

3. 支持功能

支持性督导的基本问题是工作者的士气和工作满意度。督导者要负责维持工作者的士气，帮助他们解决与工作相关的情绪低落和不满，给予工作者作为专业人士的价值感、对机构的归属感和工作的安全感。

需要指出的是，督导的行政功能、教育功能和支持功能是彼此交织在一起的，而不是各成一体、相互排斥的。譬如，通过帮助工作者在技能上有所提高，教育性督导不仅提高了能力，而且也提升了工作满意度，并减少了因担心能力不能满足工作要求而产生的焦虑。

随着我国社会工作督导人才队伍的发展和壮大，社会环境日益影响社会工作督导功能。在实践中，社会工作督导中频频出现以行政管理代替教育功能，或者行政活动影响支持功能发挥的状况，使得社会工作督导的功能偏离督导目标。具体而言，主要表现在以下几个方面：一是督导工作的行政化。对走上督导岗位并成为机构管理者的督导者来说，由于绝大部分时间都在完成机构的行政和管理工作，使得他们很难做到同时兼顾各项工作。为了符合机构的行政性要求和考核指标，督导者大都会倾向于先完成机构的行政任务，实务服务和督导工作则只能退居其后并以“速战速决”的方式完成，这导致督导工作内容和相关实践呈现出明显的行政化倾向，服务质量和效果不尽如人意。二是督导关系的官僚化。在具体工作实践中，因行政制度的安排和行政等级的存在，督导者与被督导者的关系常变成“上下级关系”。一些督导者采用行政监督、命令抑或干预的方式开展工作，督导实践“指挥多于指导”，督导关系变得官僚化。三是督导实践的形式化。在实践中，督导者为了符合督导制度规定而采用“变通”方式的情况屡见不鲜。例如，督导与机构的例会常常合并在一起进行。大多数督导者采用电子邮件、QQ或者微信等通信方式与被督导者进行沟通，很少与其进行面对面的交流[①]。简而言之，我国大陆目前的社会工作督导更多的是行政性督导，具有“技术实用主义”的特征和“行政监督和管理控制”的职能，而心理支持的功能基本被忽视[②]。

四、社会工作督导的意义

在社会工作实务方法中，社会工作督导是一种间接服务的方法，是运用专业训练的方式来实现服务目标的方法。通过督导这种专业训练，社会工作者能够有效执行机构的行政职责，能在专业服务中正确适当地运用理论与知识，因此，社会工作督导在社会工作中具有重要意义[③]。

1. 促进社会服务机构正常运行

社会工作是通过社会服务机构提供服务的专业，社会服务机构无论规模大小，都需要建立科层管理体系，以保证不同部门和个人的工作能够充分地协调和整合。机构通过建立督导制度，赋予督导者行政上的权威和责任，有助于工作的顺利完成。

2. 提高服务质量

从服务对象的角度看，他们通过求助或转介的方式来到机构，希望能够获得高质量的服务。通过建立督导制度并实施督导，可以提高服务质量，从而保障服务对象的权益。

3. 促进社会工作者成长

单纯的学校专业知识教育并不能满足社会工作者实务工作的需要，只有通过定期、持续的督导，才能够结合服务经验实践专业知识和方法。此外，大多数社会工作者都希望在服务中不断成长，能够更加熟练地开展工作，督导是促进社会服务机构的工作人员成长的有效措施。

4. 促进社会工作专业发展

社会工作是一个持续发展的专业，社会工作者必须适应这种变化，并

---

① 王芳，王敏．本土社会工作督导实践的目标偏离与功能回归——基于对S市的经验研究［J］．学习与实践，2019（9）．

② 张威．社会工作督导的理论与实践分析：国际发展与国内现状［J］．社会工作，2015（3）．

③ 全国社会工作者职业水平考试教材编写组．社会工作综合能力（中级）［M］．北京：中国社会出版社，2007：305-306.

提供有效服务来解决社会问题并满足社会需求。只有这样，社会工作专业才能获得社会的肯定和认可。借助严格的督导，社会工作者可以获得相关知识和技能的训练，更好地胜任工作，从而也能促进社会工作专业的发展。

第二节 社会工作督导的内容

美国社会工作专家阿尔弗雷多·卡杜山（Alfred Kadushin）和丹尼尔·哈克尼斯（Daniel Harkness）在《社会工作督导》中介绍了社会工作督导的内容①，下面对此作简要介绍。

一、行政性督导的任务和内容

行政管理是实现机构目标的方法。督导是社会服务机构进行行政管理的一个特殊方面，督导者担负着管理机构的责任。行政性督导的任务和内容有以下几个方面。

1. 员工招聘与挑选

（1）负责招聘的督导者要挑选合适的应聘者。这要求督导者在应聘者中挑选个性、态度以及成熟程度符合要求的人。

（2）督导者参与制定招聘员工的标准，并应用这些标准对求职者进行面试。面试以后，督导者将提出是否录用的意见和建议。

需要注意的是，在员工的聘用过程中，尽管督导者有所贡献，但这只是督导者次要的行政功能。招聘与录用员工一般是社会服务机构人力资源管理部门的职责。

2. 引导与安置社会工作者

（1）为引导员工加入机构做一些必要的准备，如了解新来的社会工作者的基本情况，通知部门其他员工，为新来的社会工作者提供办公室和办公桌，与新来的社会工作者协商能分配给他的工作等。

（2）引导新来的社会工作者加入机构，使其在身心上和组织上都融入机构之中。向新来的社会工作者讲解被分配去的部门是干什么的，它在整

① ［美］阿尔弗雷多·卡杜山，丹尼尔·哈克尼斯．社会工作督导（第四版）［M］．郭名倞，等，译．北京：中国人民大学出版社，2008.

个机构中的位置和作用是怎样的，督导者与被督导者之间的关系以及他们各自的角色和职责，新来的社会工作者与部门的其他员工的关系以及督导工作的综合目标等。

（3）为帮助新来的社会工作者更快地融入机构，督导者可以让较有经验的员工照顾新来的社会工作者，解答有关日常问题并随时提供帮助。

3. 拟订工作计划

督导者要细化机构的总体政策和目标，落实任务，制订计划以安排人力、指派任务、分配员工和服务资源。

4. 分派工作

根据部门的总体计划为每一名社会工作者分派任务，分派任务时要考虑社会工作者的强项和弱点、工作种类、工作压力等因素。

5. 工作授权

任务分派指出了被督导者需要完成什么工作，任务授权则指出了被督导者如何完成工作。督导者要与被督导者分享权力，被督导者在完成工作中有权作决定并采取行动。

6. 监控、检查和评估工作

监控工作包括听取社会工作者的口头汇报、阅读工作记录以及审查统计报告。工作检查在确定工作是否按计划完成方面是不可缺少的。评估工作是对分派下去的工作作出评判，以确定它是否达到了基本要求。

7. 协调工作

（1）督导者通过工作协调，在不同社会工作者之间建立起良好的工作关系，共同为机构目标作出贡献。

（2）督导者要协调和整合他所在的部门与其他部门以及与社会福利体系中其他组织的关系。

（3）督导者调动员工的后勤资源，以促进提供直接服务的社会工作者开展工作。

8. 沟通功能

督导是行政沟通中不可或缺的重要一环。督导者是一个行政上的控制中心，对上级和下属的信息进行收集和处理，负责下情上达和上情下达。

9. 督导者充当被督导者的利益代言人

为被督导者的利益代言离不开沟通。通过垂直沟通和水平沟通，督导者奔走于管理层、机构的其他部门以及其他组织之间，为被督导者争取合法权益。

10. 督导者充当行政管理的缓冲器

（1）督导者充当着机构与服务对象之间的缓冲器。督导者为处理服务对象的投诉提供了渠道，如果没有这样的渠道，社会工作者就会不堪重负，要花费更多的时间来处理服务对象的抱怨和不满。

（2）督导者也充当着社会工作者与机构之间的缓冲器。譬如，督导者要保护社会工作者，拒绝接受管理层强加给社会工作者的不合理的工作量。

11. 督导者充当改变媒介和社区联络员

（1）督导者有义务根据自己对情况的了解，对机构政策和程序的调整提出动议。居于管理层和社会工作者之间的督导者，既可以积极地对管理层施加影响以进行改变，也可以对社会工作者施加影响使他们接受这些改变。

（2）为了促使被督导者更有效地开展工作，督导者会在社区中号召开展那些有需求的服务。这样一来，督导者既使服务对象的资源网络得到了丰富，也使被督导者的资源网络得到了丰富。

二、教育性督导的内容

教育性督导旨在向社会工作者传授开展工作所应具备的知识，并帮助他学习掌握这些知识。所有社会服务机构的工作都是有共性的，教育的内容也有相同之处。教育性督导包括以下内容。

1. 机构的情况

包括：机构的组织情况，行政管理情况，机构与其他组织的关系以及它在社区服务网络中的地位，机构目标，可以提供的服务，机构内部规章制度制定过程和修改程序，机构的法律地位和拥有的权力。

2. 社会问题

包括：社会问题产生的原因，对社区不同人群的影响，某些特殊问题对社会工作者和人们生活的影响，社区对某些特殊的社会问题的反应，机构提供的服务与该机构致力于解决的社会问题之间的关系。

3. 服务对象遇到问题时的行为变化

让被督导者了解那些有问题的个人和群体在面临社会压力时会出现哪

些反应。

4. 提供帮助的技术和方法

督导者必须要教会社会工作者，当他们在服务中遇到问题时应该做什么和怎么做。督导者要从理论上阐述该机构为什么要选择这种服务技术和方法，为什么只有这些方法最可能有效。

5. 助人过程的方式

助人过程有多种方式，包括社会调查、诊断、处理、收集数据、分析处理数据、实施干预、获取信息、处理信息、施加影响等。

6. 增强社会工作者的专业化意识

这包括帮助社会工作者培养良好的态度、感觉和行为以保持和加强与服务对象之间的关系，纠正年龄歧视、性别歧视等偏见和成见，建立起自决、保密和非批判的社会工作价值观。

7. 被督导者自身以及态度、感觉和行为

对此进行教育的目的是让社会工作者加强自我意识，使其能够有意识地、严格地、自觉地开展工作，让服务对象得到最大的帮助。

三、职业倦怠和支持性督导

富有成效的行政性督导和教育性督导可以提升督导者有效开展工作的能力，不过，社会工作者的能力再强，也会因为决心不够坚定或积极性不高而表现不佳。支持性督导旨在提升被督导者的积极性、工作的投入度和工作的满意度。督导者必须了解被督导者的职业倦怠症状，他有责任帮助被督导者应对产生职业倦怠的压力。

1. 职业倦怠的定义和表现

职业倦怠（burnout）最早由美国精神分析学家赫伯特·J. 弗洛登伯格（Herbert J. Freudenberger）于 1974 年提出，他认为职业倦怠是一种最容易在助人行业中出现的情绪性耗竭的症状。美国社会心理学家克里斯蒂娜·马斯拉奇（Christina Maslach）认为，职业倦怠是那些任职于需要连续、紧张地与他人互动的行业中的人们在经历长期连续压力下的一种行为反应。那些人因不能有效缓解工作压力而产生了情绪上的疲惫感、对顾客的消极心态以及认为自己在工作中再也不能取得成就的挫折感。可见，职业倦怠是个体不能顺利应对工作压力时的一种极端反应，是个体长时期处于压力下产生的情感、态度和行为的衰竭状态。

职业倦怠症状既有生理上的，也有情绪上的和行为上的。

（1）生理症状。短期内会出现消化不良、头痛、腰背痛、恶心呕吐等现象；上述症状持续下去会导致心血管疾病、高血压、胃溃疡甚至癌症等。

（2）情绪症状。轻度症状包括精神紧张、烦躁易怒、对生活和工作产生厌倦、不满意等；持续下去会导致各种焦虑症状（如恐惧症、强迫症等）和抑郁症等重度病症。

（3）行为症状。上述生理和心理症状会最终导致个体行为发生变化，如食欲不振、失眠、嗜烟酒等；在工作中通常表现为缺勤率增加、与同事相处易采取进攻性行为、出错率增高、工作效率降低等现象。

有研究显示，目前中国社会工作者已经出现了中等程度的职业倦怠状况。其中社会工作者的情绪倦怠状况最为严重，体现在工作中的挫折感、疲惫感和个人成就感降低等状况①。职业倦怠是一个自我强化的过程。职业倦怠行为降低了使服务对象取得满意效果的概率，这又强化了社会工作者的无助感和绝望感，而这种无助感和绝望感会进一步加重职业倦怠。

2. 职业倦怠的成因与压力来源

认识了职业倦怠的症状，督导者应该了解它的成因以及被督导者所遇到的具体和常见的压力来源的性质。被督导者所承受的与工作相关的压力来源包括：

（1）由行政性督导构成的压力源。贯彻机构的方针、遵守机构的规章制度以及绩效考核所产生的行政性压力，都会造成社会工作者的紧张。在我国大陆，行政性督导在实践中极易成为一种行政监督甚至干预手段，成为社会工作者的负担和累赘②。

（2）由教育性督导构成的压力源。教育意味着改变，而改变的对象是社会工作者。有改变，就要有暂时的失衡，也就是要打破原有的平衡关

---

① 张大维，郑永君，李静静．社会环境、社会支持与社会工作者的职业耗竭——基于广深莞汉 100 名专职社工的调查［J］．中州学刊，2014（2）．

② 张威．社会工作督导的理论与实践分析：国际发展与国内现状［J］．社会工作，2015（3）．

系。因此，教育会引起某种焦虑。

（3）由督导关系构成的压力源。督导关系本身充满着压力。督导关系是个人之间频繁而密切的接触关系，需要大量的情感投入。督导关系充斥着移情的因素，充斥着矛盾与抗拒以及早期成长过程中冲突的影响。

（4）由服务对象构成的压力源。服务对象大都生活在巨大的压力之中，可能正处于危机之中，情绪反应会十分强烈。社会工作者一边处理诸如焦虑、愤怒、抑郁以及哀伤一类的不良情绪，一边控制自己的情绪反应，这是一件令人心力交瘁的事情。

（5）由任务性质以及任务的背景构成的压力源。一种压力可能来自社会工作任务的性质以及开展工作的环境条件。在遇到服务对象出现生离死别的情况时，社会工作者如果联想到自己的情况，就会焦虑不安。另一种压力的形成则是由于社会工作者承担的责任超出了其权力范围和可以利用的资源范围，社会工作者会产生无力感、挫折感和失败感。

（6）由组织构成的压力源。组织上的混乱、持续不断的重组以及规章制度的更迭，都会造成压力。

（7）由社会对待社会工作者的态度构成的压力源。社会对社会工作不了解、不熟悉，社会工作者的社会地位低等都会给社会工作者带来压力。

3. 支持性督导的内容

了解了什么是职业倦怠，也知道了引发职业倦怠的因素，作为督导者，有责任应对这一问题。督导者可以采用一系列具体的介入方法，以应对压力和紧张以及职业倦怠的危险。督导者可以采取如下方法：

（1）督导者可以通过给予支持，帮助社会工作者减压，也可以使社会工作者暂时离开充满压力的环境。督导者可以暂时减少社会工作者的工作量，或安排社会工作者暂时为一个问题较轻的服务对象开展工作。

（2）督导者制定有弹性的工作时间表，将压力大的任务安排给多人一起分担，帮助社会工作者安排自己的工作量，优先完成重要的任务，借助督导者的权威将时限延后，都可以达到减压的目的。

（3）通过丰富工作内容，变换工作以及进行工作轮换，督导者可以使社会工作者减轻压力。

（4）给社会工作者分派合理的工作量，平衡好很可能做不好与比较容易成功的工作，可以使社会工作者避免由于工作量过大或工作性质过于严峻而造成的紧张。

（5）通过与被督导者坦诚地分享自己在工作中遇到的困难，督导者也可以起到支持作用。作为被督导者，不必感到那么内疚，也不必觉得自己不够好。

（6）在遵守职业道德规范的前提下，督导者可以允许被督导者有负面感受。只要不在行为上以不能接受的方式表现出来，所有的想法和感受都是可以接受的。

（7）肯定社会工作者作出的决定，并不断强化这种肯定，就是对他的支持。这样做可以使社会工作者相信，对于他们正在做的以及将要做的一切，督导者也在分担着相应的责任和义务。

（8）督导者帮助社会工作者摆脱那种社会工作无所不能的不切实际的想法，承认社会工作的局限性，从而使社会工作者减少焦虑和愧疚。

（9）督导者通过帮助社会工作者解决角色冲突的问题，缓解社会工作者的紧张情绪。

（10）针对新入职的社会工作者怀疑自己的能力的情形，督导者可以告诉他们大部分新手都有这种感觉，他们的情况是具有普遍性的，以此对新入职的社会工作者提供支持。

（11）督导者可以通过帮助社会工作者对机构政策、自己的工作目标以及在机构中的角色形成一个较为清晰的概念，向其提供支持。

（12）督导者应努力为社会工作者提供机会，让他们体会到从事专业工作的成就感，让他们有更多的机会去独立开展工作。

（13）督导者表扬社会工作者的良好表现以及代表机构对社会工作者的工作表示认可和欣赏，可以对社会工作者起到支持作用。

美国的卡杜山在社会工作督导者和被督导者中开展了一次调查研究，该研究反映了两者对督导过程及其功能的看法和反应。督导者和被督导者有共同看法，但也有一些差别。督导者和被督导者都认为督导在教育、行政、使能上扮演了重要角色，但被督导者指出，从督导对双方所起的作用来看，其行政功能对被督导者来说更重要，其教育功能对被督导者来说居于次要地位（见表 14-2）。

表 14-2　督导者和被督导者对督导功能的反应

功能	督导者认为最重要（%）N=469	被督导者认为最重要（%）N=469
1. 传授被督导者有关个案工作的知识、技能、态度，这是其有效工作所必需的	26.8	18.0
2. 个案咨询——协助被督导者分析个案、设计服务计划	21.7	14.8
3. 准备并开展与被督导者的员工会议和培训会议	15.5	5.4
4. 阅读和回顾个案记录，为所负责的会议做准备	6.5	3.4
5. 通过协调机构其他人员的工作，推动被督导者的工作，并且安排人员协助、个案协助、咨询等	5.8	9.8
6. 向被督导者传授有关行政工作过程的知识——机构政策、程序、规划、结构、个案管理	5.5	11.0
7. 是机构与被督导者之间沟通的渠道	5.1	11.8
8. 协助被督导者处理与工作有关的士气问题	3.3	5.4
9. 与被督导者举行评估会议	3.1	5.4
10. 阅读和检查被督导者负责的个案	2.1	3.4
11. 检验并认可被督导者处理有关个案、程序、预算、报告等的决定	1.5	4.6
12. 其他（详细的）	3.1	7.0
总计	100.0	100.0

资料来源：[美] 雷克斯·A. 斯基德莫尔. 社会工作行政——动态管理与人际关系（第三版）[M]. 张曙，等，译. 北京：中国人民大学出版社，2005：240.

第三节　社会工作督导的原则与过程

一、社会工作督导的原则

下列五项基本原则为社会工作督导过程提供了一个总体框架①。

1. 向被督导者传授有关组织和服务方面的原则和技巧，然后允许他们自行运用

在社会工作中，有能力的督导者的一个主要作用是传授原则与技术，尤其是那些与服务相关的内容。知识和技术可以在非正式的、通常是一对一的基础上实现共享。理论上，督导者帮助被督导者在他们的工作机构和服务中增强知识和技术。然后，被督导者进行自我管理并按其选择的方式进行操作。只要员工们的表现与机构政策目标相吻合，他们在机构中是有自主权的。

2. 选择和发展符合督导原则的目标，被督导者进行自我管理

这一原则意味着不是由督导者来决定被督导者将会干什么，而是由他们自己来决定。被督导者必须清楚自己在机构中的个人目标，理想的目标应该有利于个人利益和机构利益。被督导者一旦建构了这些目标，就必须评估目标和排定优先次序。哪些是最重要的？哪些是最不重要的？哪些需要按政策马上实现？哪些可以临时地、无规则地加以处理？这些必须符合机构的组织政策和程序。

3. 督导者能在工作人员有需要时随时提供协助

这一原则涉及督导的可获得性和介入度，也就是说，督导者认同他们在机构中的重要角色并且深刻认识到督导在有效的社会服务输送中的重要性。这个角色不是被当作一种负担，而是被视为一种提供服务及促进被督导者个体利益与机构整体利益的途径。如果被督导者面临紧急的情况或相信督导者能出手相助时，督导者的大门是敞开的。

4. 被督导者可以联系到他们的督导者并向其请教

这一原则强调向督导者求助的真正需要——无论是在每次例会上还是

① ［美］雷克斯·A. 斯基德莫尔. 社会工作行政——动态管理与人际关系（第三版）［M］. 张曙，等，译. 北京：中国人民大学出版社，2005：237-238.

在其他时候，都可以通过到督导者的办公室或通过电话获取帮助。重要的是，当被督导者需要帮助时能联系到督导者。被督导者需要认识时间的宝贵性。有些被督导者由于准备好了与督导者会谈，因而有效地利用了时间。

5. 被督导者向督导者解释自己的行为，并且共同设定未来的工作目标

这一原则包括评估和问责。每周的督导会议是评价被督导者活动的一种传统便捷的方法。督导者的年度或半年度的书面评估、被督导者的自我评估是评估程序的组成部分。对被督导者来说，自我评估可以成为一个真正的教育过程，其结果是督导者可以向被督导者传授额外的原则和技巧。

二、社会工作督导的过程与技巧①

1. 督导过程

从督导者与被督导者相互影响的过程看，督导过程可分为四个阶段：督导前期、开展期、工作期和终结期。

（1）督导前期。督导前期是督导者与被督导者建立关系的基础期，这一时期最重要的任务是相互熟悉。督导者在这个时期一般通过面谈，了解被督导者的家庭、所受专业教育、工作经验、以往的经历等。督导者通过了解被督导者的处境，找到督导的起始点，简单明了地说明自己的工作方法和目的，让被督导者放松心情，接受督导。

（2）开展期。开展期的重要任务是建立互相信任和双方同意的督导形式，并以口头或书面的方式确定。督导者要和被督导者一起分享督导的目的，清楚地描述双方的角色、期望与要求，并征求被督导者的意见。

（3）工作期。工作期是督导过程的最重要的阶段。在这一期间，督导者要与被督导者分享实践经验与感受、解答疑问和困惑、指导工作，促进被督导者发展，支持被督导者做好服务。

（4）终结期。督导历程结束时，督导者应总结督导过程中各个阶段所讨论过的事情，并综述被督导者的学习过程和成长机遇，回顾被督导者的长处和弱点，帮助被督导者更加清醒地把握自我、加强自我改进。这不但对被督导者的工作有益，而且对被督导者将来的专业发展也有好处。

---

① 本部分参见：全国社会工作者职业水平考试教材编写组．社会工作综合能力（中级）[M]．北京：中国社会出版社，2007：315-318.

2. 督导过程中的技巧

（1）督导的相互契合技巧。督导的相互契合技巧是督导前期最重要的技巧。相互契合技巧是指督导者在每次督导中都要用一定的时间了解和关心被督导者的处境，并表示关心。相互契合的重点在于寻找问题和面对问题，而不是用感情淡化困难，甚至拒绝面对困难。被督导者面对的困难有些可能是由机构政策导致的，有些可能是因工作压力而产生的。无论什么类型的问题，督导者都要勇敢地和被督导者共同面对，商量解决的办法，并在督导过程中公开地提出，及时处理被督导者在讨论过程中的怨气和背后的苦衷。只有公开、理性地讨论问题，沟通才能有效果，督导者和被督导者也才能因此建立彼此信赖的关系。

（2）订立协议的技巧。这里的协议是指每次督导时所订立的协议。尽管督导者与被督导者已经就督导的整体、历程、目标和相互的角色订立了协议，但每次督导时还要再为该次督导订立协议，将督导双方的要求和期望不断更新，并回顾上次的协议，根据督导的阶段和需求进行适当修正，这对双方都是非常有意义的过程。督导者应把被督导者提交的议程作为暂时性的，随时可以修正。而一些督导经验也证明，督导前15分钟总有更重要的议程出现，或是在督导结束前被督导者又提出心中的议题进行商讨。督导过程中，督导者应尽量避免过早为被督导者提供答案，除非已经完全清楚了被督导者的所思、所感。绝大部分情况是：聆听比提供资料或答案对被督导者更有帮助，尤其是对那些有一定经验的被督导者。因此，如同有效的个案辅导一样，督导者必须先成为好的倾听者，然后再提议解决问题的办法。

（3）开展话题的技巧。督导者可以采取五类技巧鼓励被督导者提出并探讨问题。一是由常见的事例开始，然后逐步发展到特殊性的问题。这个过程与个案辅导相似，由浅入深，督导者主要是聆听，并询问相关资料。二是包容。督导者要保持平静，不急于采取行动，而是积极聆听并尝试了解员工提出的问题。三是专注地聆听。督导者必须专注聆听被督导者最关注的事件，并梳理被督导者的感受，掌握被督导者最关注的事件及其对事件的反应。四是提问。提问是收集被督导者对某事件的反应及其所能提供的独特资料的好办法，让双方对事情有一个更清晰的看法，提问也是对被督导者提出问题的一个适当反馈，它让被督导者更清楚自己的处境。五是保持沉默。督导者如果对被督导者的答复感到不满足，并期待更多资料，可以用沉默来表示。

(4) 同感与分享感受的技巧。同感是社会工作最基本也是最重要的技巧。督导者不一定是强人，所以不要刻意与被督导者保持距离，反而应该注意关心被督导者。当被督导者谈到感受时，督导者要勇于面对，并能够就被督导者的处境给予自然回应。最后，督导者应能总结被督导者所面对的问题，这样才能使他知道自己的处境和感受被了解。抑或是说，只有具备了高尚的品格，才能做好一个督导者，人性化的督导对被督导者而言是非常可贵的。

(5) 要求被督导者努力工作和分享资料。由于督导的最终目的是保持服务的效率和质量，所以督导者必须控制被督导者的工作表现，通过提出相关的问题来确保工作顺利完成，包括被督导者的动机、感受和面对的困难。为了让被督导者能够顺利完成工作，督导者要收集有关资料，并要提供和分享相关资料，容许被督导者就资料提出问题，这样也有利于沟通。

(6) 督导会谈的结束技巧。督导者应该在每次结束时总结本次会谈讨论过的事项，并将讨论的收获作为日后工作的指引。督导者还要留意被督导者在督导结束时才提出的问题，如果这类问题出现的次数太多，可能就是督导安排出现了问题，因此需要对督导的形式、结构和议程作出总结和重新安排。

第四节　社会工作督导的方式

督导工作是一种互动的过程，是督导者和被督导者思考交流的过程。督导的方式一般常区分为个别督导、团体督导和同事督导，各种督导的运用需要根据所处的具体情境而确定。本节介绍个别督导、团体督导和同事督导的内涵、技术和优缺点①。

① 黄源协．社会工作管理［M］．台北：扬智文化事业股份有限公司，1999：396-404.

一、个别督导

1. 个别督导的含义

个别督导是传统的督导方式，是指由一位督导者和一位被督导者以面对面的方式定期举行讨论会议。讨论会议往往是每周一次，每次半个小时至一个小时，另外视情况需要，举行不定期的督导会议。个别督导的特性如下：

（1）就督导的对象来说，这种督导通常是对新进人员或资历较浅者就工作上、人格特质情绪方面的问题进行沟通与讨论，以帮助被督导者成长，并提高其服务质量。

（2）就督导的程序来说，被督导者以书面或口头方式提出一周的记录或问题要项，督导者据此以间接的方式引导、启发被督导者思考，讨论解决问题的可能途径，并促使被督导者选择或决定适当的办法。

（3）就督导者与被督导者间的互动来说，督导者与被督导者之间的讨论必须是双边的教与学的活动，只有这样，才能达到社会工作者成长的目标。

2. 会谈时督导者应做到的事项

（1）聆听：从头到尾仔细聆听被督导者的话。

（2）补充：用资料、知识或重点补充被督导者所说的。

（3）提出疑问：向被督导者提出问题以开阔其思路与视野，并激发其走向新境界。

（4）评价：检视被督导者如何工作，并与其分享经验与想法。

（5）提出建议：对处理服务对象问题的具体行动提出建议，使被督导者拟订有效的工作计划。

3. 个别督导的技术

（1）督导者要诚恳地倾听被督导者的诉说。

（2）督导者应细心研究和批阅被督导者的记录或报告内容，并发现其教育重点之所在。

（3）督导者应接纳被督导者的感受。

（4）督导者必须经常鼓励被督导者对问题的自我评判和创造能力。

（5）督导者应以婉转的口气作评语和建议。

（6）督导者要随时提供示范性的方法和技术。

（7）督导者要促使被督导者以自我学习和自我训练为最终目标。

4. 个别督导的优缺点

（1）优点。包括：①督导者与被督导者能够在不受任何干扰的情况下决定及解决某一议题。②督导者有充分的时间，可以充分地讨论被督导者的个案。③督导者有机会仔细地检视被督导者的工作进展，并着重彼此间的关系。④督导者能合理地确定对被督导者的总个案量，同时也可以大概了解被督导者的工作。⑤有较高的隐秘性。

（2）缺点。包括：①被督导者仅接受另一个人的输入，有时可能会有偏差。②督导者与被督导者太密切地分享彼此相同的观点，会在不知不觉中发展成一种共谋的关系。③被督导者没有机会与其他被督导者作比较，特别是在相同的发展阶段时。

二、团体督导

1. 团体督导的含义

团体督导是由一位督导者和数位被督导者以小组讨论的方式定期（通常是每周、每两周或每月举行一次，每次1—2小时）举行讨论会议。小组人员由两三人至七八人不等，原则上人数不宜过多，以方便讨论。团体督导讨论会议的主要内容包括被督导者专业服务过程中的难题，每次由小组中的1—2人提供书面或口头记录或讨论要项，督导者和小组人员事先或当时详细阅读或听取该类资料，然后由督导者主持小组讨论，以深入了解有关情况并寻找解决的有效途径。

2. 团体督导的技术

（1）督导者在团体面前要感到自在、有兴趣和有信心。

（2）督导者需熟悉团体成员的姓名、性格，并与之建立良好关系。

（3）督导者必须能引导团体成员集中注意力和向心力。

（4）督导者必须尽量促使团体成员自动自发和自由自在地提出问题、观点和建议。

（5）督导者要能把各种不同的观点联结起来，并对这些观点进行比较分析和综合，进而得出可共同理解的结论。

（6）督导者必须用心倾听成员所说的真正意思，并把握其重点。

（7）督导者必须事先做好准备，讨论时宜富有弹性地加以修正。

（8）督导者必须使讨论过程有进展，不宜在同一主题停滞太长时间。

（9）督导者应以温和、轻松、婉转以及幽默的方式，向团体成员说明和修正其共同出现的错误。

（10）督导者应敏锐地察觉团体成员的潜在感受，并加以恰当处理和引导。

（11）督导者对“社会感情型”和“问题解决型”的成员就其表现和观点妥善加以引导与应对。

（12）督导者应对攻击型和偏激型的成员妥善加以处理和限制。

（13）督导者应在讨论的每个阶段作“阶段总结”，并在结束时提出清晰和具体的归纳和结论，以便被督导者领悟和方便实施。

3. 团体督导的优缺点

（1）优点。包括：①对每一位督导的个案，都会有大量的刺激以及不同的观点。②被督导者有机会学习其他成员如何处理他们的服务个案。③被督导者有机会听到和学习到其他成员处理各种不同个案的工作经验。④各种不同的观点可用于矫正单一督导可能产生的偏见和盲点。⑤团体督导较为经济。⑥团体的形成提供有利的机会进行角色扮演。

（2）缺点。包括：①每位被督导者时间不足，无法对细节加以讨论。②被督导者有较多机会隐藏或忽视自己的问题。③被督导者可能会有意无意地与他人竞争。④由于对每一位被督导者的个案都有不同的观点，因而可能产生冲突，或出现一些没有价值的观点。⑤隐秘性较低。

三、同事督导

1. 同事督导的含义

同事督导是由具有相同需求、观点或技术层次的个人或多位社会工作者，以个别互惠或团体讨论的方式进行互动。参与互动的成员不一定是同一团队或同机构的人。有些经验丰富的社会工作者会自己安排这类会面，而这类会面往往是同事间一种力量和支持的来源。

2. 同事督导的组成与进行

同事督导团体的形成，包括下列方式：

（1）尝试组织一个具有共同价值但观点不同的团体，共同价值有助于以共同的语言和信念体系为基础的对话或沟通，但若训练或工作形态也相同，则此团体便会因过于同质而缺乏不同的观点。

（2）团体成员不宜超过七位，以确保团体有充分的时间进行讨论，满足所有成员的需求。

（3）团体成员们要有明确的承诺，对进行督导的会面要能坚持。

（4）签订明确的契约，包括会面的次数、地方、时间范围以及进行的过程等，必须要清楚。

（5）清楚成员各自不同的期待，并尝试发觉是否有隐藏性的团体目标。

（6）清楚各自的角色期待，例如，谁应负责时间及场地的安排或秩序的维持。

（7）对督导过程进行反馈，包括正面与负面的反馈。

（8）所有的成员要对其所在团体的角色获得反馈，每三个月要规划一次总结的时间，以探讨团体的动态并对契约进行重新协商。

至于如何组织一个同事督导的会议，建议以下列方式进行：

（1）设定基本规则。例如，给予成员直接、均衡和坦诚的反馈，避免无意义的奖励式的意见，公平分配时间。

（2）每一次会面始于发觉谁会有什么样的需要。

（3）鼓励所有成员表明他们希望从团体中获得什么。成员需要的是有人听他诉说、给予反馈及下一步服务的建议，或是协助他们作出选择。

（4）决定非正式的时间。可在会前或会后安排非正式时间，以提供成员交流的机会。

3. 同事督导的优缺点

（1）优点。包括：①督导过程中，专家的权威降至最低，甚至会产生没有权威的现象。②参与者可以在最方便的时间组织督导会议。③不需要付费。④参与者对彼此的发展阶段和需求会有高度的了解与支持。⑤对非常有经验的被督导者来说，选择同事督导方式更容易有收获。

（2）缺点。包括：①没有人有最终的权利和义务。②必要时，参与者会避免与他人对抗。③参与者也许会缺乏必要的经验和技术。④参与者也许会产生共谋，或缺乏抑制情绪的技巧。

基本概念

社会工作督导　职业倦怠　个别督导　团体督导　同事督导

思考题

1. 社会工作督导的功能是什么？
2. 社会工作督导的意义是什么？
3. 行政性督导的任务和内容有哪些？
4. 教育性督导的内容有哪些？
5. 支持性督导的内容有哪些？
6. 督导的过程包括哪几个阶段？
7. 督导过程中的督导技巧有哪些？
8. 个别督导有哪些优缺点？
9. 团体督导有哪些优缺点？
10. 同事督导有哪些优缺点？

第五编

评估

第十五章 方案评估

方案评估是要判断计划或方案是否实现了预期目标，对提升服务效果、效率和质量，促进机构发展具有重要意义。本章第一节介绍方案评估的含义、类型、功能和历史，第二节介绍方案评估的方式与步骤，第三节介绍方案输出评估和成果评估，第四节介绍方案质量评估。

第一节 方案评估概述

一、方案评估的含义

评估是社会服务专业人员和社会服务机构的一项核心且日益重要的职能。评估既是微观活动，也是宏观活动，它通常是针对所有专业化实践的①。评估有个案评估和方案评估之分。什么是方案评估？所谓方案评估就是评估者运用社会研究方法，研究、评价社会服务方案的绩效，并帮助改善社会服务的过程。方案评估包括社会问题诊断、概念化与设计、实施与管理、结果及其功效②。社会研究方法的应用和社会服务方案的绩效是理解这个概念的关键，下面对此作简要分析。

（1）社会研究方法的应用。一方面，评估是对整个被评估事物绩效的描述；另一方面，评估还涉及用来说明绩效的标准和测量。方案评估的中心任务是用一定方法对方案绩效进行清晰描述，即精确地表述方案实际实现的内容。评估研究是一种应用研究，它使用社会研究方法搜集方案绩效

---

① ［美］威廉·R. 纽金特，［加］杰基·D. 西帕特，［美］沃尔特·W. 赫德森．21世纪评估实务［M］．卓越，叶文振，姜国兵，等，译校．北京：中国人民大学出版社，2006：26.

② ［美］彼得·罗西，霍华德·弗里曼，马克·李普希．项目评估：方法与技术（第六版）［M］．邱泽奇，等，译．北京：华夏出版社，2002：4.

的资料，并对资料进行分析和解释。这种社会研究的宗旨是评估的核心观点。

（2）社会服务方案的绩效。如前所述，对某事物进行评估，需要知道该事物可以被描述的绩效或特征的表现维度，这样才能够同适当的标准进行比较。方案评估涉及下述五个维度的一个或几个：对项目的需求、项目的设计、项目的实施、项目的影响或结果、项目的效率（成本-收益）。在某些情况下，方案评估可能会涉及以上五个方面，这样的评估被称为综合评估。

二、方案评估的类型

1. 按方案绩效维度划分的评估类型

美国学者彼得·罗西（Peter H. Rossi）等学者从方案绩效的维度将方案评估分为以下五种类型①：

（1）需求评估。需求评估用来回答方案运作所需的社会条件以及方案需求程度等问题。有关方案服务需求的问题：①问题的本质与范围是什么？②需求人群的特征是什么？③人群的需求是什么？④需要什么样的服务？⑤所需服务的规模多大，在什么时候需要？⑥为了将服务提供给人群，应该安排怎样的送达渠道？需求评估可以通过对知情者的调查来实施，这些人包括服务机构的成员和潜在的服务对象，这种评估关注显而易见的问题、需求、服务对象以及已有服务的不足之处。

（2）方案理论评估。方案理论评估用来回答方案的概念化和设计等问题。有关方案的概念化或设计的问题：①应该为哪些服务对象提供服务？②提供什么样的服务？③对服务而言，最好的输送渠道是什么？④方案怎样才能确定、重新招募并保证一定数量的服务对象？⑤应该如何组织方案？⑥对于方案而言，哪种类型的资源是必需而又合适的？

（3）过程评估。过程评估用来回答方案的操作、实施以及服务送达等问题。有关方案操作和服务送达的问题：①方案达到了行政性和服务性的目标吗？②既定人群得到了既定的服务吗？③是否存在需要此类服务但服务还未涉及的人员？④在服务过程中，是否针对足够的服务对象完成了服

① ［美］彼得·罗西，霍华德·弗里曼，马克·李普希．项目评估：方法与技术（第六版）［M］．邱泽奇，等，译．北京：华夏出版社，2002：28-29，46-54，65.

务方案？⑤服务对象对服务满意吗？⑥行政的、组织的以及个体的功能是否得到了充分发挥？

（4）成果评估。成果评估用来回答方案结果和方案意图改变的社会条件的效果等问题。有关方案成果的问题：①结果所需要达到的目标和目的是否已经达到？②服务对参与者是否产生有利的影响？③服务对参与者是否有负面的影响？④服务对某些参与者的影响是否比其他人要大？⑤服务想要改善的问题或情况是否有所改善？

成果评估通常和过程评估配合使用，这样就能够在方案执行过程和可观测到的方案影响之间建立一种联系。如果没有实施过程评估而进行影响评估，那么评估通常会被认为是"黑箱评估"，因为评估者可能只了解方案的结果是什么，对产生这些结果的方案过程却一无所知，这样的评估就是把方案当作一个不可能看透的黑箱。

（5）效率评估。效率评估用来回答方案成本问题，既要比较方案的收益货币价值，也要比较方案给社会条件带来改善的绩效。有关方案经费和效率的问题：①资源是否被充分利用？②与收益最大化比较，成本是否合理？③是否还有其他方法能帮助降低成本并获得同样的结果？

2. 方案评估的系统模型

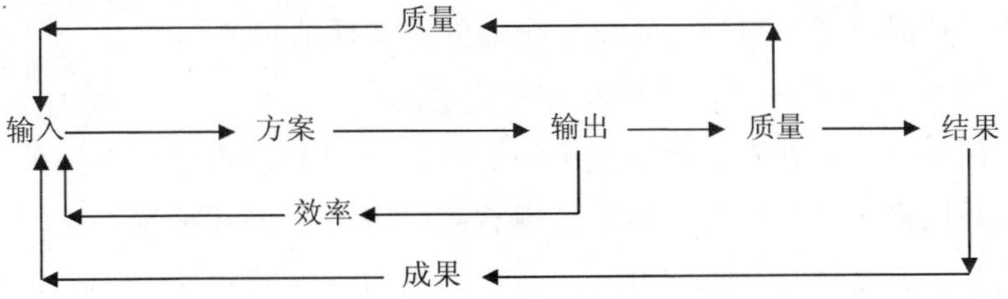

图 15-1　方案绩效评估的扩展系统模型

资料来源：Lawrence L. Martin, Peter M. Kettner. Measuring the Performance of Human Service Programs ［M］. Thousand Oaks：SAGE Publications Inc, 2009：5.

劳伦斯·L. 马丁（Lawrence L. Martin）和彼得·M. 凯特纳（Peter M. Kettner）从系统论的观点出发，发展出了一个社会服务方案评估的系统模型，提出了三大评估视角，它们是效率视角、质量视角和成果视角，其中效率视角评估方案的输出，质量视角评估服务的质量和服务对象的满意度，成果视角评估服务方案的结果。社会服务方案绩效评估的系统模型见图 15-1。

以上两种分类观点对我们认识服务方案的绩效和进行方案评估提供了指导。对社会服务方案进行评估涉及方案绩效维度的一个或几个方面。本章第三节和第四节将介绍方案输出评估、成果评估和质量评估。

三、方案评估的功能

作为对社会服务的效率、成果和质量进行判断的一种行为，方案评估是社会服务运行过程中的重要一环。事实上，方案评估对改进政策制定系统、克服社会服务运行中的各种弊端和障碍，增强社会服务的活力和效益，提高社会服务水平具有重要功能和作用。

1. 方案评估是检验服务效率、成果和质量的基本途径

任何社会服务活动投入运行后，如果没有进行相关的评估反馈工作，那它的成果如何就不得而知。尤其是一项构思精良、经多方论证认定的社会服务方案投入运行以后，究竟有没有达到预期目标，有没有产生预期效果，或产生了哪些非预期的效果，这些都要在评估之后才能明确。

2. 方案评估是决定服务发展方向的重要依据

任何一项社会服务在执行过程中总会呈现出一定的走向。伴随着社会服务目标实现程度的不断推进，该项社会服务是应该继续、调整、创新还是终止？这需要通过科学、系统、全面的方案评估来评判。

3. 方案评估是合理配置资源的有效手段

在社会服务实践中，政府或民间支持社会服务的资源是有限的，究竟哪项服务该投入多少资源，也就是说有限的资源要怎样配置，必须做到心中有数。要解决资源合理配置问题就需要对服务进行评估，这时方案评估就显示出其重要性了。只有通过方案评估，才能确认每项社会服务的价值，并决定资源投入的优先顺序和投入比例，以寻求最佳的整体效果，更有效地推动整体社会服务的发展。同时，通过方案评估，也可以把该次资源投入与以往资源分配情况进行对照，看其是否合理，并总结经验，吸取教训，使社会服务活动能够高效地进行。

4. 社会交代

对社会服务方案、项目及机构政策进行评估是问责评估的要求，能起到社会交代的作用。方案评估能够承担起社会交代功能是由其科学方法决定的。如果政府、资助机构和社会大众了解和认同科学的评估方法，那

么，方案评估就能够对社会服务实践及机构政策作出有效性说明。通过科学的评估向社会交代，社会服务机构获得社会信任与支持，从而有利于自己的生存和发展①。

四、方案评估的历史

综合有关资料，下面简单介绍一下国内外社会服务方案评估的历史。

1. 国外社会服务方案评估的历史

现代社会服务方案评估最早在美国起步。罗西等人指出，20 世纪 30 年代，在美国，随着诸如联邦社会保障法等计划的发展，政府开始承担社会福利的主要开支，社会服务在很大程度上变成政府提供的服务。应用“科学管理”运作和了解这些服务方案给政府带来了压力，随后这项活动演变成方案评估。

20 世纪 60 年代，美国社会工作和社会服务增长非常迅速，其原因有两个：一是“对贫穷作战计划”的出台，该计划为美国社会服务系统增加了许多新项目，如启蒙教育和社区行动项目；二是肯尼迪政府通过了《1962 年社会保障法修正案》，该法案为那些参与失依儿童家庭援助项目（Aid to Family with Dependent Children，AFDC）而接受经济援助的服务对象提供了更多接受社会工作服务的机会。社会工作者根据机构政策，接受申请失依儿童家庭援助申请书，评估申请者的资格，并提出关于他们能否收到援助以及应提供的援助水平的建议。这一时期，新服务项目和社会工作者作用的增加使得社会工作者被不断地要求评估自己的工作，以证明自己的工作具有合理性。

20 世纪 70 年代，评估强调质量控制。这一时期，由于美国政府担心资金被用于不符合资格的人，所以制订了一个质量控制计划，要求各州都采用一种评估形式，并公布了可以容忍的失误率，超过该失误率的州政府将因犯错而受到处罚。一般来说，3%—5%的失误率是可以被接受的。

20 世纪 80 年代，美国社会服务面对的主要问题是项目的缩减，导致这一问题的原因有三个：一是政府要控制通货膨胀，降低财政赤字；二是部分社会民众对收入和财产税政策不满，从而对政府采取不信任、敌视的

① 付立华，陈为雷．社会工作行政［M］．济南：山东人民出版社，2012：218-219.

政治行动，迫使政府缩减经费；三是以往几十年政府官员、计划人员设立社会服务方案过于随意，方案实施不力、效率低下，也导致项目削减。政府经费缩减不但发生在美国，也发生在大多数西方国家，且具有时代变迁的含义，这意味着社会福利领域必须关注成本-收益的平衡。

20世纪90年代，方案评估的重点有两个：一是在资源持续紧缩的情况下，更需要认真评估社会问题，排列优先次序，并以此来规划新的服务方案；二是对既有的服务方案重新评估。在这期间，对评估工作影响较大的是政策取向的改变、全球化和社会成员价值观的改变。政策取向改变主要表现在美国福利政策改革方案（美国1996年通过了《个体责任和工作机会调和法案》）的理念更关注服务对象个人和家庭责任，对服务对象接受福利的资格审查越来越严格，受益的重点人群转向就业人口，为此社会福利方案也要根据这种改革要求进行重新评估。全球化趋势的影响主要表现在经济活动的全球化导致福利国家缩减开支来保持其在国际市场的竞争力，对社会服务进行效率、成果和质量的评估，发展中国家在解决社会问题时启动新的社会服务项目，需要进行社会需求的优先次序评估。全球性的社会问题需要更多“跨国性”的干预行动方案的设计与评估，评估本身也变得越来越国际化。另外，越来越多的社会成员关心自己的纳税或捐赠的使用情况，希望服务机构把使用公共资源或捐款的情况清楚地予以公布，这也促进了社会服务的评估工作。

2. 中国社会服务方案评估的历史

在计划经济时期，我国基本上形成了“行政性非专业化”的社会工作模式，这是由政府负责组织实施的社会服务模式。由政府部门实施的服务评估主要是行政性评估和内部评估。

20世纪80年代中后期以来，随着社会服务机构的发展，专业化社会服务和公益服务获得一定程度的发展。社会服务机构接受政府和社会资助，使得它们必须向政府和社会交代。社会对社会服务的专业化诉求，使得这种交代也应具备一定的权威性，而专业化评估的权威性则能满足这种交代的要求。另外，某些民间社会服务机构为了改进服务和提高服务能力，也希望进行专业化评估。

20世纪90年代以来，我国社会服务机构进行了一些具有一定专业性的评估，如希望工程评估和幸福工程评估。希望工程评估课题组从1997年

5 月至 1998 年 5 月，对希望工程的效益进行了评估。评估的重点是希望工程救助失学儿童、建设希望小学和接受社会各界捐助等活动的情况和效果。评估组认为，希望工程已经成为中国 90 年代社会各界最广泛参与的公益事业，具有重要的社会影响[①]。清华大学 NGO 研究所的邓国胜通过了解幸福工程在各项目点的实施情况，评估了幸福工程的适当性、实施的效果、效率、质量、社会影响及可持续性，总结了幸福工程的经验与教训。幸福工程组委会采纳了邓国胜的部分建议，着手制订组织和项目发展的战略规划，实现了评估的部分目的[②]。

近年来，社会工作学者也应邀对社会服务项目进行评估研究，“郑州市救助保护流浪儿童工作评估”就是其中之一。郑州市救助保护流浪儿童中心评估内容包括整个服务过程、服务人员的理念、工作方法、服务效果等，提炼出了郑州市救助保护流浪少年儿童工作的基本经验——“郑州模式”，也从工作人员的专业能力、制度建设等方面提出了改善服务的建议[③]。

随着社会服务机构的发展和政府购买服务的推进，上海、深圳和广州等地非常重视社会服务机构和服务方案的评估。2012 年，上海市质量技术监督局公布了《社区公益服务项目绩效评估导则》，规定了社区公益服务项目绩效评估的原则、要求与方法，适用于社区公益服务项目资助机构、第三方评估机构，对公益服务类机构在上海市行政区域内组织运作的社区公益服务项目，进行事先、事中、事后的绩效评估，亦适用于公益服务类机构对在上海市行政区域内管理、运作的社区公益服务项目进行自评估[④]。

2009 年，深圳市建立第三方评估机制，逐步形成了政府购买、第三方评估机构组织实施、业务主管单位认定的评估体系。从评估主体看，民政部门在评估工作中占主导地位，具体工作由第三方评估机构承担；同时，

---

① 希望工程效益评估课题组．希望工程效益评估报告，http：//www. cydf. org. cn/shiyong/html/lm_ 134/2006-09-20/151630. htm.

② 邓国胜．公益项目评估——以“幸福工程”为案例［M］．北京：社会科学文献出版社，2003.

③ 付立华，陈为雷．社会工作行政［M］．济南：山东人民出版社，2012：221-222.

④ 社区公益服务项目绩效评估导则，http：//www. shmzj. gov. cn/gb/shmzj/node8/node194/u1ai32757. html.

政府相关部门、社区工作站、机构理事、服务对象等组织和个人也参与评估。从评估指标看，在过去10年中，评估指标变化频繁，从2017年开始，指标体系相对稳定，重点关注社会工作服务机构的服务质量、服务诚信和财务管理①。

2012年以来，中央财政每年安排2亿元左右专项资金，支持社会团体、基金会和社会服务机构（民办非企业单位）参与社会服务。在这个过程中，一方面，政府有关部门加强对项目资金使用情况的检查，确保项目资金科学、合理、有效地使用；另一方面，项目引入社会审计和评估，对项目进行全面审计和重点评估。审计、评估等绩效考评结果将作为以后年度项目评审和资金安排的重要参考因素②。

2014年12月，民政部发布了《社会工作服务项目绩效评估指南》，该标准规定，评估主体分为评估组织者和评估执行方，评估组织者一般为购买方，负责确定评估方式和评估执行方，落实评估经费，统筹评估相关事宜；评估执行方是评估组织者直接组建的专业评估团队或受委托的专业评估机构组建的专业评估团队。评估内容包括项目方案、项目实施、项目管理和项目成效。评估方法包括资料分析法、观察法、问卷法和访谈法。评估程序包括制订评估方案、组织人员、发送通知、实施评估、出具报告。该标准适用于财政性资金购买社会工作服务项目的评估，其他资金购买或委托实施的社会工作服务项目评估可参照使用③。

第二节　方案评估的方式与步骤

一、方案评估的方式

可以根据评估者的身份将方案评估分为内部评估与外部评估，现分别介绍如下④。

---

① 徐道稳，唐达婷．责信理论视角下社会工作机构绩效评估研究——以S市社会工作机构绩效评估为例［J］．社会工作与管理，2020（4）．

② 2015年中央财政支持社会组织参与社会服务项目实施方案，http：//www.chinanpo.gov.cn/showsfxmBulltetin.do？netTypeId=1&websitId=100&id=81601&dictionid=4300.

③ 社会工作服务项目绩效评估指南，http：//files2.mca.gov.cn/sw/201412/20141230133955651.pdf.

④ 黄源协．社会工作管理［M］．上海：华东理工大学出版社，2018：357-359.

1. 内部评估

内部评估是指由方案执行单位的成员所从事的评估工作，评估目的是改善或提升个案的服务质量。内部评估既有优点也有缺点。

（1）内部评估的优点。①内部评估者与方案参与者的互动机会多，较易于掌握组织结构与服务方案的相关知识与内容。②可随时掌握方案的进度与第一手信息，而且较易于掌握评估计划和诠释相关问题的信息。③内部评估者较易于获得负责人和员工的信任，进而让方案执行者更愿意承认问题与分享秘密。④内部评估的反馈有助于改善服务质量，还是一种对资助者和其他利益相关者作出交代的方式。

（2）内部评估的缺点。①内部评估者缺乏独立性和自主性，外部资助者有时对内部评估持保留态度。②评估者的专业技巧是很重要的，如果内部评估者不具备服务的相关知识或经验不足，就可能对方案的某些重要议题不能进行深入评估。③内部评估者对组织的依赖程度高，可能影响评估的客观性。特别是若内部评估者跟方案负责人和员工熟识，则更难保证评估的客观性。

2. 外部评估

外部评估是指由机构以外的专家对服务方案进行的评估工作。外部评估既有优点也有缺点。

（1）外部评估的优点。①外部评估者不依赖组织，独立性和自主性高，他们在进行评估时可不受任何组织和个人干涉，能够保证评估的客观性。②外部评估者往往具有专业技能和经验，有能力对方案进行独立评估，有助于提升评估的可信度。③外部评估者可以利用评估机构开发的评估工具和评估标准进行评估，帮助公众了解和比较方案绩效，起到对组织的监督作用。④外部评估者权威性高。外部评估者具有独立性，与机构和服务对象没有利害关系，由他们进行评估能够保证评估的公正性。外部评估者具有评估的资质和能力，由其对服务方案进行评估能够保证评估的专业性。因此，外部评估是一种具有独立性和专业性的评估，从而具有一定的权威性。

（2）外部评估的缺点。①外部评估者对方案的内容与执行不易有全面了解与掌握。②外部评估一般要支付报酬给组织外的评估者，成本较高。③如果外部评估者与方案执行者有特殊关系，也容易衍生出关于评估客观性的争议。

内部评估与外部评估的优缺点见表 15-1。

表 15-1 内部评估与外部评估的优缺点

评估方式 优缺点	内部评估	外部评估
优点	①有较佳的机会了解方案的知识与内容 ②内部评估者易于掌握方案的第一手信息 ③内部评估者较易于获得负责人和员工的信任，进而让他们能承认问题和分享秘密 ④内部评估的反馈有助于改善服务质量，有利于向资助者作出交代，体现公信力	①易于保证评估的公正性、透明性和客观性 ②评估者具有专业技能和经验，有助于提升评估的可信度 ③可利用评估工具和评估标准对组织进行监督 ④外部评估者具有较高的权威性
缺点	①缺乏独立性和自主性 ②内容评估者可能不具备服务相关知识或经验不足，难以做深入评估 ③可能对组织的依赖程度高，影响到评估的客观性	①对方案的内容与执行不易有全面了解与掌握 ②成本较高 ③有时外部评估者与方案执行者的特殊关系可能影响到评估的客观性

二、方案评估的步骤

如果要进行一项方案评估，如何着手？综合凯瑟琳·麦金尼斯-迪特里克（Kathleen McInnis-Dittrich）等学者的观点，本书总结了方案评估的七个步骤①。

1. 确认评估的目标

这个步骤主要是明确方案评估的目的是什么，以及为什么要进行评估。包括：①通过评估可以帮助机构做未来计划，有利于机构对方案的管理。②方案评估的功能是向捐款人交代，维持责信。③评估方案是想确定方案是否出现未曾预料的后果。④方案也可利用系统的方式评估，以获得

① Kathleen McInnis-Dittrich. 整合社会福利政策与社会工作实务［M］. 胡慧安，等，译. 台北：扬智文化事业股份有限公司，1997：173-184.

政策执行和成果的量化实证描述资料。

2. 完成评估前的准备工作

评估者在对方案进行大规模的评估之前，必须先解决以下四个重要的问题：

（1）谁来评估方案。评估者是影响评估结果的关键因素之一。如上所述，服务方案可以由内部评估者或外部评估者进行评估，它们各有其优点和缺点。

（2）明确评估内容。可以针对方案绩效的不同方面进行评估。评估的重点可以是输出、成果或是两者兼有。输出是方案活动的产品，例如治愈的病人数量、招聘残疾人的数量、环境保护建议得到实施的数量；成果是输出带来的后果，即变化，例如人们健康状况的改善、残疾人士不利就业状况的改变或者生态环境的改善。如果评估者只重视服务对象的数量、服务时数、服务人次、所支出的经费以及其他的量化评量，这样的评估称为输出评估。成果评估则是指判定方案达到整体方案目标的程度。此外，可对方案的过程、质量、效率等进行评估。不同的评估内容有不同的绩效指标。

（3）如何使用评估资料。评估通常是应决策者的要求进行的，评估也必然有各方面的考虑。评估方案时，是强调方案的正面影响还是要特别找出方案的失误之处，须视情况而定。

（4）方案完整地被评估。方案要能正确适当地被评估，必须符合三个要件：一是方案必须要非常清楚地陈述出来，也就是必须要对方案的范围有一个精确的说明；二是必须确定具体的目标或是期待的方案成果；三是方案干预方式和方案所期待的目标或成果之间的连接，必须要有合理的理由。

案例 15-1 是一个未婚妈妈亲职教育方案逻辑模式，涵盖了输出、成果等内容，接下来在介绍有关步骤时将结合该方案进行分析。

案例 15-1　未婚妈妈亲职教育方案逻辑模式

未成年少女怀孕案例日增，经常发生新生儿遭遗弃或者产前缺乏营养导致发育迟缓与健康问题。为想要产下婴儿的未婚怀孕少女进行正确产前教育，势在必行。于是，由关怀少女基金会所设立的未婚妈妈之家，提供未婚少女产前教育与亲职教育就成了重要的服务。通过产前教育与亲职教育，确保少女产下健康新生儿，同时，了解如何正确与婴儿互动及照顾技巧。

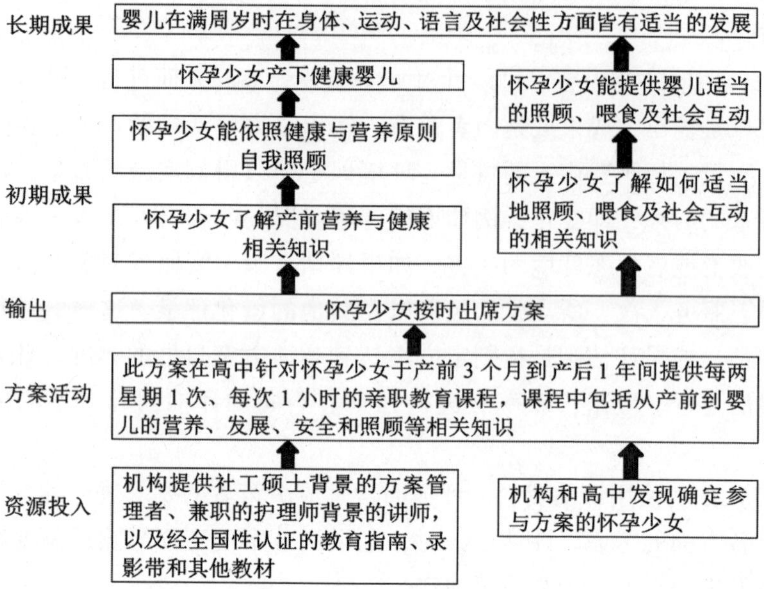

资料来源：官有垣，等．第三部门评估与责信［M］．北京：北京大学出版社，2008：132-133.

3．确认方案目标

方案评估流程中的这一步是确认社会服务的目标和变量，并据此来测量是否达到目标。把方案形成时最初的目标和后来的成果进行比较，是评估方案最简单和最直接的方法。所有的服务方案都有明确和可测量的目标，这时方案评估将变得容易。若方案没有清楚具体的目标，在评估之前必须重新建构目标。

在案例 15-1 未婚妈妈亲职教育方案中，可以确定该方案不同方面的目标，例如知识、行为和改善情况等方面的目标。具体目标如下：

（1）知识：怀孕少女了解产前营养与健康相关知识；怀孕少女了解如何更好地照顾婴儿、给婴儿喂食及社会互动的相关知识。

（2）行为：怀孕少女能按照健康与营养原则进行自我照顾；怀孕少女能给婴儿适当的照顾、喂食及社会互动。

（3）改善情况：未成年妈妈产下健康婴儿。

4. 确认评估的变量

（1）确定分析的对象。评估者在确认方案原来的目标或是重新建构一组目标之后，接着就必须明确分析的对象。分析的对象意指利用对服务对象、群体、方案或组织的研究来评估方案。在前述未婚妈妈亲职教育方案中，未婚妈妈和方案就是分析的对象。

（2）选择分析变量。确认变量的第二个步骤，是去确认真正要被研究的可量化的变量。例如，在未婚妈妈亲职教育方案中，在方案执行前后，应当去了解未婚妈妈对食物营养的了解情况，并且参加该方案生下了符合认可标准的新生儿；可了解未婚妈妈参加亲职教育方案后的知识、行为等有无改变。此外，一个完整的方案评估也应包含非量化的测量。例如，参加亲职教育方案的未婚妈妈对这个方案的评价。

这个环节的关键是建立目标变量的指标。指标是反映总体现象的特定概念和具体数值。指标不是一个个孤立存在的，它总是作为一个体系被构建起来并发挥作用的。所以要根据目标变量的复杂程度建立指标体系，这样就能将有内在联系、有代表性的重要指标有机地组合起来，更全面、更准确地对目标变量进行测量。表 15-2 提供了一个前述亲职教育方案的目标是怎样转化为测量指标的例子。

表 15-2　把目标转化为测量指标

目标类型	目标	指标
知识	未婚妈妈了解产前应有的营养与健康相关知识	80%的未婚妈妈可以指出至少 5 种符合营养的食物
行为	未婚妈妈维持适当的产前营养与接受健康相关指导	70%的未婚妈妈做到：①不抽烟；②每天服用产前维生素；③至少吃 4 种钙片且每一种都包含主要的营养
改善情况	未婚妈妈产下健康的婴儿	60%的新生儿体重达 2500—3200 克及以上且新生儿器质量表达 7 分以上

资料来源：官有垣，等．第三部门评估与责信［M］．北京：北京大学出版社，2008：134.

5. 选择适当的研究设计

这一步骤比较复杂。假设在前述评估中，你发现在执行该方案后未婚妈妈增加了有关营养与健康知识。你会满意取得的这些结果了吗？这个方案成功达到目标了吗？还不能，因为结果可能不是由该方案所引起的，它可能是由别的事情引起的。也许，参加者在参与亲职教育方案前已经具有了相当多营养与健康的知识。此外，未婚妈妈的年龄、是否与家人同住等外在因素也影响方案的结果。因此，对该方案的结果的“其他解释”是很可能存在的。

为了证实转变实际是由方案干预引起的，以下两种方法经常被用于降低其他解释的可能性：

（1）运用比较和控制组的方法。该方法以预期的目标与另一个具有类似但又没有引入计划的目标作比较。例如，可以将参加亲职教育方案的未婚妈妈的营养与健康知识与另一组没有参与方案的未婚妈妈作一比较。

（2）运用时间序列测量。该方法测评和比较预期目标在不同时间段的变化。例如，可以将未婚妈妈的营养与健康知识在开始时和方案完成时作一比较，以便观察同一参加者在不同时间段中是否存在差别。

更复杂的研究设计是实验设计，包括前测—后测控制组设计、所罗门四组设计、前后测控制组设计等，读者可参考有关专业书籍。

6. 收集与分析资料

（1）资料收集。资料是评估方案所需要的信息。可以用不同的方法收集资料，下面几种方法是常用的资料收集方法。

①文献法。文献法是一种收集各种文献资料，选取其中对评估有用的信息的方法。例如可以查阅机构记录和服务统计。

②问卷法。即一种以书面提问的方式调查社会信息的方法，它的形式是一份精心设计的问题表格，用以测量人们的特征、行为和态度。

③访谈法。就是调查人员通过与被调查者以口头交谈的方式了解评估信息的方法。

④观察法。即直接感知与记录正在发生的一切同评估对象与评估目的有关的社会事实的一种评估方法。这种方法要求调查者观察特定的社会现象与环境因素，利用感官和有关工具来收集相关信息。

⑤焦点小组法。即通过小组讨论深入探讨某一主题的方法。

不同的资料收集方法通常向评估者提供不同的资料。表 15-3 是未婚妈妈亲职教育方案评估所用的收集资料的方法和资料类型。

表 15-3　未婚妈妈亲职教育方案资料收集

指标	收集资料方法与工具	负责人
80%的未婚妈妈可以指出至少 5 种符合营养的食物	问卷/生活辅导记录	生活辅导员
70%的未婚妈妈做到：①不抽烟；②每天服用产前维生素；③至少吃 4 种钙片且每一种都包含主要的营养	生活辅导记录，检核表	生活辅导员
60%的新生儿体重达 2500—3200 克及以上且新生儿器质量表达 7 分以上	新生儿手册	社会工作者

资料来源：官有垣，等．第三部门评估与责信［M］．北京：北京大学出版社，2008：135.

当所有的资料都齐备时，便可检验或分析资料。可根据被评估方案的大小和重要性来决定分析的复杂度与方式。常用的资料分析有单变量分析、双变量分析和多变量分析。

（2）检验方案非预期的结果。有时非预期的结果是正向的，这将有助于了解方案的意义与价值。如果发现非预期的结果存在严重危害性，就应停止这一方案。

7. 评估结果报告

（1）确认方案的优点与缺点。良好的评估应当要同时关注和发现正面和负面的评估结果，其优点可以作为方案改善与修正的基础，缺点则是需要加以改进和去除的环节。

（2）描述方案的效果。

（3）如果需要，提出如何修正的建议。大部分方案评估都包含以评估的发现为基础的建议，例如这个方案是否要继续、修正或在更大范围内实施？有哪些非预期的结果是正向的？还有哪些要注意的负面结果？是否按照公正的原则使用方案经费？方案是否需要更多的经费才能达到效果？这些问题都是评估报告中可能会包含的建议。

在呈现评估结果时，一般会形成一份评估报告。一份完整的书面报告应包括的内容见表 15-4。

表 15-4　方案评估报告格式

一、摘要
二、导言
（一）评估目的
（二）评估报告的阅读对象
（三）评估报告的限制
（四）评估报告的概要
三、评估报告的焦点
（一）评估对象
（二）评估问题和目标
（三）完成评估相关信息
四、评估设计与评估程序
五、评估结果
（一）评估发现摘要
（二）评估发现的解释
六、结论和建议
（一）评估指标和标准
（二）评估对象的优缺点
（三）建议
七、附录
（一）评估设计、工具和资料分析与解释
（二）附表

资料来源：黄源协．社会工作管理［M］．上海：华东理工大学出版社，2018：369.

需要说明的是，以上步骤是理想化的步骤，在实际工作中可根据评估的对象和内容可有选择地取舍。

第三节　方案输出评估和成果评估

本节参考有关资料，介绍方案输出评估和成果评估方法①。

一、方案输出评估

社会服务方案的输出包括期中输出和最终输出。最终输出是指社会服务方案的最终结果，其评估的重点是服务对象；期中输出则是指在最终输出的过程中所消耗的产品和服务，其评估的重点是服务。

① 王思斌．社会行政（第二版）［M］．北京：高等教育出版社，2013：195-200.

［美］Peter M. Kettner，Robert M. Moroney，Lawrence L. Martin. 服务方案之设计与管理（5th Edition）［M］．高迪理，译．台北：扬智文化事业股份有限公司，2018：215-234.

1. 期中输出评估

期中输出评估关注的是“服务量”的测量，因此需要发展出不同种类的标准化服务单位来测量期中输出。根据服务的类型，服务单位一般有三类：

（1）阶段或接触的单位，例如咨询和转介服务的服务单位是“次”，使用这种服务单位时，工作人员与服务对象接触资料的记录非常重要。相比较而言，每次接触实际持续时间则不太重要。

（2）物质单位，是指提供给服务对象的有形资源，如餐饭、衣服、现金等。

（3）时间单位，它根据服务方案的实际需要，用分钟、小时、日、周或月来计算，例如咨询辅导服务的服务单位是“小时”。

服务单位的选择要充分考虑实用性、准确性、可行性及单位成本核算的方便性。有些社会服务方案由多项服务构成。这些资料一方面可以用于向社会作出交代，另一方面也可以成为机构行政者规划服务方案和编制预算的依据。

2. 最终输出评估

最终输出评估关注的是“完成服务量”的测量，强调为服务对象提供一个完整的服务。服务完成单位的确定大致有两种方法：一是标准化方法；二是个案计划方法。前者较适用于标准化的服务方案；后者较适用于弹性程度高的服务方案。

（1）标准化方法。标准化方法是指服务对象需接受规定的服务量（阶段、物质或时间）的处置，才算完成服务，并能够作为服务完成量或最终输出被记录下来。而期中输出（或服务单位）的评估结论有助于决定“完成处置”或“接受完整服务”所需的标准服务量。

（2）个案计划方法。个案计划方法主要是针对一些服务方案没有完成所规定的标准化或最基本的服务量。例如，一些困难家庭的辅导方案，有些需要20次辅导就完成了处置，而问题严重的家庭可能需要的次数要多得多。在这类情况下，将完成服务计划界定为服务对象接受完整服务是比较适用的。也就是说，一个服务对象已接受了个案计划中的所有服务，就意味着其接受了一个完整的服务，可记录为该服务对象的服务已经完成。

服务完成量的评估对未来的成果评估也有重要意义，因为成果评估只关注那些已经接受过完整服务的服务对象，服务对象没有完成处置或没有接受完整服务，就不能预计服务方案是有效的，也就是说，方案如果没有按照计划施行，就无法作出服务方案是有效的结论。

二、方案成果评估

方案成果评估关注方案的结果或成就。社会服务领域一般都以服务对象为焦点，将成果与服务对象结合在一起，强调服务对服务对象的影响，以及对服务对象生活质量的改变，可见它实际上是服务对象成果监控。因此，成果评估也被定义为是以服务对象生活质量的改变来评估服务方案的结果、影响和成就。

马丁和凯特纳认为评估方案成果是希望了解服务对象的最终状态，这个状态一方面能够反映方案的结果、影响和成就，另一方面可以促使我们思考所要评估的内容，他们将服务对象的生活质量用条件、地位、行为、功能、态度、感受和想法七个指标来测量，认为成果评估就是掌握服务对象期望或希望达到的生活质量是什么，以及期望和希望改变或去掉的生活质量是什么。具体实例参见表 15-5。

表 15-5　服务对象生活质量改变的实例

A. 服务对象期望或希望达到的生活质量 1. 条件：无家可归的服务对象找到住所 2. 地位：失业的服务对象找到工作 3. 行为：逃学的青少年服务对象到校上学的出勤率提高 4. 功能：服务对象的应变技巧提高 5. 态度：青少年服务对象对教育价值的接受度提高 6. 感受：服务对象的归属感提高 7. 想法：服务对象的自尊提高
B. 服务对象期望或希望改善或去掉的生活质量 1. 条件：无家可归的人在街上过夜的次数减少 2. 地位：有工作的吸毒的服务对象的旷工日数减少 3. 行为：青少年服务对象逃学的次数减少 4. 功能：服务对象与配偶打架的次数减少 5. 态度：青少年服务对象在外惹事的次数减少 6. 感受：服务对象对其环境的无力感减少 7. 想法：服务对象对其他族群的负面想法减少

资料来源：［美］Lawrence L. Martin，Peter M. Kettner. Measuring the Performance of Human Service Programs［M］. Thousand Oaks：SAGE Publications Inc，2009：64.

方案成果评估收集的主要是服务完成量资料，包括完成处置或接受完整服务的人数。成果评估的方法主要有以下四类。

1. 数字计算

主要计算达成生活质量改善的服务对象的人数，一般用来评估服务对象的条件、地位与行为。比如，某禁毒社会工作的目标是预防目标人群复吸毒品。在评估时，可以将干预后的服务对象行为状态分为两类：复吸与没有复吸；然后计算没有复吸的服务对象人数，人数越多表明干预效果越好。

2. 标准化测量

主要根据标准进行服务前和服务后的测量，以此来评估服务对象生活质量的改善，一般用于评估服务对象的感受、态度和想法。比如，某健康干预项目试图提高服务对象群体的健康水平，在测量服务对象健康状况时可考虑选择《自评健康评定量表》（见表 15-6）。此量表由 48 个条目组成，涉及个体健康的生理、心理和社会三个方面。根据规定计算方法，服务对象自评后可进行总分计算，得分越高表明健康状况越好。

（分数由左至右递增，1 表示“情况非常差，从来没有，根本不能”，5 表示“情况非常好，次数非常多，一直有，完全可以/无任何困难”）

表 15-6 自评健康评定量表（部分）

	1	2	3	4	5
19. 您对未来乐观吗？					
20. 您对目前的生活状况满意吗？					
21. 您对自己有信心吗？					
22. 您对自己的日常生活环境感到安全吗？					
23. 您有幸福的感觉吗？					
24. 您感到精神紧张吗？					
25. 您感到心情不好、情绪低落吗？					
26. 您会毫无理由地感到害怕吗？					
27. 您对做过的事情经反复确认才放心吗？					
28. 与别人在一起时，您也感到孤独吗？					

续表

	1	2	3	4	5
29. 您感到坐立不安、心神不宁吗？					
30. 您感到空虚无聊或活着没有什么意义吗？					
31. 您的记忆力怎么样？					
32. 您容易集中精力去做一件事吗？					
33. 您思考问题或处理问题的能力怎么样？					
34. 从总体上说，您认为自己的心理健康状况如何？					

资料来源：顾东辉．社会工作评估［M］．北京：高等教育出版社，2008：235-236.

3. 功能水平量表

这类量表是机构或方案用来评估服务对象生活质量的改变所制定的服务前与服务后的测量指标，一般用于测量服务对象的功能或服务对象家庭的功能。比如，在智障儿童日间照料中心，社会工作者试图通过小组活动促进服务对象的活动参与。评估者可以设计功能水平量表（见表 15-7）。如果参加小组活动前，服务对象功能水平等级评定为 1（即不参与任何活动），而在参加小组活动后开始愿意积极参与活动，功能水平等级评定为 3，则可以认为小组活动的干预在这方面是有效果的。

表 15-7　功能水平量表

活动参与	1	2	3	4	5
等级 1：不参与任何活动					
等级 3：受鼓励后愿意参加活动					
等级 5：积极参与并鼓励他人参加					

资料来源：顾东辉．社会工作评估［M］．北京：高等教育出版社，2008：236.

4. 服务对象的满意度

服务对象的满意度是指服务对象对生活质量改善的自我报告，一般用来评估服务对象的想法。使用满意度评估的核心论点是：如果服务对象对一种服务项目感到满意，他们就会更愿意参与项目的活动，也会更加坚持听取项目的指导建议，进而体验到项目对其带来的影响。满意度是多维因素决定的，不仅受到所提供的服务内容的影响，还随着时间的推移受过程的影响，会受服务体验结果的影响①。评估者可以通过问卷调查等方法询问服务对象对特定服务或项目效果的主观判断，比如，从“非常有用”到“一点没用”，或者从“非常满意”到“非常不满意”，由服务对象评定选择。评估者可以计算出持有不同的主观判断的人数及其比例，如，80%的服务对象认为干预结果非常有用。通过比较相应的人数或比例可以从一个方面评估社会工作干预的结果。

成果评估也分为期中成果评估和最终成果评估。期中成果评估是在服务对象完成处置或接受完整服务后，立即评估服务对象生活质量的改变，也就是说，期中成果评估提供的是处置效果的评价。以流浪儿童的服务为例，期中评估是在孩子接受完服务后，立即评价孩子的生活质量改变（条件和行为）。最终成果评估主要是采取分期追踪方式（如3个月、6个月、1年等），来掌握服务对象生活质量改变的资料。也就是说，最终成果评估提供的是对处置后效果或长期效果的评价。这是因为社会服务活动中有相当一部分处置效果不是在完成处置或接受完整服务后立即能够看出成效的。对流浪儿童而言，最终成果评估可能是孩子回归到原生家庭中，也可能是孩子被收养。

理论上，成果评估的四种方法都可以用来收集期中或最终成果的资料，但在实务上服务对象满意度很少被用来作为最终成果评估，因为服务对象满意度比较适用于评估处置后效果，但不太适用于评估处置后的长期效果。

第四节 方案质量评估

一、全面质量管理与方案质量评估

方案质量评估来源于全面质量管理理论。全面质量管理理论主要由威廉·爱德华兹·戴明（William Edwards Deming）等人倡导，强调组织的所有成员共同参与形成一个“质量圈”，在组织活动的每一个环节都重视质量问题，改善组织产品和服务的质量，以满足消费者的需求。

① 刘芳，吴世友，Mark W. Fraser. 案主满意度评估：一种有效的社会工作实务评估方法［J］. 华东理工大学学报（社会科学版），2013（4）.

传统上，全面质量管理主要适用于企业，但马丁指出，作为一种管理哲学，全面质量管理同样适用于社会服务机构。全面质量管理作为一种管理哲学包括以下要素：①质量是一个组织的主要目标；②由组织的消费者决定什么是质量；③消费者的满意度是引导组织的刺激动力；④研究并削减在过程中产生的变异；⑤变迁成为持续性，并由团体或团队工作完成；⑥上层管理阶层承诺提升质量文化、给予员工权力和树立愿景①。

虽然事实上社会和公共服务组织并不能完全符合全面质量管理最正统的形式，但它仍是一个有用的工具。可以被社会服务机构采纳的全面质量管理的要素有：①运用质量圈，以改进员工参与性并使服务更切合需求；②运用细致的评估活动来检测客户的需求是否得到满足；③雇用和培训员工，保证一线员工具有工作必需的技巧和兴趣；④管理人员要能确定一个质量导向的目标，以引导组织向目标靠近②。

全面质量管理改变了人们对生产力的看法。一个机构具有生产力不仅是它在一定的输入基础上提供更多的输出，更重要的是，它能提供更多服务对象满意的、符合质量标准的服务。

二、社会服务质量的要素

方案质量评估的理念来自企业管理，尤其是吸收了“以消费者为中心”提供产品或服务的思想。但社会服务方案除了要向服务对象负责外，还要接受捐赠人、社会大众等利益相关者的问责。社会服务质量包括多个方面的内容，参见表 15-8。

---

① ［美］Lawrenc L. Martin. 社会服务机构组织与管理——全面品质管理的理论与实务［M］. 施怡廷，梁惠雯，译. 台北：扬智文化事业股份有限公司，1997：39-40.

② ［美］Leon H. Ginsbersg. 社会工作评估——原理与方法［M］. 黄晨熹，译. 上海：华东理工大学出版社，2005.

表 15-8　社会服务质量的要素

要素	定义
· 可近性（accessibility）	质量与服务很容易接近或取得
· 保证（assurance）	工作人员都很友善、礼貌、体贴，有丰富知识
· 沟通（communication）	使用服务对象听得懂的语言，告知服务对象有关产品、服务以及可能改变的信息
· 称职（competence）	工作人员具备拥有提供产品与服务的必要的知识与技巧
· 一致性（conformity）	产品与服务符合标准
· 礼貌（courtesy）	工作人员对服务对象有礼貌、尊重和体贴
· 缺点（deficiency）	找出任何对服务对象有不利影响的质量特征
· 耐久性（durability）	绩效的表现、结果和成果不会很快消失
· 同理心（empathy）	工作人员展现出对服务对象的了解并提供个人化的关切
· 人性化（humaneness）	以尊重服务对象及其自我价值的方式提供产品与服务
· 可靠性（reliability）	以可信赖和一致性方式提供产品与服务，即使是不同的服务对象或是不同时间，仍以最少的变动提供
· 响应能力（responsiveness）	员工适时地提供产品与服务
· 安全（security）	在一个没有危险顾虑的环境下提供产品与服务
· 绩效（performance）	以原先预定的方式完成产品与服务
· 有形资产（tangibles）	设备、设施、人员以及公共的器材等物理环境

资料来源：Lawrenc L. Martin. 社会服务机构组织与管理——全面品质管理的理论与实务［M］. 施怡廷，梁惠雯，译. 台北：扬智文化事业股份有限公司，1997：48-49.

从服务对象对服务评价的角度看，社会服务质量的核心要素归纳起来主要有两个：一是可信度，是指能提供一致性服务来满足服务对象对质量的期望，其中可以涵盖保证性、同理心、沟通等要素；二是及时性或适时性，是指在最短时间内为服务对象提供服务，也就是从服务对象需要服务到实际接受服务的等候时间要尽可能最短。

三、方案质量评估的方法与步骤

1. 方案质量评估的方法

方案质量评估的测量方法主要有两个：

（1）服务质量的输出，即通过机构的资料记录，重点评价服务的可信度和及时性。

（2）服务对象的满意度，即通过对服务对象满意度的调查，让服务对象不仅评价服务的质量，还要评价服务的结果、效益、影响和收获。

2. 方案质量评估的步骤

服务质量的输出测量过程包括三个基本步骤：

（1）选择质量要素。一般而言至少要测量服务的可信度和及时性这两方面的要素，至于其他要素如可靠性、同理心、称职等，主要依据服务方案的属性、服务对象及其他利益相关者的偏好来决定。

（2）将服务质量要素具体化。以咨询和转介服务为例，可靠性是指转介适当性，即来电咨询者是否都转介到符合资格的机构；响应能力是指电话打来后是否第一次接通。

（3）将质量要素测量与服务方案的期中输出评估（阶段、物质或时间服务单位）连接起来，参见表15-9。

表15-9　连接质量要素与期中输出评估

1. 咨询与转介	
可靠性	一次适当的转介
响应能力	一个第一次电话就接通的来电者
2. 送餐服务	
可靠性	一份送达时仍是温热的餐点
响应能力	一份准时送到的餐点

资料来源：［美］Lawrence L. Martin，Peter M. Kettner. Measuring the Performance of Human Service Programs［M］. Thousand Oaks：SAGE Publications Inc，2009.

服务对象满意度测量过程也包括选择质量要素、将质量要素具体化两个步骤，内容与服务质量输出测量方法基本相同，但在第三个步骤则主要是设计调查问卷，用来收集服务对象对服务质量的满意度。

专栏15-1是幸福工程受助群众的满意度情况。

专栏 15-1　幸福工程受助群众的满意度

服务对象满意度是衡量项目服务质量的重要指标。从调查情况看，在回答问卷的 408 位被救助贫困母亲中，有 73%的人表示对幸福工程的小额贷款“非常满意”，有 24%的人表示“满意”，有 2.5%的人表示“一般”，只有 0.5%的人表示“较不满意”，没有人表示“非常不满意”。这说明被救助的贫困母亲对幸福工程“小额资助，直接到人，滚动运作，劳动脱贫”的救助模式是满意的，对工作人员的态度、办事效率、提供的配套服务基本上也是肯定的。

为了进一步测量被救助贫困母亲对幸福工程的意见或建议，评估组设计了另外一个问题：“您对幸福工程有何意见或建议”。从调查结果看，有 32%的人表示没有意见或建议，有 68%的人提出了一些意见或建议。在 279 位提出了意见或建议的贫困母亲中，有 86%的人希望幸福工程能够加大资助额度或延长资助时间；有 22%的人希望扩大资助范围，让更多的人得到救助；有 18%的人希望提供更多的文化、生产技能或信息服务；有 3%的人希望提供相互交流的机会；还有 2%左右的人希望幸福工程能够提供其他方面的帮助。这一结果表明，大多数群众已不满足于额度 1000—3000 元的资助和一年的资助期限，希望幸福工程能够增加资助金额或延长资助时间。

在调查中，评估者也发现，对于公益性的扶贫项目，被救助人群对于项目的期望值往往较低，甚至没有明确的期望值，因此，其满意度往往较高。看来，在测量公益性扶贫项目的质量时，满意度是一个很重要的指标，但并不是一个很敏感的指标。

资料来源：邓国胜．公益项目评估——以“幸福工程”为案例［M］．北京：社会科学文献出版社，2003：46-47.

四、全面质量管理的实务策略

全面质量管理的目的在于使机构全体员工都能高度投入并赋予其权力，以持续改善服务质量，进而追求服务对象的满意度。为了达到这个目的，全面质量管理综合了以下七项实务策略①。

1. 高层主管的领导与支持

全面质量管理最重要的要素之一是来自高层主管的领导与支持，高层必须要能直接且积极投入，致力于建立一个鼓励变革、创新、以工作为荣以及为服务对象的利益而不断改善的环境。他们必须要能为机构的未来树立一个可达到的愿景，然后在一个开放且信任的机构环境中把机构即将采取的质量改进政策及愿景顺利地传递给每一位员工。高层主管应接受全面质量管理相关哲学与工具的训练，能将全面质量管理的理念传达给各阶层主管，并尽力向员工提供必要的资源、时间与训练，以确保实现服务质量

① 黄源协．社会工作管理［M］．台北：扬智文化事业股份有限公司，1999：278-282.

提升的愿景。

2. 战略性计划

愿景和战略是全面质量管理的核心项目。在全面质量管理的运用上，战略性计划着眼于机构的长远发展战略，设定机构在某一段时间内的发展目标，以实现或满足服务对象高层次的需求。欲达到这一目标，机构必须要同时兼顾对外重视民众的需求、对内重视机构内部的运作过程两大方面，随时修改战略内容，持续不断地朝着零缺点的方向迈进，以满足民众的长期期望。

3. 以顾客至上为服务导向

提供给顾客高质量的服务是全面质量管理的重心所在。为了能提供高质量的服务，必须确实掌握居民的需求，同时供给部门也要建立一个开放性渠道，以便于民众获取所需的信息。此外，供给部门要能平衡不同民众间、不同民间团体间可能相互冲突的需求，并就各种战略设定优先次序以满足民众需求。每一个部门在将其产品或服务输送到另一个部门时，均应以“顾客至上”的态度去了解其内部顾客（即机构中的各级工作人员）的需求是什么。只有通过这种供给者与内外顾客的联结，才能持续不断地改善与提升服务质量，不断提高顾客满意度。

4. 考评与分析

实施考评以系统地了解民众对其产品或服务的满意程度。考评的重点是机构内部过程的改善，直接目的在于降低错误与时间的浪费，并改进服务的成本与效果、精确性，提高服务质量，最终目的是确保机构能确实掌握顾客的需求。因此，考评资料的收集应侧重于顾客满意度的各个方面，例如反应性、可信度、准确性、易于接近的程度等。同时，当顾客认为服务质量出现瑕疵或机构欲提升顾客满意程度时，组织应能以整体的观点解决问题或满足需求。

5. 训练与奖赏

在全面质量管理组织里，教育、训练与奖励措施皆为其重点工作。教育训练通常包括职前与在职教育，它可以使机构成员具有执行任务所必要的技巧和知识，如工作团队、问题解决技术、收集与分析资料的方法与工具等。此外，适当的奖励措施可以振奋工作人员的士气，提高其满意度，进而促进组织变革为质量导向的组织。

6. 员工授权与团队工作

全面质量管理建立在所有机构员工参与、授权和团队工作的基础上。

工作过程的改善只有在机构员工全体参与以及各部门积极投入劳力的情况下，才能获得全面的成功。此外，可通过跨功能的问题解决团队、自我管理团队、主动建议制度等，使机构成员能在充分授权下凝聚团队力量，以集体的智慧解决问题，满足民众需求。

7. 质量保证

零缺点服务以及持续质量改善是全面质量管理的重要目标。在全面质量管理系统中，质量保证把工作过程的开始作为全面质量管理的开端，从资源输入阶段就预防问题的产生。质量保证的特色在于工作过程的设计，涵盖了事前错误的预防、事后及整个生产过程中错误与问题的检查与矫正。工作人员的训练应着重于分析前一阶段供应者所提供的相关信息，并和民众建立起伙伴关系，只有这样，才能确保服务质量符合民众的期望。

基本概念

方案评估　需求评估　方案理论评估　过程评估　成果评估　效率评估　内部评估　外部评估

思考题

1. 如何理解方案评估？
2. 方案评估有哪些类型？
3. 方案评估的功能是什么？
4. 内部评估的优点和缺点有哪些？
5. 外部评估的优点和缺点有哪些？
6. 方案评估的步骤有哪些？
7. 方案期中输出评估的方法有哪些？
8. 方案最终输出评估的方法有哪些？
9. 服务对象的生活质量指标有哪些？
10. 方案成果评估的方法有哪些？
11. 社会服务质量的要素有哪些？
12. 方案质量评估的步骤有哪些？
13. 全面质量管理的实务策略有哪些？

参考文献

一、中文论著

1. 白秀雄．社会福利行政（增订三版）［M］．台北：三民书局，1996.

2. 北京师范大学中国慈善事业研究中心．2001—2011 中国慈善发展指数报告［M］．北京：北京师范大学出版社，2012.

3. 曹素璋．循证管理——西方管理科学化新思潮［J］．外国经济与管理，2008（11）．

4. 陈良瑾．中国社会工作百科全书［M］．北京：中国社会出版社，1994.

5. 陈伟杰．管理、权力与制度——分析中国社会工作行政的多重视角［J］．华东理工大学学报（社会科学版），2014（6）．

6. 陈为雷．从关系研究到行动策略研究——近年来我国非营利组织研究述评［J］．社会学研究，2013（1）．

7. 陈为雷．政府和非营利组织项目运作机制、策略和逻辑——对政府购买社会工作服务项目的社会学分析［J］．公共管理学报，2014（3）．

8. 陈为雷．社会服务项目制的建构及其效应研究［M］．北京：中国社会科学出版社，2015.

9. 陈为雷．社会工作行政（第二版）［M］．北京：中国社会出版社，2015.

10. 陈兴琳．组织行为学［M］．北京：清华大学出版社，2006.

11. 邓国胜．公益项目评估——以“幸福工程”为案例［M］．北京：社会科学文献出版社，2003.

12. 范志海，阎更法．社会工作行政［M］．上海：华东理工大学出版

社，2004.

13. 范志海，阎更法．社会工作行政研究的新范式［J］．社会工作，2007（7）．

14. 傅红伟．行政奖励研究［M］．北京：北京大学出版社，2003.

15. 付立华，陈为雷．社会工作行政［M］．济南：山东人民出版社，2012.

16. 高鉴国．中国慈善捐赠机制研究［M］．北京：社会科学文献出版社，2015.

17. 顾东辉．社会工作概论［M］．上海：上海译文出版社，2005.

18. 顾东辉．社会工作评估［M］．北京：高等教育出版社，2008.

19. 官有垣，等．第三部门评估与责信［M］．北京：北京大学出版社，2008.

20. 何国良，王思斌．华人社会社会工作本质的初探［M］．香港：八方文化企业公司，2000.

21. 黄浩明．非营利组织战略管理［M］．北京：中国人民大学出版社，2003.

22. 黄源协．社会工作管理［M］．台北：扬智文化事业股份有限公司，1999.

23. 黄源协．社会工作管理［M］．上海：华东理工大学出版社，2018.

24. 基金会中心网，中央民族大学基金会研究中心．中国基金会发展独立研究报告（2015）［M］．北京：社会科学文献出版社，2015.

25. 江亮演，等．社会福利与行政［M］．台北：五南图书出版股份有限公司，2000.

26. 金锦萍．社会组织财税制度［M］．北京：中国社会出版社，2011.

27. 李红英，卫利珍．广东社会工作者工作满意度影响机制研究——以广州、深圳、东莞三地为例［J］．广东行政学院学报，2013（1）．

28. 李扬，钱铭怡．国外心理咨询与治疗中双重关系及其利弊（综述）［J］．中国心理卫生杂志，2007（12）．

29. 李迎生．社会工作概论［M］．北京：中国人民大学出版

社，2004.

30. 李增禄．社会工作概论（增订版）［M］．台北：巨流图书有限公司，1987.

31. 梁传孙，伍锐明，吴敏洁．社会工作实践——认识自我与沟通技巧［M］．北京：商务印书馆，2008.

32. 梁伟康．社会服务机构行政管理与实践［M］．香港：集贤社，1990.

33. 廖荣利．社会工作管理（再版）［M］．台北：三民书局，1998.

34. 刘畅，等．中国社会工作动态调查（CSWLS2019）：设计、实施与样本描述［J］．华东理工大学学报（社会科学版），2020（1）．

35. 刘芳，等．案主满意度评估：一种有效的社会工作实务评估方法［J］．华东理工大学学报（社会科学版），2013（4）．

36. 刘京．社会工作服务机构发展报告：以百强社会工作服务机构为例（2015）［M］．北京：中国社会出版社，2016.

37. 卢谋华．中国社会工作［M］．北京：中国社会出版社，1991.

38. 全国社会工作者职业水平考试教材编写组．社会工作综合能力（中级）［M］．北京：中国社会出版社，2007.

39. 全国社会工作者职业水平考试教材编写组．社会工作综合能力（中级）［M］．北京：中国社会出版社，2015.

40. 芮明杰．管理学：现代的观点（第二版）［M］．上海：世纪出版集团，2005.

41.《社会学概论》编写组．社会学概论（试讲本）［M］．天津：天津人民出版社，1984.

42. 史柏年．谈中国特色社会工作行政体制建构［J］．社会工作，2012（6）．

43. 史柏年．社会工作行政涵义辨析［J］．社会工作，2013（2）．

44. 时立荣．社会工作行政［M］．北京：中央广播电视大学出版社，2011.

45. 时立荣．社会管理背景下的机构社会工作行政探析［J］．东岳论丛，2012（1）．

46. 时立荣．社会工作行政［M］．北京：中国人民大学出版

社，2015.

47. 苏力，等．规制与发展——第三部门的法律环境［M］．杭州：浙江人民出版社，1999.

48. 唐钧．政府购买社会工作服务进展与前瞻［J］．社会建设，2015（4）．

49. 田军．志愿服务理论与实践［M］．上海：立信会计出版社，2007.

50. 王芳，王敏．本土社会工作督导实践的目标偏离与功能回归——基于对 S 市的经验研究［J］．学习与实践，2019（9）．

51. 王建民．管理沟通实务（第二版）［M］．北京：中国人民大学出版社，2008.

52. 王名．非营利组织管理概论［M］．北京：中国人民大学出版社，2002.

53. 王名．社会组织论纲［M］．北京：社会科学文献出版社，2013.

54. 王思斌．社会工作概论（第二版）［M］．北京：高等教育出版社，2006.

55. 王思斌．社会行政（第二版）［M］．北京：高等教育出版社，2013.

56. 王勇．我国持证社工达 44 万人 社工机构 7500 多家［N］．公益时报，2019-02-19.

57. 萧洪恩．社会工作行政（第二版）［M］．武汉：华中科技大学出版社，2013.

58. 徐道稳，唐达婷．责信理论视角下社会工作机构绩效评估研究——以 S 市社会工作机构绩效评估为例［J］．社会工作与管理，2020（4）．

59. 徐柳凡，阳光宁，赵怀娟．社会工作行政［M］．合肥：合肥工业大学出版社，2005.

60. 徐子健．组织行为学［M］．北京：对外经济贸易大学出版社，2005.

61. 杨团．中国慈善发展报告（2013）［M］．北京：社会科学文献出版社，2013.

62. 殷晓清，薛和．当代社会工作［M］．北京：中国时代经济出版

社，2003.

63. 郁建兴，滕红燕．政府培育社会组织的模式选择：一个分析框架［J］．政治学研究，2018（6）．

64. 于显洋．组织社会学［M］．北京：中国人民大学出版社，2001.

65. 袁小良，徐雯．社会服务机构中社会工作者激励因素研究［J］．社会建设，2016（4）．

66. 曾繁正，等．西方国家法律制度社会政策及立法［M］．北京：红旗出版社，1998.

67. 曾华源，白倩如．社会工作管理［M］．台北：洪叶文化事业有限公司，2017.

68. 曾群．社会工作行政［M］．上海：世纪出版集团，2007.

69. 郑国安，等．国外非营利组织的经营战略及相关财务管理［M］．北京：机械工业出版社，2001.

70. 徐国华，张德，赵平．管理学［M］．北京：清华大学出版社，1998.

71. 张大维，等．社会环境、社会支持与社会工作者的职业耗竭——基于广深莞汉100名专职社工的调查［J］．中州学刊，2014（2）．

72. 张国庆．行政管理学概论［M］．北京：北京大学出版社，2000.

73. 张乐天．社会工作概论［M］．上海：华东理工大学出版社，1997.

74. 张曙．社会工作行政［M］．北京：社会科学文献出版社，2002.

75. 张霞，等．非营利组织管理［M］．济南：山东人民出版社，2005.

76. 张威．社会工作督导的理论与实践分析：国际发展与国内现状［J］．社会工作，2015（3）．

77. 赵路淋．中国社会工作行政伦理困境探析［J］．广东工业大学学报（社会科学版），2014（3）．

78. 周三多，等．管理学——原理与方法（第七版）［M］．上海：复旦大学出版社，2020.

79. 周永新．社会工作学新论［M］．香港：香港商务印书馆，1998.

80. 朱丽亚，等．温洛克民间组织能力开发项目参考资料．北京：温洛克民间组织能力开发项目，2005.

81. [美] 阿尔弗雷多·卡杜山，丹尼尔·哈克尼斯．社会工作督导(第四版) [M]．郭名倞，等，译．北京：中国人民大学出版社，2008.

82. [美] 埃德加·H. 沙因．企业文化与领导 [M]．朱明伟，罗丽萍，译．北京：中国友谊出版公司，1989.

83. [美] 安德鲁·J. 杜柏林．管理学精要（第六版） [M]．胡左浩，陈莹，袁媛，译．北京：电子工业出版社，2003.

84. [美] 保罗·C. 纳特，罗伯特·W. 巴可夫．公共和第三部门组织的战略管理：领导手册 [M]．陈振明，等，译校．北京：中国人民大学出版社，2001.

85. [美] 彼得·德鲁克．非营利组织的管理 [M]．吴振阳，译．北京：机械工业出版社，2007.

86. [美] 彼得·罗西，等．项目评估：方法与技术（第六版） [M]．邱泽奇，等，译．北京：华夏出版社，2002.

87. [美] C. I. 巴纳德．经理人员的职能 [M]．孙耀君，等，译．北京：中国社会科学出版社，1997.

88. [美] 戴维·布坎南，安德杰·赫钦斯盖．组织行为学（第五版） [M]．李丽，等，译．北京：经济管理出版社，2005.

89. [美] 丹尼尔·A. 雷恩．管理思想的演变 [M]．孔令济，译．北京：中国社会科学出版社，1997.

90. [美] F. 埃伦·内廷，等．宏观社会工作实务（第三版） [M]．刘继同，隋玉杰，等，译．北京：中国人民大学出版社，2006.

91. [美] F. 埃伦·内廷，等．宏观社会工作实务（第五版） [M]．隋玉杰，等，译．北京：中国人民大学出版社，2020.

92. [美] Frederic G. Reamer. 社会工作价值与伦理（第三版） [M]．包承恩，王永慈，译．台北：洪叶文化事业有限公司，2009.

93. [美] 弗莱蒙特·E. 卡斯特，詹姆斯·E. 罗森茨韦克．组织与管理：系统方法与权变方法（第四版） [M]．傅严，李柱流，等，译．北京：中国社会科学出版社，2000.

94. [美] 弗雷德·R. 大卫．战略管理：概念部分（上）（第十一版） [M]．李东红，等，译．北京：清华大学出版社，2003.

95. ［美］哈罗德·孔茨，海因茨·韦里克．管理学（第十版）［M］．张晓君，等，译．北京：经济科学出版社，1998.

96. ［美］哈罗德·孔茨，海因茨·韦里克．管理学精要（第六版）［M］．韦福祥，等，译．北京：机械工业出版社，2005.

97. ［法］H. 法约尔．工业管理与一般管理［M］．周安华，等，译．北京：中国社会科学出版社，1998.

98. ［美］H. 西蒙．管理行为：管理组织决策过程的研究［M］．杨砺，韩春立，译．北京：北京经济学院出版社，1988.

99. ［美］亨利·西斯克．工业管理与组织［M］．段文燕，等，译．北京：中国社会科学出版社，1985 年

100. ［美］加雷斯·琼斯，妮弗·乔治．当代管理学（第三版）［M］．郑风田，赵淑芳，译．北京：人民邮电出版社，2005.

101. ［美］Joan E. Pyne. 公共和非营利性组织的人力资源管理［M］．王孙禺，等，译．北京：清华大学出版社，2002.

102. ［美］Kathleen McInnis-Dittrich. 整合社会服务里政策与社会工作实务［M］．胡慧安，等，译．台北：扬智文化事业股份有限公司，1997.

103. ［美］Lawrenc L. Martin. 社会服务机构组织与管理——全面品质管理的理论与实务［M］．施怡廷，梁惠雯，译．台北：扬智文化事业股份有限公司，1997.

104. ［美］拉尔夫·多戈夫，弗兰克·M·洛温伯格，唐纳·哈林顿．社会工作伦理实务指南（第七版）［M］．隋玉杰，译．北京：中国人民大学出版社，2005.

105. ［美］雷克斯·A. 斯基德莫尔．社会工作行政——动态管理与人际关系（第三版）［M］．张曙，等，译．北京：中国人民大学出版社，2005.

106. ［美］Leon H. Ginsbersg. 社会工作评估——原理与方法［M］．黄晨熹，译．上海：华东理工大学出版社，2005.

107. ［美］理查德·L. 达夫特．管理学（第五版）［M］．韩经纶，韦福祥，等，译．北京：机械工业出版社，2003.

108. ［美］理查德·L. 达夫特．组织理论与设计（第七版）［M］．王凤彬，张秀萍，等，译．北京：清华大学出版社，2003.

109. ［美］黎帼华．美国社会服务［M］．合肥：中国科学技术大学出版社，2002.

110. ［美］罗伯特·B. 登哈特，等．公共组织行为学［M］．赵丽江，译．北京：中国人民大学出版社，2007.

111. ［美］罗伯特·T. 戈伦比威斯基，杰里·G. 史蒂文森．非营利组织管理案例与应用［M］．邓国胜，等，译．北京：中国人民大学出版社，2004.

112. ［美］罗伯特·W. 温巴赫，林恩·M. 泰勒．社会工作管理（第七版）［M］．陈为雷，等，译．北京：中国人民大学出版社，2021.

113. ［美］尼古拉斯·亨利．公共行政学（第七版）［M］．项龙，译．北京：华夏出版社，2002.

114. ［美］O. 威廉姆·法利，等．社会工作概论（第十一版）［M］．隋玉杰，等，译．北京：中国人民大学出版社，2010.

115. ［美］Peter M. Kettner. 追求卓越：人群服务组织管理［M］．孙健忠，等，译．台北：双叶书廊有限公司，2005.

116. ［美］Peter M. Kettner，Robert M. Moroney，Lawrence L. Martin. 服务方案之设计与管理（5th Edition）［M］．高迪理，译．台北：扬智文化事业股份有限公司，2018.

117. ［美］斯蒂芬·P. 罗宾斯，玛丽·库尔特．管理学（第七版）［M］．孙健敏，等，译．北京：中国人民大学出版社，2004.

118. ［美］托马斯·S. 贝特曼，斯考特·A. 斯耐尔．管理学：竞争新格局（第六版）［M］．王雪莉，译．北京：北京大学出版社，2007.

119. ［美］W. 理查德·斯格特．组织理论［M］．黄洋，等，译．北京：华夏出版社，2002.

120. ［美］威廉·大内．Z 理论——美国的企业界怎样迎接日本的挑战［M］．孙耀君，王祖融，译校．北京：中国社会科学出版社，1984.

121. ［美］威廉·R. 纽金特，等．21 世纪评估实务［M］．卓越，等，译校，北京：中国人民大学出版社，2006.

122. ［美］亚瑟·W. 小舍曼，等．人力资源管理（第十一版）［M］．张文贤，主译．大连：东北财经大学出版社，2001.

123. ［美］约翰·M. 伊万切维奇，等．组织行为与管理（第七版）

［M］. 邵冲，苏曼，等，译. 北京：机械工业出版社，2006.

124. ［美］詹姆斯·P. 盖拉特. 21世纪非营利组织管理［M］. 邓国胜，等，译. 北京：中国人民大学出版社，2003.

125. ［英］Allan Brown，Iain Bourne. 社工督导［M］. 郭玲妃，等，译. 台北：学富文化事业有限公司，2000.

126. ［英］查尔斯·汉迪. 组织的概念［M］. 方海萍，等，译. 北京：中国人民大学出版社，2006.

127. ［英］Malcolm Payne. 现代社会工作理论［M］. 何雪松，等，译. 上海：华东理工大学出版社，2005.

128. ［英］迈克尔·希尔. 理解社会政策［M］. 刘升华，译. 北京：商务印书馆，2003.

129. ［英］尼基·海斯. 成功的团队管理［M］. 杨蓓译. 北京：清华大学出版社，2002.

130. ［英］诺埃尔·蒂姆斯，丽塔·蒂姆斯. 社会福利辞典［M］. 北京：科学技术文献出版社，1989.

131. ［英］Veronica Coulshed，等. 社会工作管理［M］. 刘晓春，译. 台北：心理出版社，2009.

132. ［德］韦伯. 韦伯作品集Ⅱ：经济与历史 支配的类型［M］. 康乐，等，译. 桂林：广西师范大学出版社，2004.

133. ［德］韦伯. 韦伯作品集Ⅲ：支配社会学［M］. 康乐，简惠美，译. 桂林：广西师范大学出版社，2004.

134. ［加］亨利·明茨伯格. 管理工作的本质［M］. 方梅萍，译. 北京：中国人民大学出版社，2007.

135. ［加］伊恩·斯迈利，［英］约翰·黑利. NGO领导、策略与管理：理论与操作［M］. 陈玉华，译. 北京：社会科学文献出版社，2005.

136. ［澳］欧文·E. 休斯. 公共管理导论（第三版）［M］. 张成福，王学栋，等，译. 北京：中国人民大学出版社，2007.

二、英文著作

1. ［美］David M. Austin. Human Services Management：Organizational Leadership in Social Work Practice［M］. New York：Columbia University

Press, 2002.

2. [美]David Menefee. What Managers Do and Why They Do It [C] . In Rino J. Patti (Ed.) . The Handbook of Human Services Management. Thousand Oaks: SAGE Publications, Inc, 2000.

3. [美]John C. Kidneigh. Social Work Administration: An Area of Social Work Practice? [J] . Social Work Journal, Vol. 31, No. 2, 1950.

4. [美] Judith A. Lewis, Thomas R. Packard, Michael D. Lewis. Management of Human Service Programs (Fifth Edition)[M] . Brooks/Cole, 2011.

5. [美]Lawrence L. Martin, Peter M. Kettner. Measuring the Performance of Human Service Programs [M] . Thousand Oaks: SAGE Publications Inc, 2009.

6. [美] Robert L. Barker. The Social Work Dictionar (3rd ed) [M] . Washington, DC: NASW Press, 1995.

7. [美] Roger A. Lohmann, Nancy L. Lohmann. Social Administration [M] . New York: Columbia University Press, 2001.

8. [美] Harleigh B. Trecker. Social Work Administration: Principles and Practices [M] . New York: Association Press, 1971.

9. [美] Sue Spencer. The Administration Method in Social Work Education. New York: Council on Social Work Education, 1959.

10. [美] Werner W. Boehm. Objectives of the Social Work Curriculum of the Future, Work Curriculum Study 1. New York: Council on Social Work Education, 1959.

11. [英] Pete Alcock, Angus Erskine, Margaret May. The Blackwell Dictionary of Social Policy [M] . Oxford: Wiley-Blackwell Publishers Ltd, 2002.

12. [英] Richard Titmuss. Essays on "the Welfare State" [M] . London: Allen&Unwin, 1958.

三、政策文件与电子文献

1. 财政部关于印发中央本级政府购买服务指导性目录的通知，http://zhs.mof.gov.cn/zhengcefabu/202101/t20210107_3640237.htm.

2. 财政部关于印发民间非营利组织会计制度的通知（财会〔2004〕7号），

http：//www. mof. gov. cn/gp/xxgkml/hjs/200807/t20080704_ 2501187. htm.

3. 慈善组织保值增值投资活动管理暂行办法，http：//www. mca. gov. cn/article/gk/fg/shflhcssy/201811/20181100012651. shtml.

4. 国务院办公厅转发民政部等部门关于加快实现社会福利社会化意见的通知，http：//www. gov. cn/gongbao/content/2000/content_ 60033. htm.

5. 国务院办公厅关于政府向社会力量购买服务的指导意见，http：//www. gov. cn/zwgk/2013-09/30/content_ 2498186. htm.

6. 广州市民政局，广州市财政局关于印发广州市政府资金支持社会工作发展实施办法的通知（穗民规字〔2018〕5 号），广州市人民政府公报，2018（17）.

7. 基金会管理条例，http：//xxgk. mca. gov. cn：8011/gdnps/content. jsp? id=10897.

8. 国务院办公厅关于印发分类推进事业单位改革配套文件的通知，https：//www. pkulaw. com/.

9. 民办非企业单位登记管理暂行条例，http：//xxgk. mca. gov. cn：8011/gdnps/pc/content. jsp？ id=12800&mtype=.

10. 民政部关于进一步加快推进民办社会工作服务机构发展的意见，http：//xxgk. mca. gov. cn：8011/gdnps/pc/content. jsp？ id=14253&mtype=.

11. 民政部财政部关于取消社会团体会费标准备案规范会费管理的通知（民发〔2014〕166 号），http：//www. chinanpo. gov. cn/xwxq？ newsType = 6060&id=6928.

12. 社会团体登记管理条例，http：//xxgk. mca. gov. cn：8011/gdnps/pc/content. jsp？ id=12802&mtype=.

13. 社会组织登记管理条例（草案征求意见稿），http：//yjzj. mca. gov. cn：8280/consult/noticedetail. do？ noticeid=52.

14. 事业单位登记管理暂行条例，http：//www. gov. cn/zhengce/content/2008-03/28/content_ 6422. htm.

15. 张春贤．全国人民代表大会常务委员会执法检查组关于检查《中华人民共和国慈善法》实施情况的报告，http：//www. npc. gov. cn/npc/c30834/202010/afc0a05adb4242b49920c2251017205e. shtml.

16. 政府购买服务管理办法，http：//www. mof. gov. cn/gp/xxgkml/tfs/

202002/t20200217_ 3470373. htm.

17. 志愿服务条例，http：//www. gov. cn/zhengce/content/2017-09/06/content_ 5223028. htm.

18. 中华人民共和国慈善法 . 人民日报，2016-03-20（1）.

19. 中华人民共和国民法典，http：//www. npc. gov. cn/npc/c30834/202006/75ba6483b8344591abd07917e1d25cc8. shtml.

20. 希望工程效益评估课题组 . 希望工程效益评估报告，http：//www. cydf. org. cn/shiyong/html/lm_ 134/2006-09-20/151630. htm.

21. 志愿者培训（6）：中国志愿者服务的任务和对象，http：//www. wenming. cn/zyfw_ 298/zsc/201010/t20101028_ 1977. shtml.

22. 中华慈善总会会费收支管理规定，http：//www. chinacharityfederation. org/nv. html.

23. 中华慈善总会第五届会员代表大会二次会议财务工作报告，http：//www. chinacharityfederation. org/nv. html？ nid = f572ff8d - f4c1 - 489e - 926d - 5ccd 849ac3dd&URLparamName.

24. 中央财政支持社会组织参与社会服务项目 2020 年财务管理指引发布，https：//baijiahao. baidu. com/s？ id=1674405911182051314.

第一版后记

笔者写作本书大约花了两年时间，而从事社会工作行政的教学工作已有6年时间，可以说本书是笔者以前教学工作的一些积累和成果，同时也包含着笔者对这个领域的一些想法和体会。

在教授这门课程时笔者就考虑：社会工作行政到底是什么？如果社会工作行政的中心含义是实施社会政策，社会政策又是如何实施的？社会工作行政是否就是社会行政或社会福利行政？社会工作行政是公共行政的一个部门，还是一种社会工作方法？如果社会工作行政包括宏观和微观两个层次，那么宏观社会工作行政的内容是什么，微观社会工作行政的内容又是什么呢？笔者查阅相关资料，吸收借鉴了已有研究成果，经过深入思考写成了本书，可以说在一定程度上回答了以上问题。

当前我国社会工作正处在大发展时期，社会工作的发展壮大需要借鉴吸收国外和我国港台地区社会工作理论和方法，而要成功借鉴和吸收已有理论和方法首先要弄清楚社会工作的基本概念和术语的含义，弄清楚它们的来龙去脉，不能人云亦云，否则不仅不能很好地领会国外和我国港台地区社会工作理论和方法，还可能误入歧途。在此基础上结合中国的实际进行创新，走具有中国特色的社会工作发展道路。

在写作本书的过程中，我的妻子徐西娟几乎承担了全部家务，这使我有时间查阅资料进行写作，同时她也帮我打印了一些章节，因此本书的出版很大一部分功劳应属于她。

主编关信平教授和中国社会出版社社会工作图书室主任、副编审向飞女士、主编李新涛女士和责任编辑张杰为本书的顺利出版做了大量工作，在此表示衷心的感谢。

由于本人才疏学浅，书中难免有所疏漏和欠缺，敬请读者批评指正。

陈为雷

2009年6月

第二版后记

当前，随着我国社会工作人才队伍建设的推进，社会工作机构发展如火如荼，社会工作行政也日益显示出其重要性。

本书出版后受到广大读者认可，被许多社会工作院校选为教材和参考书。为使本书更加完善，笔者对其进行了修订。经过近一年的努力，终于完成修订。本次修订集中在以下几个方面：注重一般行政管理学的理论、知识和方法在社会服务机构中的应用，使教材内容更加切合社会工作和社会服务机构行政管理的实际；每一章删减了繁复的内容，增加了新材料和新内容，其中改动较多的章节有第三章、第四章、第五章、第七章、第十二章、第十四章、第十六章，删掉了第十七章，其他章节都不同程度地进行了修改，修改后体系更严密，内容更精练；增加了基本概念和思考题，供读者学完每一章后复习之用；注重教材的规范性，每一章节用脚注注明引文出处，并将它们列于书后的参考文献之中。

在这里特别感谢导师关信平教授，作为本书的主编，关老师指出了存在的问题和不足，提出了修改意见，这对本书的充实和完善起了重要作用。

由于本人能力和水平有限，书中难免存在不足和缺陷，我的邮箱是971442538@qq.com，欢迎各位读者批评指正。

陈为雷

第三版后记

本书自出版以来，深受读者好评，目前已出两版，一些院校选用本书作为教材或参考书，一些院校将本书作为考研或考博参考书，一些专家学者在论文和著作中引用本书的观点，这都使笔者深受鼓舞。教材的编写没有最好，只有更好。自本书第二版出版以来，笔者在教学中把对教材的思考一一记录下来，同时注意收集有关资料和信息，2019 年开始启动对第二版的修订工作，经过两年多的努力，终于完成修订。本次修订注意做到以下几点：一是进一步注重一般行政管理学的理论和方法在社会服务机构中的应用，使教材内容更加切合实际，体现中国特色；二是紧跟学术发展前沿，注重引用学界最新研究成果，进一步增强本书的学术性和研究性；三是进一步修改本书的语言文字，使之更为精练和流畅。具体来说，本次修订的主要内容如下：

第一章　合并第一节和第二节作为新版第一节，在列出有关社会工作行政的代表性定义之后，给出了本书的定义；对社会工作行政的特征和基本原则作出了全面分析，将其作为第二节；删除社会福利的概念，对社会工作行政与社会政策的关系以及社会工作行政的必要性等内容作了较多修改。

第二章　增加循证管理、学习型组织理论；删除管理多样化；对有关管理理论的评价作了进一步整理，使之更为条理。

第三章　增加社会工作行政者的来源与专业教育、双重角色关系案例、伦理抉择的过程等内容；对社会工作者行政者的能力作了修改；对本章的有关内容作了删减和凝练。

第四章　对社会服务机构的概念作了新的界定和分析；增加社会服务机构的特征、2015 年度百强社会工作服务机构政策倡导概况等内容；更新政府购买服务的内容；对志愿者和志愿服务作了详细分析，对社会服务机构志愿者管理的内容进行了修改；对有关内容进行删减和凝练。

第五章　增加社会服务方案策划、甘特图、目标管理与传统绩效管理比较等内容。

第六章　对战略制定过程作了修改，增除了外部环境分析、内部环境分析等内容；删减和更新使命陈述要素实例的内容。

第七章　对社会服务机构的收入来源与筹资方法作了较大修改，增加了筹资策略的内容；对单项预算法的例子作了更换。

第九章　对部门化的形式、社会服务机构的职权结构作了较大修改；增加了集权与分权的内容。

第十二章　对领导与管理的区别、费德勒模型作了修改；删除了弗鲁姆的树形模型、平衡决策；增加了营造良好的组织氛围的内容。将团队的内容作了删减，与第十二章合在一起。

第十五章　对方案评估的含义作了修改；增加了方案评估的方式等内容。

本版除对以上各章的有关内容作了较多修改之外，对其余各章也都作了不同程度的修改。还汇总整理了书中的图、表、案例、专栏等目录，将它们置于目录之后；把参考文献按中文论著、英文著作、政策文件与电子文献等作了分类。经过修订，本书体系更为完整，内容更为丰富，语言文字更为精练。

感谢中国社会出版社和责任编辑张杰女士的一贯支持！感谢家人的付出和无私奉献！

由于本人能力和水平有限，本次修订仍会存在疏漏和缺陷，敬请各位读者指正。

陈为雷